U0018031

大學用書

哲學易通

‧中西哲學綜論‧

張益弘教授著

崔垂言教授校閱

中華書局印行

哲學易通(全一冊)目錄

——中西哲學綜論——

張益弘教授著

第二篇 認識哲學

第三篇　自然哲學……一八五

再版序

本書於民國六十一（一九七二）年出版到現在，已整整十年。當時我六十初度，今則已屆七旬，堪稱歲暮！方其付梓之初，爲排校方便起見，是以「恬然書舍」名義自費印刷，今因售罄，不欲躬任發行之煩，故改託台灣中華書局再版，承該局襄理孫再壬先生慨允，良用感謝！

本書出版後，深得各方愛好。已故考試院秘書長曹翼遠先生閱後，盛讚其體例前無，深入淺出；吳怡博士前爲華岡書局籌編百科全書，哲學部分卽多採此書釋義，以其簡明切要，不似他書之拖沓。去年十一月廿四日，得周邦道教授函云：『尊著「哲學易通」爲最引人入勝之書，弟於高考及格人員進修書目（考政學會編），已爲加入；甚望交出版書局印行，較便流布』。今託由中華書局再版，亦所以副其盛意。

全書原樣經悉心校正後，內容尙覺妥適，無重大修改，惟魯魚之誤，仍所難免，特一一更正，俾臻完善！

中華民國七十一年七月廿八日

湖南 張益弘

崔序

人之所以異於禽獸者，在其行爲多以思想爲嚮導；而思想之根源，實發端於一種哲學。非僅個人行爲如此，推而至於社會國家，其動止興革，亦常受傳統或流行哲學之支配。因此爲人處世，必須對哲學有相當了解。惟此所謂哲學，乃經由歷代哲學家之手，早已成爲極精微、極縝密的學問，非一般人思想中之哲學可比。所以英儒羅素（Bertrand Russell）嘗言：『要了解一個時代或一個民族，我們必須了解它的哲學，而欲了解它的哲學，則我們自己總多少要是哲學家』。研究哲學的重要，於此可見一班。

惟開始研究哲學常感困難之處，不在解釋宇宙、人生問題的理論，而在若干名詞術語，哲學家藉以敷陳其學說者，幾乎一人一義，十人十義，撲朔迷離，使初學者莫知所指。故欲哲學之普及，必先做一番通俗化的工作。然言哲學而求通俗，殊非易事，尤其使之通俗而不流於庸俗，更爲困難。要做到這一步，作者除應具充分的表達能力外，且須對各家哲學有深入之研究。

湖南張益弘教授，爲垂言三十年老友，博學多才，於學無所不窺，所發表之政治、經濟，以及各種主義論著甚多。早年卽有「哲學概論」問世，夙爲朋輩所稱道。玆著「哲學易通」一書，更致力深入淺出，融會中西各家學說，使人讀之，如入勝境。

凡屬哲學著作，其作者先須有獨特見地，而後始能建立系統，成一家言；卽使屬於概論性質者，期其傳於當代而垂諸後世，如羅素之「哲學大綱」，文德爾班（W. Windelband）之「哲學概論」，亦皆如是。益弘此著所最應重視者，概爲以下四點：

一、全書除「緒論」外，分爲「認識哲學」、「自然哲學」、「人生哲學」三部分，由認識哲學入手，進至自然哲學和人生哲學，確係正本清源之道。蓋哲學本爲認識問題，各家學說之差別，無非由認識不同而來。

二、首在認識哲學方面，將神學、玄學、科學三者，看成不同的「認識形態」，指出其本質都是「人類的世界觀」。然後在自然哲學及人生哲學部分，綜述各家學說，沿此三者，追本溯源。此乃一般著作中所罕見者。

三、本書不僅視神學、玄學、科學爲整個哲學的三大流派，且敍論每一問題時，均由神學開端，至科學而加以綜合，指明今後發展方向，隱然有所歸趣。

四、百餘年來，我國學術界具有獨見創獲之思想者，惟　孫中山先生一人而已。作者對中山學說研究極深，嘗著「孫學體系新論」三册，闡發其精義。故在本書內，亦將孫先生有關思想列入，置於科學範圍，成爲「科學的哲學」之一部分。

本書洵爲哲學著作之翹楚，而如作者在「自序」中所言：「縱」的方面，爲一「哲學通論」；「橫」的方面，則是「哲學綜論」。縱貫古今中外之哲學理論，而以簡明扼要之體裁出之，非學養有素，何克致此？特就所知，爰爲之序。

中華民國六十一年九月一日

序於臺北

自序

本書是用通俗筆法所寫的一本「**哲學概論**」或「**哲學通論**」，它以西洋哲學爲經，輔之以中國哲學作爲參證，講述各種哲學問題，又可稱爲「**中西哲學綜論**」。其所以不用「概論」或「通論」這些名稱來作標題，而要叫做「哲學易通」者，原因蓋有三個：

(一)是坊間出版哲學「概論」、「通論」、「大綱」、「大全」這類書籍已經很多，不僅內容嚴肅，文字亦聱聱扭扭，很難了解。初學的人看了，簡直如墮五里霧中，有莫測高深之感！本書若用這類名稱，恐使人望而却步，重蹈故轍。

(二)哲學原是一門非常重要的學問，人人都有研究的必要。雖然哲學家所用的名詞、術語各有不同，而實際研究的問題却是一樣，道理也是日用事物所常見的。我們若用通俗的筆調寫出，大家都能明白，並無玄妙可言。

(三)明白了哲學基本的道理以後，引起了一般人的興味，再進一步去研究，讀其它較深的書籍，便容易明瞭，能收事半功倍之效。否則，研究的興趣都沒有了，是不會有進步的。

有些朋友認爲像這樣一本有深度的書，不宜用「哲學易通」的名稱，減輕了它的分量。這個意見雖然很好，但我覺得前人吳乘權的「綱鑑易知錄」，並不因其「易知」而減低價值，即爲先例。常見有許多人講哲學，把它說得玄之又玄，使初學的人莫明其妙，結果大學畢了業，還是似通非通，似懂非懂，而他自己，好像不如此，不足以顯出其很有學問，成爲「哲學家」的樣子。於是影響到一般人的心中，總以爲哲學是高高在上，玄妙莫及的思想。其實古今來，愈是偉大的學理，愈平易切實，毫不玄妙！孔、孟、墨子，便是榜樣。

莊子在「知北遊」中，講了一個故事：說東郭子問莊子：所謂「道」，在那裡？莊子說：『無所不在』；東郭子一定要他指出地方來，他便答道：在螻蟻，在稊稗，在瓦甓，在屎溺。因爲任何一種道理，都具有周（完全）、徧（普遍）、咸（共同）的性質，而存在於一切事物中，沒有爲人所不知的。莊子中的哲理雖然很深，但他却盡量通俗，用故事和寓言的方式講出，使人容易明瞭。可見哲學要普遍化、大衆化，纔能影響人心，獲得實際的效果。

我民國二十四年在上海，寫過一本「哲學概論」，約十萬字，由辛墾書店出版。這是我的處女作，除自己尚存孤本一册外，久已絕版，曾經看過的朋友，在臺灣只有程抱南、朱介凡兄等數人。那時，我年方二十二歲，快近四十年了。該書內容雖很簡要，因限於字數，不能暢所欲言，而若干論點，實爲本書先導；惟與現在的思想，亦有出入。從那時起，我很想用一種通俗的體裁，寫一本「哲學通論」性質的書，有系統的講述哲學問題，供人作進一步研究的參考，遲遲至今。尤憶民國三十五年春，我在成都「西南新聞」日報任總主筆時，兼編一學術性的週刊，開始寫過幾篇通俗的哲學文字，沒有繼續；來臺以後，民國五十一年七月至五十二年十二月之間，又先後爲「世界評論」與「中華雜誌」闢「哲學講座」，寫過幾篇，旋亦終止。但凡是看過我上述各篇文章的朋友，幾無不一致贊許，認爲深入淺出，能把哲學的要義講明，希望我繼續寫成，從早問世。民國五十六年九月，我應聘爲考試院顧問後，成委員惕軒初次見面，卽表示此意。因爲他在「中華雜誌」上，看過我那些文章；倪摶九兄亦復如此。足見用通俗性的文字來寫哲學，很有必要！

前年我在中國文化學院講授「哲學概論」之初，原擬向坊間找一本適當的書籍作教材，供學生參閱。無如到處蒐求，不論是國人寫作，或國外翻譯的，都不能令人滿意。因爲那些書籍，不僅內容很偏，多不完備，文字也極晦澀，非初學的人所能了解。於是我只好自編「講授大綱」印發，雖提綱挈領，簡明扼要，講授非常方便，而若干材料爲字數所限，無法引入，亦有困難。因此，決定完成本書，以供教學之用。

本書內容與一般「哲學概論」不同，具有下列特色：

第一、它把哲學的意義分爲廣、狹二種：就「廣義」言，哲學是人類共同的世界觀，卽培根（Francis Bacon）所謂『原始的、綜合的第一哲學，作主要的公共大路』，其中包括神學、玄學、科學三者，都有這種性質；就「狹義」說，通常只是指傳統的哲學，卽形而上學——玄學而言，與宗教（神學）和科學有別。從前一般人只把玄學看成哲學，而不認爲宗教和科學也是哲學，囿於一偏之見，顯然有失公平。

第二、它採用孔德（Auguste Comte）的歷史觀點，對哲學中的各種問題，都追本溯源，上起宗教，下至科學，闡明其來龍去脈，作「縱」的敍述，使人了解哲學發展的情形，眞正可說是「哲學通論」。

第三、它雖以西洋哲學爲主，本「心同理同」的原則，在論述各種學說時，亦引證中國哲學及有關佛學的意見，使讀者觸類旁通，容易明瞭，而將孫中山先生的思想，置於科學範圍之內，隱然有所歸趨，絕不重洋輕華。故「橫」的方面，確可算是「哲學綜論」。

我這種寫法，與一般人自不相同，其綜貫古今中外，闡述各派學說，尤非易事；能否博得傳統「哲學家」的贊許，殊難逆料。古云：『文章千古事，得失寸心知』。我不希冀有不虞之譽，也不怕有求全之毀，只對自己的良知和眞理負責。如有錯誤之處，尚望讀者不吝指正！

本書計分四篇：第一篇「緒論」，第二篇「認識哲學」，第三篇「自然哲學」，第四篇「人生哲學」，於前年開始執筆。除「緒論」中已發表者再加補充外，早應完成；惟因在兩個暑期內，爲寫「中國近代歷史的分析」一書及其它文稿約二十萬字，被迫輟課下來，而涉獵佛學與有關科學書籍，費時也多，至今尤僅完成其半。原擬於全書脫稿後，再行付印，後因中國文化學院共同科目系主任周邦道教授敦促提早出版，以供教學參考，故將第一、二兩篇先行印出，作爲上册，餘俟三、四兩篇完成後，再作下册，並合刋其全，俾便翻閱。此書之能早日問世，實周教授督促之功，盛情可感！本書用作教材，剛够大學一年之用，每期講授兩篇，分量非常適合。

現任蒙藏委員會委員長崔垂言教授，爲我三十年前在西安舊交，原任中國文化學院哲學系主任，於中西哲學甚有根柢，素極傾服！本書原稿恐有疏虞，特請崔兄在百忙之餘，先爲校閱，書名亦得崔兄贊許，並承賜序，代譯英文書名，尤爲難得！

中國文化學院創辦人張曉峯先生，學貫中西，向主綜合各家之長，蔚爲天人一貫之道，與本書旨趣相合。且近年多承愛護，鼓勵有加，亦爲本書完成之動力。本書原稿經唐漢民兄及小女慧端代爲抄繕，排印後，又承胡鴻文教授複閱指正，由張潤多、劉英柏二兄協助校對，均當致謝！

今年適逢我六十初度，光陰荏苒，忽忽進入晚年。本書倘使是在三十年前提早完成，也許沒有如今成熟。現即以此書作爲紀念，兼報父母劬勞之恩！

中華民國六十一年八月十日

湖南 張益弘

序於恬然書舍

哲學易通

—中西哲學綜論—

張益弘教授著

第一篇 緒 論

第一章 甚麼叫做「哲學」？

「哲學」這個名詞，是我們常常聽到的。在大學裏面，某些科系有「哲學概論」一門功課，並且還有哲學系，專講有關它的課程。我們現在來寫「甚麼叫做哲學」，豈不是多餘的事？

第一節 下定義不容易

不錯！學校裏的教師，講哲學的時侯，對「哲學」的意義一定有過解釋。「甚麼叫做哲學」？是開宗明義第一章，應該向學生說明白的。然而，他們的意見究竟怎樣？我却不敢斷定。因爲希臘從前有個大哲學家蘇格拉底（Socrates, 469?—399 B.C.）曾經說：『天下最困難的事情，莫過於下定義』。所謂定義（Definition），就是用簡單的詞句，把一件事物的性質（內涵 Intension）和範圍（外延 Extension）說明，而確定其意義的界說。柏拉圖（Plato, 429—348 B.C.）說：『定義者，所以規定事物之本質也』。蘇格拉底教青年人研究學問，就是要先對自己平日所講的名詞下個定義。例如什麼叫「公平」？什麼叫「正義」？什麼叫「德性」？什麼叫「愛國」？……等。如果定義下得清楚，而不自相矛盾，便證明你把它的意思弄明白了，沒有錯誤。他同別人討論，總是先提出許多問題來反問，使人一一發生懷疑，覺得自己原先所講的不對，而後歸納起來，作成結論，得到一種新的意見。這是他治學的方法，亦稱「蘇格拉底法」(Socratic method)，或名「助產術」(Maieutics)。好像幫助女人分娩一樣，是順其自然的。

近代有個哲學家波丹(E. Boudin)也說：『在哲學中遇着的第一個問題，就是哲學的定義問題，這是不容易解決的』。可見「甚麼叫做哲學」？要給它下個適當的定義，並不是簡單的事！

從前燕京大學有位哲學教授，寫了一本書名叫「哲學」。他在裏面說：『哲學簡直是個啞謎，它究竟是個什麼東西是難說。所以，要想立刻卽認清哲學是甚麼，乃是件不可能的事。我們告訴初學的人，只能……說天地間確有這麼一件東西，名字叫做「哲學」』(註一)；換句話說：『哲學就是一束問題。這些問題，因爲既不在任何科學以內，又非科學方法所能盡，所以我們名之曰「哲學問題」，而哲學就是研究這些問題的一種學問』(註二)。這樣，說來說去，哲學是個什麼東西，始終沒有明白。

另外有個著「西洋哲學底發展」一書的人，更認爲我們根本不能替哲學下定義。他說：『哲學是一種活動，一種思想的活動，凡正在活動中的東西，如何能用定義來範圍它』(註三)？照這樣說，不僅哲學不能下定義，其它任何思想，也都不能下定義了！

由此可見甚麼叫做「哲學」？的確還有研究的餘地。許多「哲學概論」，都是把別人所下的定義抄列出來，好像擺雜貨攤一樣，讓人自由選擇，結果看來看去，不知如何是好，一無所得。

第二節　哲學譯名的由來

單從字面上說，「哲學」這個名詞，是由日本人西周舊津所創譯的，蓋取我國「尙書」舜典『濬哲文明』之意。「濬哲」就是深智的意思，「爾雅」云：『哲，智也』。我國明末的學者，多根據 Philosophy 的英文，音譯爲「斐拉梭斐」；清末，嚴復直譯爲「愛智學」，章太炎意譯爲「見」，則是取自印度梵語 Darsana，指能如實了知，契會中道。各家所譯，並不統一。到了一九〇三年（清光緒二十九年）蔡元培先生把德國科培爾（B. Koeber）的「哲學要領」一書譯出，由商務印書館出版後，「哲學」這個名詞才流行於世。

西周氏說：『本譯所稱「哲學」，卽歐洲儒學也；今譯「哲學」，所以別於東方儒學也。此語原名「斐魯蘇非」（Philosophy），希臘語』。希臘從前的 Philo 是「愛」或「欲求」的意思，Sophy 卽「智識」，合起來故稱「愛智」。因爲 Sophy 是「智識」，所以「智者」便叫 Sophist。在蘇格拉底以前，希臘有許多能言善辯的哲學家，自稱爲「智者」（亦叫「辯士」）。蘇格拉底討厭他們，說他們巡行鄉里，講學要束修，等於販賣知識；其實那種知識，只是口頭上的巧辯，並不是眞智識。他很謙虛，以追求眞理爲務，不敢說自己是「智者」，而只說是「愛智者」，他治學的方法，也與他們不同，要窮根究底，獲得普遍的妥當原理。於是，Sophist（智者）這個字，便變成了「詭辯家」，而 Philosophy 一字，則成爲「探求眞理的學問」。

據古說在中國周昭王二十六年時，印度有釋迦牟尼（出生於公元前一〇二七年，二十九歲出家修道），創立佛教（Buddhism）。「佛」就是梵語 Buddha（佛陀）的簡稱，原爲「知」或「覺」的意思。「大論」有云：『秦言「知」者，知過去、未來、現在、衆生、非衆生數，有常、無常等一切諸法，菩提樹下，了了覺知，故名佛陀』。後漢「郊祀志」也說：『佛者，漢言覺也』。佛教有「般若經」，般若卽智慧之意；教人學般若，就是發心求智慧。這與希臘所稱「愛智」的意義相通，而早半個世紀。

因爲中國以前沒有『哲學』這個名詞，所以有人說『中國沒有哲學』（如哈克曼H. Hackmann，賈豐臻等）。實際上，用中國固有的名詞來譯 Philosophy 這門學問，與其稱爲「哲學」，不如叫做「道學」，還來得恰當些。章太炎說：『九流皆言道，……自宋始言道學（理學、心學皆分別之名）』（註四）。他這所謂「道學」，是指宋儒講的性命義理之學而言；實則中國從前的諸子百家，儘管他們的意見各不相同，無不自言其說爲「道」。孔子說：『朝聞道，夕死可矣』（註五）！把「道」看得比生命還重要。老子說：『道可道，非常道』（註六）；韓非子也說：『道者，萬物之始，是非之紀也』（註七）。從廣義看，無論是理學、玄學或心學，都是把它的意見看成「道」的。韓愈認爲『由是而之焉之謂道』（註八），卽人所共由之意。朱熹說：『道者，日用事物當行之理』。我說：把哲學（Philosophy）譯爲「道學」，比較合於中國的習慣，只是借「道學」這個名詞來代替各家哲學共通的含義，而非以宋儒的道學才是哲學之意。現在「哲學」這個名詞已經通用成爲習慣，便用不着改弦更張了。

第三節　哲學究竟是甚麼？

然則，「哲學」究竟是什麼呢？

我們簡單的答覆：它是「**人類的世界觀**」(The world view of human)。什麼叫做「人類的世界觀」？卽**人對世界的看法**。何以說人對世界的看法就是「哲學」？理由有下列幾點：

第一、「世界」二字是宇宙的別名。「淮南子」原道篇說：『紘宇宙而章三光』，下面的注解：『四方上下曰「宇」，往古來今曰「宙」，以喻天地』，卽指時間、空間而言。「楞嚴經」對世界的解釋更加具體，它說：『世爲遷流，界爲方位。汝今當知：東、西、南、北、東南、西南、東北、西北、上、下爲「界」，過去、未來、現在爲「世」』，也是指的時間、空間。因爲天地間的一切東西，都可包括在時間空間之內，故用「世界」或「宇宙」來代表（總括）萬事萬物。

第二、人類自己雖也是世界（宇宙）中的一部分，但因他有知識、有精神，爲「萬物之靈」，所以能站在其它東西之外，把它們看成一種客觀的對象去研究。他研究的結果，發生許多感想。這感想，不論是某一個人或某一派的，都是對萬事萬物的一種看法，久而久之，形成一套固定而系統的思想，便可說是「世界觀」。

第三、不過這種世界觀，有幾個特點，與普通的思想不同，就是：

一、它對任何事物的研究，都不限於表面，而要一層層深入，追問它的根源：例如天地萬物從何而來？人類從何而來？宇宙爲什麼會變化？人爲什麼要生活？活了有什麼價值？死了又往那裏去？……種種問題。俗話說：『打破沙罐紋（問）到底』，哲學就是這樣。凡事都要問個來淸去白，不但知其然，而且要知其所以然，追問到了極點，要找出一個最後的原因來。

二、它研究的道理，不是枝枝節節的，而是最高的原理：這原理主要的有四項：㈠是永恒不變的本體（Noumenon）；㈡是宇宙生成的法則；㈢是人生活動的規範（Norm）；㈣是思想構成的範疇（Category）。譬如希臘最初有個哲學家泰利斯（Thales, 624—546 B. C.）說：『水是萬物的根源』。這「水」就是造成萬物的本體。中國從前的老子說：『道生一，一生二，二生三，三生萬物』（註九）。這「道」就是萬物的本體和宇宙生成的法則。至於人生活動的規範，卽是人生哲學，它包括倫理學、美學等在內。

三、它所說的本體或原理是很抽象的，與我們平常所見的事物不同：譬如我國古時有一派講「五行」的哲學，說水、火、木、金、土五者可以代表萬物變化的性質；希臘從前有個哲學家恩披多克立（Empedocles, 495—435 B. C.），也以水、火、氣、土四者爲「萬物之根」（Rhizomata），說一切東西都由這四種元素而生。無論是五行或四元素，其所指的水、火、木、金、土、氣等，都不是我們平常所見的東西，而具有一種抽象的意義，代表這些事物的性質。周書「洪範」說五行的作用是：『水曰潤下，火曰炎上，木曰曲直，金曰從革，土爰稼穡；潤下作鹹，炎上作苦，曲直作酸，從革作辛，稼穡作甘』（註十）。可見它的意義，與實際的水、火、木、金、土不同，含有推想的意味。

由此看來，哲學是「**人類的世界觀**」，也就是一種「**研究事物的根源和本體的最高原理之學**」。凡是一種智識，不論它研究什麼問題，只要能做到求根源、探本體、立原理的地步，而所得的道理，又是很抽象（概括）的，可以貫通一切，便進入了哲學的境界。我說：「哲學是人類的世界觀」，便是指其對世界萬物的這些根本看法而言。

就每個人來說，各人都有他自己的哲學。孔子說他『三十而立，四十而不惑，五十而知天命，六十而耳順，七十而從心所欲，不踰矩』（註十二），就表示他的思想日漸成熟，對任何事物都有一定的看法。一個人能有一種系統的思想，而講出來的道理，又好像荀子所說：『其持之有故，其言之成理』（註十二），前後一貫，便可說是哲學家。普通人雖不能做到這點，對一個問題只要他有自己的見解，不隨波逐流，跟着別人的意見走，也就是他有自己的哲學——觀點。所以，哲學是每個人都有的，並無玄妙之處。

西周舊津說：『近日所謂「哲學」者，其區別若略一定者，其中推心理學（Psychology）爲之本源，而人性之作用，區之爲三：一曰智，是致知之學，所以律之也；二曰意，是道德之學，所以範之也；三曰情，是美妙之論，所以悉之也。是以三學取源乎心理一學，而開流於人事諸學，所以成哲學之全軀也。故曰：「哲學者，百學之學也」』（註十三）。他這是把哲學看成人類知識的總滙，與知、情、意有關。至於哲學究竟是怎樣產生？與宗教和科學有什麼分別？以後再行敍述。待把那些問題講明之後，哲學的意義也更容易明白了。

自從德國的康德（Immanuel Kant, 1724—1804）哲學出現後，許多研究哲學的人，都注重認識，而輕視本體，以爲認識問題如果不先研究清楚，人類究竟有無認識事物的能力，還值得懷疑，漫說知識的內容是否合乎眞理；甚至認爲康德以後，本體問題（形上學）已不重要，哲學偏重於認識方面。殊不知無論是本體問題或認識問題，都表明哲學的要旨在研究根源，於探求宇宙的本體之外，更進一步，追問智識的由來。故求根源、探本體、立原理，爲哲學不可少的因素。某一學派雖可不談本體問題，整個哲學却不能不注意事物的究竟。哲學之所以爲哲學，就在它研究萬事萬物的根源，而窮究其本體，並不因認識論發生而爲之偏廢。

(註一) 張東蓀著「哲學」，二頁。上海世界書局出版。

(註二) 前書，二六頁。

(註三) 瞿世英著「西洋哲學底發展」，一—二頁，一九三〇年初版。

(註四) 章太炎著「國故論衡」下卷，「明見」篇。

(註五) 「論語」里仁第四。

(註六) 「老子本義」道德經，第一章。

(註七) 「韓非子集解」卷一，主道第五。

(註八) 韓愈撰「原道」一文。

(註九) 「老子本義」道德經第三十六章。

(註十) 「書經」第四卷，周書、洪範。這段話的意思，可譯成白話如下：『水是向下潤濕的，火是燃燒向上的，木可以弄彎變直，金與兵革相連，土地則能種植五穀。潤下變成鹹味，燃燒可變苦的，曲直使人酸痛，從軍（革）也很艱辛；惟有耕種收穫，苦盡甘來』！

(註十一) 「論語」爲政第二。

(註十二) 「荀子集解」卷三，非十二子篇第六。

(註十三) 「民主潮」第十七卷一期載：李滿康作「漢譯哲學語源之由來」一文。

第二章　哲學是怎樣來的？

前章我講哲學的意義，說它是由希臘語 Philosophy 而來，爲人類的世界觀。現在，要講它是如何產生？換句話說：人類從什麼時候開始，才有所謂「世界觀」，知道對事物的本體和根源加以研究，而得出一種解釋的道理來？這是我要說的問題。

第一節　哲學起源於何時？

通常一般講哲學的人，都以爲它是公元前六世紀希臘時代的產物。希臘最初的哲學家泰利斯（Thales），雖沒有留下任何著作，但因他說過「水是萬物的根源」這句話，被稱爲哲學的鼻祖。他是希臘的米里特斯（Miletus）人，生於公元前六二四年，卒於五四六年，其地爲小亞西亞海岸的一個商業城市，是愛奧尼亞（Ionian）人的殖民地。與他同時的哲學家，還有安納西曼德（Anaximander, 610—546 B. C.）和安納西門尼（Anaximenes,588—524 B.C.）二人，合稱爲「米里特斯」或「愛奧尼亞」學派（The Milesian or Ionian School）。這個時代，希臘並沒有 Philosophy 的名詞，是後來在歷史家希羅多德（Herodotus 484—425 B. C.）的作品中，才發現有 Philosophia 一語，說：『梭倫(Solon, 639?—559 B.C.)因知識的需求，周遊各地，從事思索(Philosophia)』。這「思索」一字，是動詞而不是名詞，還不能稱爲「哲學」。到蘇格拉底（Socrates）把它變成 Philosophy，自稱「愛智的勞工」(Autourgos tes Philosophias)，則是後來的事。

中國在紀元前六世紀至五世紀之間，也有像泰利斯那樣的哲學家出現，就是老子和孔子。老子的生卒年歲雖不可考，而且有人說他是孔子以後的人物；然據「史記」老莊申韓列傳看來，『孔子適周，問禮於老子』的故事，他大約比孔子大二三十歲。孔子是公元前五五一年生，四七九年卒，老子則約生於五八〇年，卒於四八〇年。他說「道」是宇宙萬物的本體，也同泰利斯一樣，屬於宇宙論時期的哲學，比孔子專講人倫道德，爲人事論時期的哲學，應該早些。

印度公元前六世紀左右的耆那教（Jainism）和佛教，最初都是一種哲學，主張刻苦修養，剋制情欲，以求精神上的快樂，免除煩惱痛苦，好像希臘斯多噶學派（Stoics）的思想一樣，並無神靈的觀念，不能說是宗教。是後來耆那教主麥哈佛拉（Mahavira）和佛教的釋迦牟尼死後，其門徒把他們尊敬爲神，加以崇拜，才變成宗教的。

因此，紀元前六世紀到五世紀之間，東西方的文明古國，都不約而同的有 Philosophy 式的思想發生。這是就哲學傳統的意義，來看它的起源。

第二節　哲學先有事實

孫中山先生說：『宇宙間的道理，都是先有事實，然後才發生言論，並不是先有言論，然後才發生事實』（註一）。哲學爲人類的世界觀，在泰利斯和老子、孔子等人之前，人對於世界，自有他的看法。那時，雖沒有哲學家的言論，却先有原始人的哲學思想（事實）。這思想是從何而來？來於人類的智慧，爲精神的產品。

英國的哲學家霍布士（Thomas Hobbes, 1588—1679）說：『畏懼不可見的事物，乃宗教自然的種子』。人類在遠古時代，是由動物進化而成。他們在山林沼澤中棲息，以打漁獵獸爲生，經常和毒蛇猛獸奮鬬，過着恐怖的生活。他們聚族而居，最初是靠本能應付，言語簡單，智慧也不發達，對各種東西的變化，像風吹、草動、下雨、打雷……等，都很驚奇，覺得莫明其妙，似乎有一種力量在推動，非常可怕。但這種力量究竟是什麼？他們又不能具體的說出來，只覺得是一種無形的東西，隱藏在事物之內，並沒有人的性格。有些原始民族，或稱之爲「**馬那**」(Mana)。

後來，人類的智慧一天天發達，語言也比較複雜，能够充分表達自己的意思。他們對於做夢，從前以爲是實在的，好像白天的活動一樣，其後互相討論，才知道是睡眠中的現象。爲什麼會有這種現象發生？他們不知道是頭腦中意識聯想的結果，而以爲是肉體裏面，另外有一個虛幻的「**靈魂**」(Soul)，乘人睡着時，偷偷的跑出去。保爾·拉發格（Paul Larfague)說：『當他們睡眠時，他去打獵、打架或復仇，而醒來時，又覺得他在睡的地方沒有動，便以爲必是有一個「另外的自己」，如他所說：是一個不可捉摸、看不見，而又輕如空氣的「重我」(Double)。離開他熟睡的肉體，走到很遠去打獵，或打仗；並且因爲他在夢中看見死了的祖先或同伴，就以爲是他們來拜訪，而他們都是在屍體毀滅之後，還存在着的』（註二）。這「重我」，就是所謂「靈魂」。

原始人以爲靈魂能支配肉體的活動：白天，它在肉體裏面，人可以行走自如；晚上，它出去了，人便不能動作；它永遠離開肉體，人就只有死亡。它隱居在身體內，輕如空氣，像人的影子，經常由鼻孔出入。「舊約全書」創世記說：『神用地上的塵土造人，將生氣吹在他鼻孔裏，他就成了有靈的人』。

人一旦死了，呼吸停止，血液流出，便證明靈魂脫離了肉體，到另外的地方去。原始人之有葬儀，卽相信靈魂在墳墓中還能繼續生活。因此，肉體是暫時的、被動的，靈魂是永久的、主動的。**靈魂雖不能產生肉體，却可支配它的活動，與它同時存在。**

自有「靈魂」的思想以後，原始人不僅對自己生命的問題可以得到解答，對宇宙間的一切現象，也可得到解答。他原來不知道各種東西爲什麼會變化？是什麼力量在推動？現在有了靈魂，便找出了根本的原因。日月星辰、山川草木、鳥獸蟲魚……等，凡一切可動的東西，在原始人的心目中，都是因有靈魂在支配，所以能够變化。這靈魂，就是人類最初發現的本體。用它來解釋事物，哲學上叫做「**萬物有靈論**」(Animism)。

因爲靈魂是由人類發生，所以它有人的性格。由人推廣到一切事物上面，便成人形或半人半獸的形狀。它的力量不僅比人爲大，也超過一切自然現象，能够保佑或懲罰人類，大家尊之爲「神」。「禮記」祭法篇說：『山林、川谷、丘陵能出雲爲風雨，見怪物，皆曰神』。羅馬的哲學家柳克利色斯(Lucretius, 99?—55? B. C.)說：『恐怖造成最初的神』。**靈魂變成了神，便超出於人之上，成爲人以外的東西，可以產生人類及萬物**。「說苑」修文篇說：『神者，天地之本，而萬物之始也』。這就成了哲學的本體。

第三節　宗教是哲學的母親

在歷史上，從「靈魂」進化到「神」，通常有三個階段：一是拜物教(Fetichism)，二是多神教

(Polytheism)，三是**一神教**（Monothism）。**拜物教相信一切東西都有神靈，其與原始民族有特殊關係的，便被尊爲「圖騰」**（Totem）；**多神教**不僅崇拜許多神靈，而且替它做成偶像，各有其神譜和祭祀；**一神教**則崇拜惟一的神靈，認爲它是創造宇宙萬物的主宰，基督教的耶和華（Jehovah）與回教的阿拉（Allah），就是這樣的神。「舊約」創世記說：『起初，神創造天地，地是空虛混沌，淵面黑暗，神的靈運行在水面上。……神看着一切所造的都甚好，……天地萬物都造齊了』。這便是宇宙的起源。**拜物教爲人類哲學的開始，一神教則是哲學思想**（世界觀）**的形成**。

由於「神」是從靈魂而來，神的形狀就是人的形狀，所以**神學也就是人的哲學**。從前許多神話（Myth）、神譜（Theogony），都是對宇宙和人生問題作擬人的解釋，爲原始人的世界觀。

德國近代的哲學家費爾巴哈（Ludwig A. Feuerbach, 1804—1873）說得對：『神學就是人學。……人的神不是別的，正是人的本質之經過神化者。因此宗教史或神史不是別的，也正是人的歷史』（註三）。希臘從前的哲學家芝諾芬尼(Xenophanes, 570—480 B. C.)不明白這個道理，看到人所崇拜的偶像都像人，認爲不應該把神畫成人形，說：『世人都以爲神的產生，同他們相似，而且有像他們一樣的知覺、聲音和形狀。……假如牛和馬都有兩手，能够繪畫，則牛必將牛神繪成牛形，馬必將馬神繪成馬形』（註四）。這話固然不錯，但因牛和馬沒有精神（智慧），不能產生神靈的思想，所以也畫不出「神」來。我說哲學是人類的世界觀，爲精神的產品，由「神」的形狀可以看出。

禪宗的六祖惠能，講得非常明白。他說：『大小二乘，十二部經，皆因人置，因智慧性，方能建立。若無世人，一切萬法本自不有。故知萬法本自人興，一切經書，因人說有』（註五）。可見**宗教也是**

人類的世界觀，不離人而存在，爲人的哲學。

希臘的泰利斯，雖說過「水是萬物的根源」一語，但據亞里士多德（Aristotle, 384—322 B. C.）說：他也認爲一切東西都是充滿着神的，而且以水做萬物的根源，與「聖經」中『神的靈運行在水面上』的話，也很接近。從前的哲學家，大多數都相信有神，蘇格拉底臨死之前，還向神祈禱，求神保佑他一路平安，到達天國。這也是宗教的意見。人類的知識決不能突然發生，哲學思想起於宗教，是很自然的！

明白這點，我們便知道人類的哲學，並不自公元前六世紀開始，而當追溯到更遠的時期。考古學家和人類學家發現原始人有葬儀，便可推知其有靈魂的觀念，爲哲學思想的起源。

人們如果不同意我這個意見，則請看我講完「哲學如何分類」以後，便可以明白。

（註一）「民權主義」第一講。

（註二）拉發格著「思想起源論」二九五頁，劉鳴初譯。上海辛墾書店初版。

（註三）費爾巴哈著「宗教本質講演錄」，第三講，林伊文譯。商務初版。

（註四）梯利著「西洋哲學史」上冊，第一編，第一篇，第五章，第六節，陳正謨譯。商務初版。

（註五）「六祖大師法寶壇經」，般若品第二。

第三章　哲學如何分類？

我前章講哲學的由來，說哲學起源於宗教，由原始人的「靈魂」觀念發生。所以，神學也是我們人的哲學，爲人類最早的世界觀。

在神學之後，產生了哲學（Philosophy），人類的世界觀一天天複雜。因爲各人的意見不同，派別很多，研究起來，非常困難，不能不加以分類。哲學究竟應該怎樣分類？分爲幾種？這是現在要講的問題。

第一節　分類是做甚麼？

分類（Classification）是做什麼？最簡單的例子：好比小販選桃子一樣，把大的、紅的放在一邊，小的、綠的另放一邊；又將壞的或蟲吃了的檢出來，再放到另外一邊。於是把它分成三種，可說是上、中、下三類。賣桃子的人，照這樣挑選以後，便可賣三種不同的價錢。這樣根據桃子外表的形態來分，如同字典之按字首分部一樣，叫「**人爲分類法**」（Artificial classification）。另外還有一種「**自然分類法**」（Natural classification），和它相對的，是依照事物進化的次序，由最初的、簡單的慢慢進到高級的、複雜的，或根據親緣遠近的關係，來定它的系統。

瑞典的生物學家林耐（Karl van Linne, 1707—1778）是最早提出自然分類法的人。他把自然界的事物，分爲動、植、礦三類，在每一類之下，又再分爲門、綱、目、科、屬、種等。其後達爾文

（Charles Robert Darwin, 1809—1882）把生物進化的情形，用樹木來做比喻：說大樹由幹分枝，各門好像大枝，綱、目、科、屬則像大枝以下的小枝，梢端相當於種和亞種。其中每個綱、目、科、屬都成爲一類，他叫做「系統樹」。我們通常把動物分爲魚類、兩棲類、爬蟲類、鳥類和哺乳類，而在哺乳類中，又分爲肉食目、翼手目、奇蹄目、偶蹄目……等，人和獮、猴、猩猩等在一起，則屬於靈長目：目以下，再細分爲許多科和屬，就是根據這種方法來分的。這樣，一方面可以看出同類中不同的地方；另方面，也能明白它們相互的關係和進化的序列。如古人所說：『若網在綱，有條不紊』，故又稱爲「**系統分類法**」（Phylogenetic systematic），現在不僅生物學上用，其它一切科學也都常用。

在這種分類法之外，還有所謂**從屬分類**（**Subdivision**）、**對位分類**（Godivision）、二分法（Division）、多分法（Polytomy）等，都沒有超出「人爲分類法」與「自然分類法」兩個範圍，不過是這兩種方法的補充而已。

第二節　如何進行的步驟？

我們從書店裏買了許多書籍，或是剪貼各種報紙、雜誌的資料，日積月累，種類很多，要加以整理，便於檢查，都必須分類。在圖書館裡，分類學是一種專門的知識，很不容易。當我們研究問題的時候，應該怎樣進行分類？

第一、是要分析事物的性質，比較它的異同：看那些是相同的或相似的？那些是不同的？

第二、研究它的關係，確定分別的標準：看根據那一點來劃分？把它分爲幾種？才算適當。

第三、再把相同的歸納起來，相似的也放在一起，一樣一樣，分成許多門類，依照一個次序，整理成爲系統。

假如世界上的事物，都是一模一樣，只有「同」而無「異」，便用不着分類；反過來，若各式各樣的東西完全不同，毫無關聯，也無法進行分類。分類是「同」中看「異」，「異」中取「同」的辦法，以事物的混成作基礎。王船山（夫之）說：『天下之物，知其異乃可統其同』，很能表示分類的意義。「同」與「異」原是相對的：從「同」的方面看，「同」上更有「同」；從「異」的方面看，「異」中還有「異」。這就像荀子說的：『萬物雖衆，有時而欲徧（這「徧」字是概括的意思——弘）舉之，故謂之「物」。「物」也者，大共名也；推而共之，共則有共，至於無共然後止。有時而欲徧（王念孫說：這個「徧」字應改作「別」字，卽分別的意思——弘）舉之，故謂之鳥獸。鳥獸也者，大別名也，推而別之，別則有別，至於無別然後止』（註一）。分類的辦法，因取捨的標準而不同，很難求其一致。

在生物學沒有發達以前，學術上的分類，多半是採用人爲分類法，而不是自然分類法。譬如從前的哲學，常把事物分爲主觀與客觀、我與非我、自然與精神、理念與實在……等，都是隨各人的意見決定，沒有一定的標準。及至科學昌明，人類的知識一天天豐富，才按照自然進化的程序，依事物或邏輯的先後來分。凡是經過分類的東西，我們可以得到幾種好處：㈠知道它的種類和屬性；㈡明白它的關係和系統；㈢了解它的範圍和內容。總而言之，使我們對事物有一個明晰的概念，整理得有條有理。

第三節　從前哲學怎樣分類？

在古代，智識還不十分發達，宗教、哲學和科學混在一起，界限很難劃分。那時，哲學的分類，也非常簡單。希臘的哲學家柏拉圖，拿心的作用做標準，把哲學分爲三種：㈠叫辯證學，是屬於認識的，內含有知識論和形而上學；㈡叫物理學，是屬於感覺的，其中包括自然科學、自然哲學和心理學；㈢叫倫理學，是討論道德行爲的學問，屬於意欲的。可列表如次：

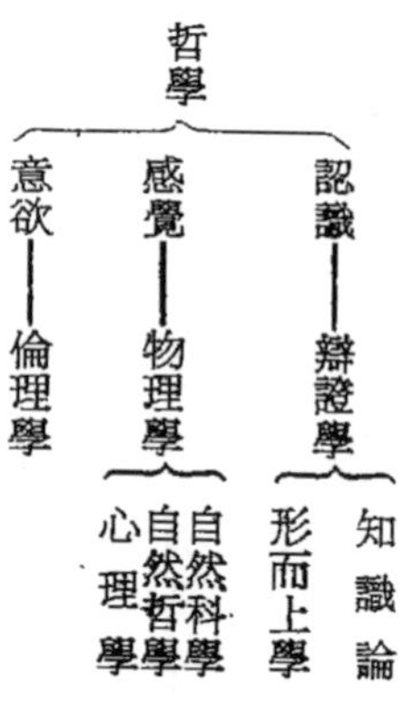

他的學生亞里士多德，依照哲學的目的，也把它分成兩種：㈠是「理論之學」，包括論理學（形式邏輯、認識論）、第二哲學（數學、物理學）、第一哲學（形而上學）；㈡是「實踐之學」，包括倫理學、政治學；其中有關創造部分，又可分爲詩學、修辭學和美學等。他認爲數學是量的科學，而物理學不僅包括宇宙論，且含有天文、氣象、動植物、生理、心理等學在內；他的形而上學，以研究「存在」(Being)問題爲主，包括神學和本體論。也可列如左表：

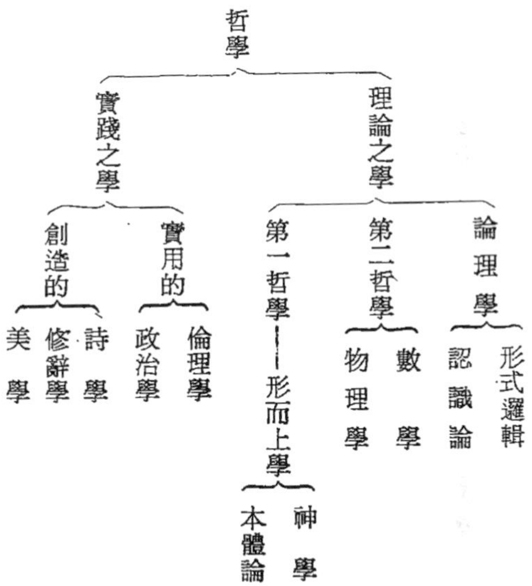

- 哲學
  - 理論之學
    - 論理學
      - 形式邏輯
      - 認識論
    - 第二哲學
      - 數學
      - 物理學
    - 第一哲學——形而上學
      - 神學
      - 本體論
  - 實踐之學
    - 實用的
      - 倫理學
      - 政治學
    - 創造的
      - 詩學
      - 修辭學
      - 美學

其後經過中世紀一千多年，哲學上的分類，還是根據他們師生的意見，沒有超出邏輯、物理學、倫理學這三個範圍。

中國在孔子以前，學術上的分類，通常是分為「六經」。所謂「六經」，就是詩、書、禮、樂、易、春秋六種。依莊子「天下篇」的解釋：『詩以道志，書以道事，禮以道行，樂以道和，易以道陰陽，春秋以道名分』。他這六種的次序，是依照其內容的深淺而定，後來，「漢書」藝文志根據它產生時代的先後，改為易、書、詩、禮、樂、春秋，與莊子所述不同，便含有進化的意味。此外還有「六藝」的分類，比較偏於實踐，卽禮、樂、射、御、書、數六項，都與人生日用有關。

近代智識比較發達，分類雖有不同，而宗教、哲學、科學三者，仍是混然不分。法蘭西斯・培根（Francis Bacon, 1561—1626）是英國的大哲學家和科學家，大家稱他爲「科學之父」。好像柏拉圖一樣，他也拿心理的作用做標準，把學術分成三類：第一類是記憶的，爲歷史；第二類是想像的，爲詩歌；第三類是理性的，爲哲學。現在列表如下：

學術
- 記憶—歷史
  - 人類史
    - 教會史
    - 公民史
    - 文學史
  - 自然史
- 想像—詩歌
  - 描寫（傳記）
  - 戲劇
  - 比喻（寓言）
- 理性—哲學
  - 神性哲學—自然神學
  - 自然哲學—自然科學
    - 物理學
    - 形而上學
    - 鍊金術（物理學）
    - 占星術（天文學）
  - 人文哲學
    - 個人的
      - 生理學
      - 心理學
        - 論理學
        - 倫理學
    - 社會的—政治學

在哲學中，他又分爲神性哲學、自然哲學、人文哲學三種。所謂神性哲學，就是自然神學；而自然哲學則包括自然科學與自然智術，其中有物理學、形而上學、鍊金術、占星術等，神學和科學仍舊沒有劃分，同被看成一類。其後各家各派，對哲學的分類，也都大體相似，把科學和神學放在一起，各有各的分法，我們不必一一列舉出來。

第四節　科學分類的開始

眞正以科學的眼光，按照進化的次序來分類的，是十八世紀法國的哲學家孔德（Auguste Comte 1798—1857）。他把智識分成三種：㈠是神學；㈡是玄學；㈢是科學。這三者，不僅是三種不同的思想，也代表三個進化的階段：**神學**崇拜人格化的神靈，是人類幼稚時代的思想；**玄學**用抽象的本體或原理去解釋萬物，好像人類的青年時期；及至**科學**，以實驗的方法，去探求自然和歷史的法則，爲人類成年後的表現。他這種意見，是受法國重農學派的經濟學家堵哥（Turgot, 1727—1781）的影響。因爲堵哥在「人類精神進步史」一書中，即有這種見解。孔德把他自己的哲學叫做「實證哲學」（Positive philosophy），說「實證」的意思，就是要觀察事實，避免玄談，依照科學發達的情形，研究歷史變遷的因果法則，組成一種新的哲學。他根據進化的道理——由簡單到複雜，由普遍到特殊，由自然到社會，把科學按照下列的次序來分類：

㈠數學：

①數目之學：算術、代數學（又叫「第一哲學」）。

②幾何學。

③理論力學。

㈡天文學：

①地質學。

②礦物學。

㈢物理學：

①重學。

②熱學。

③聲學。

④光學。

⑤電學。

㈣化學。

㈤生物學（生理學）：

①植物學。

②動物學。

㈥社會學（社會物理學）：

①社會靜學。

②社會動學。

這是他有名的「科學分類法」，也包括了「實證哲學」的內容。他認爲這些科學，每一項都經過神學、玄學到實證的過程，它的內容越簡單，達到科學的程度也越快。譬如數學很簡單，在幾千年以前，便到了實證的地步。天文學、物理學、化學……等，則是由神學階段慢慢才到實證階段的。從前說星體運動是神造的，用天象來占卜人事，便是天文學爲神學的證明；德國的天文學家哥白尼（Nicolas Copernicus, 1473—1543）和刻白爾（Johann Kepler, 1571—1630），用地動說打破以前埃及托勒密（Ptolemy）的天動說，雖有很大的進步，也還只能說是天文學的玄學階段；要到牛頓（Isaac Newton, 1642—1727）以後，才進入實證時期。將來「社會道德學」發明，變成科學以後，實證哲學的系統便告完成，他自稱這種哲學是「科學的哲學」。

第五節　哲學應該怎樣分類？

孔德這種意見對不對呢？

從智識進化的歷史看來，原則上是很對的。可惜他所生的時代較早，科學還不十分發達，沒有形成新的人類的世界觀；就是他自己思想的本身，也未完全超脫玄學的窠臼，不能算是純粹的科學，然他所指出的方向，則並不錯誤。從根本上看，我們對哲學可以分成兩類：

第一、**照它學說的性質來分**：就是像孔德說的，分爲神學、玄學、科學三種。神學是宗教的世界觀，即「**神學的哲學**」；玄學是原來的哲學（Philosophy），又叫「形而上學」。這「形而上」三字，是日本人用我國易經中的語句來翻譯英文 Metaphysics 一詞的。「易繫辭」上傳說：『形而上者謂之道，形而下者謂之器』。這所謂「道」，是指在形體以上的理而言，器是指形體本身的物。譬如花盆，道是它所做成的理由（模式），器是它已做成的形態（質料）。前者是抽象的，後者是具體的。這種意見，恰恰和亞里士多德講的相似，亞氏把事物分成形式（Form）和質料（Matter）二種，而編輯他遺著的人，把他的「第一哲學」放在「第二哲學」——數學和物理學之後，名叫「後物理學」(Metaphysicis）。Meta 是「次」或「後」，Physics 是物理學；換句話說：亞氏在物理學之後所講的「第一哲學」，是抽象的道理，爲更深一層的學問，故稱「形而上學」。後來，大家就用這個名詞來代替 Philosopy，通稱哲學爲「形而上學」。至於「玄學」二字，則又是中國從前的術語，爲道家學說的別名。南朝宋文帝立國學四種，其中之一就是「玄學」。「玄」是微妙的意思，老子說：『玄之又玄，衆妙之門』（註二）。用「玄學」來稱呼哲學，其意與「形而上學」相同。在玄學中，無論那一派所講的道理，與科學相比，都是玄妙的、抽象的，不切實際。由它而產生的世界觀，便是「**玄學的哲學**」。

在玄學以後，就是科學。「科學」一詞的英文 Science，源出於拉丁文 Scientia, 爲 Scire 一動詞變成，義訓爲「學習」或「知曉」，指研究事物之理的科學而言，其意卽對各種事物所求得的知識，組織成爲系統，而求出其間共通存在的道理。據袖珍牛津字典（Pocket Oxford Dictionary）的解釋：『科學是有系統的、公式化的智識』。這種智識，其所以異於玄學，就在它是實際的，最初根據各種事實，如天文、地理、物理、化學、生物、社會、心理、邏輯等，分門別類的研究，求得許多特殊的、實際的法則。後來，把這些法則連貫成一個系統，變爲抽象的共同原理，便是科學的世界觀，可叫做「**科學的哲學**」。

現在美國盛行的邏輯實證論，以數理邏輯、語意學爲「科學的哲學」，認爲只有數學、邏輯、自然科學纔是眞知識，社會科學若不用他們所說的科學方法，卽用邏輯和經驗加以檢證，便沒有意義，不成學問，而把哲學變成一種單是分析語言的語意學，並不能算是眞正科學的哲學，沒有使科學達到哲學化的地步。依我觀察：科學要變成哲學，除邏輯學、語意學等以外，還須心理學特別發達，足以解決人類許多精神現象，如生死、鬼魂等問題，代替宗教的地位，使自然科學、社會科學與思維科學三者，既能解釋各別的特殊現象，又能融會貫通，構成整個（一般）的系統，纔可達到目的。

第二、**照它研究的對象來分**：可以分成**自然哲學**(Philosophy of nature)、**人生哲學**(Philosophy of life)、**認識哲學** (Theory of knowledge) 三種，通常簡稱**宇宙論** (Cosmology) **人生論**、**認識論** (Epistemology)。因爲我們在世界上，所接觸的事物雖多，研究的範圍雖廣，但總括起來，却不外乎三種：㈠是人以外的事物，叫自然現象；㈡是人所做的事情，叫社會現象或人事（人文）現象；㈢是人所得的知識，叫認識現象或思維現象。大凡我們研究世界上的道理，最初總是從人以外的事物着手，研究自然界的問題；後來，纔研究人類的本身，注意自己所做的事情；到了宇宙和人生的知識發達以後，才研究思想的來源：追問智識如何發生？內容如何成立？道理可不可靠？……等。所以，根據研究對象的次序來說，哲學是先有宇宙論，再有人生論，而後才有認識論。這三種理論，也包括在神學、玄學和科學中間；換句話說：神學裏面，有自然哲學、人生哲學、認識哲學；玄學和科學裡面，同樣也有這三種，不過內容繁簡各有不同。爲簡明計，現在列表如後：

哲學（世界觀）
- 神學（宗教）
  - 自然哲學（宇宙論）
  - 人生哲學（人生論）
  - 認識哲學（認識論）
- 玄學（哲學—形而上學）
  - 自然哲學（宇宙論）
  - 人生哲學（人生論）
  - 認識哲學（認識論）
- 科學
  - 自然哲學（宇宙論）
  - 人生哲學（人生論）
  - 認識哲學（認識論）

以上這種分類，通常稱爲「三分法」。有些人把自然哲學叫做「存在問題」(Problems of being或「有的問題」），人生哲學叫做「價值問題」（Problems of value），認識哲學叫做「知識問題」(Problems of knowledge)；又把宇宙論和本體論分開，都不很適當。因爲「價值問題」，偏重於倫理和藝術的範圍，並不能包括整個的人生哲學；而「存在」或「有」的問題，亦不如自然哲學的範圍明確，具體切實。本體（Noumenon）原是宇宙中的實體（Substance），本體論當與宇宙論合併，作其中的一部分，較爲適宜。還有採用「多分法」的方式，把哲學分爲：㈠一般哲學——認識論、形上學、人生論；㈡特殊哲學——道德哲學、宗教哲學、藝術哲學；㈢應用哲學——社會哲學、法律哲學、政治哲學、經濟哲學、教育哲學、歷史哲學等數種的，並不很妥。因爲除了一般哲學的範圍較廣以外，其餘用哲學方法去研究問題而成的特殊知識，都可說是特殊哲學。凡是特殊哲學，必有其實用性，可用之於社會、人生各方面，成爲應用哲學，故不能將「特殊哲學」與「應用哲學」分開。如果要把它們分開，試問道德哲學、宗教哲學、藝術哲學，又何嘗不能實用，而成「應用哲學」呢？也有人把研究宇宙問題的形上學和知識問題的認識論二者，稱爲「理論哲學」，而以研究人生問題的人生論，名爲「人生哲學」（或人文哲學），同樣是不妥的！

如我前表所述，我把哲學分成廣狹二義：**廣義**是泛指人類一切的「世界觀」而言，**狹義**則指傳統的「哲學」——卽形而上學或玄學，含義較爲明確。從廣義看，神學、玄學（哲學）、科學三者，都是一般哲學——「世界觀」的分枝。它們雖然路徑各殊，而終極的目標一致，都以解答宇宙、人生及知識的種種問題爲主。從前的哲學家培根（F. Bacon），也與我有相似的意見。他稱此共同（一般）的哲學爲「第一哲學」，說：

『談到哲學，則人的思維，有時深入神蘊，有時體察自然，有時反省自身，研討的方向不同，所以知識的種類亦異。……因爲知識的分派，是像樹枝一樣，都交會在樹幹的；而樹幹在未分枝、未布條以前，是有一種完整和繼續性的。所以，我們在未分類以前，應當建立起一個普遍的科學——一種原始的、綜合的第一哲學，作爲主要的公共大路，然後再論及那些支路小徑』（註三）。

『凡哲學的特殊部分（或科學）所不能包括的那些較普遍、較高級的有效觀察同公理，都可歸在第一哲學內』（同前）。

此所謂「第一哲學」，就是「**人類共同**（一般）**的世界觀**」，**爲神學、玄學、科學同所追求的最高境界和目的。**

除了前述兩種大的分類以外，其它所謂唯物論（Materialism）、唯心論（Idealism）、一元論（Monism）、二元論（Dualism）、同一論（Identity philosophy）等，都只是哲學中的支流，爲玄學裡面的派別，好像生物學中，綱、目下的科、屬一樣。神學、玄學（哲學）、科學是「哲學」中的綱，自然哲學（宇宙論）、人生哲學（人生論）、認識哲學（認識論）是目，而唯物論、唯心論、感覺論（Sensualism）、理性論（Rationalism）等，則是科或屬。明白這點以後，便知道哲學裏面，儘管派別分歧，仍然是各有所歸，有條不紊。學哲學的人，如果不懂得它的分類，勢必好像走入八陣圖中，不明方向了。

（註一）「荀子集解」卷十六，正名篇第二十二。

（註二）「老子本義」道德經，第一章。

（註三）培根（F. Bacon）著「學問的進步」，第二部（五）之二

第四章　哲學的方法爲何？

前章我講哲學的分類，說按照學說的性質，它可分爲神學、玄學、科學三種。爲什麼會有這三種知識？內容何以不同？除了時代背景有別，將於第五章講述外，最主要的還是在方法。

第一節　方法是甚麼？

方法是什麼？就是研究的工具和思想的途徑。我們研究學問，好像做工一樣，非有工具不可。荀子說：『博學而無方』，卽言其沒有方法。古人把方法叫做「法度」、「法術」或「法儀」，都有工具的意思。墨子說：『天下從事者，不可以無法儀；無法儀而其事能成者，無有也。……雖至百工從事者，亦皆有法。百工爲方以矩，爲圓以規，直以繩，正以縣（懸）』（註一），就是把方法看成規矩、繩墨一類的儀器。「方」字在中國，也有方向、道路之意，與希臘文Meta-odos 的含義相同。希臘 Meta 是「同」和「與」，Odos 則爲道路，寫成一字便是 Methodus，卽指由一條道路達到某一目的而言。我們做一件事情，儘管目的很好，如果方法不對，可能會有偏差，不僅達不到目的，甚至會走到相反的方向去。

「列子」說符篇裏，有一個故事：楊（朱）子的鄰人掉了一隻羊，帶着許多人去追，結果沒有找到。楊子問他：『爲什麼沒有找到』？他說：『岔路太多，不知跑到那裏去了』。楊子聽了，心裏非常懊喪，很久說不出話來。他的學生孟孫陽和心都子問他，楊子說：『從前有一位住在河邊的人，很會游泳划船，許多人去向他學習，淹死的有一半。他們是去學游泳，不是去學死的，而利害這樣相反，你看誰是誰非』？孟孫陽不明白他的意思。心都子却說：老師的意思是：『大道以多歧亡羊，學者以多方喪生，學非本不同，非本不一，而末異若是，唯歸同反一，爲亡得喪』。由這個故事，可見治學的目的相同，而方法不同，結果會完全相反。

第二節　方法從那裏來的？

方法從何而來？它是我們頭腦中的產物。人類對於一件事物，最初是不自覺的思考，後來漸漸多想，反覆思維，變成了自覺，有理路（理則）可循，成爲系統，便成「思想方法」。這好比走路一樣，起初是茅蓬小徑，後來越走越寬，變成康莊大道，往來非常方便。孫中山先生說：『無論甚麼事成功，都是在有好方法。方法是自何而得呢？是從學問智識而得。先有了學問，便有智識；有了智識，便有了方法』。但這由學問智識產生的方法，最初却是盲目的，不自覺的從人類意識中產生。

要明白這種情形，從前有一位哲學教授說過一段話很對。他說：『一種規律，爲人的思想所必須多少依照者，卽邏輯的規律。這規律並不是人所規定，以硬加於人的思想者，而是一種本然底規律，爲人的思想本須多少依照而不可逃者。……邏輯學並不能創造邏輯底規律，以使人必從，它不過發現了這些規律，而將其指示出來，叫人於明白了這些規律之後，可以有意地依照着思想，使其思想本來多少依照這些規律者，現在或能完全依照之，則其思想卽可完全正確』（註二），不致發生錯誤。由這段話，我們便知方法的意義和它的來源。

因爲人的思想是照邏輯的規律而行，這規律爲人生來就有，故如唐君毅教授所說：『每一哲學家各有其一套思想方式，一種特殊的思想方法；而西方哲學家陳述其哲學思想時，亦恒自介其思想方法，究若與其他哲學家之思想方法皆不同，乃能表現其特殊性』。就大的範圍而論，神學、玄學、科學是三種**不同的思想方式**。它們雖然都是人類的世界觀，同對世界萬物作根本的研究，其思想方法之不同，則非常明顯。

惟其如此，所以談到哲學的方法，也同分類一樣，各家各派都不相同，許多「哲學概論」中，名詞亦不一致。有人說哲學的方法，是㈠直覺法（Intuitive method），㈡反省法（Reflective method），㈢辯證法（Dialectic），㈣歷史批判法（Historic-critical method）；有人說近代主要的哲學方法，是㈠理性主義的方法或演繹方法（Rationalistic method or Deductive method），㈡神秘主義（Mysticism）的方法或秘密方法（Esoteric method），其中包括內觀與直觀；㈢科學方法，如分析、實驗、歸納等；㈣浪漫主義的方法（Romantic method），如文學、藝術上之重感情，把世界觀建立於情感和本能上；㈤康德的批判法和黑格爾（George Wilhelm Friedrich Hegel, 1770—1831）的辯證法。也有人說除上述幾種以外，還有比較法、綜要（總攬）法、實驗法、超越的反省法、純理的推演法與貫通關聯法等，不勝枚舉。

這些說法，各有各的道理，我現在不必一一加以批評。他們所指的哲學方法，除一部分有關科學的以外，多半是就傳統的哲學——玄學的而言。現在，我們**從歷史上來看**神學、玄學和科學這三種智識，**如何建立其世界觀的方法，究竟有什麼分別？**

第三節　神學有那些方法？

神學是人類最早的世界觀，很能表現人類初期的思想形態。它所用的方法，主要有下列三項：

第一、擬人法（The method of personification）擬人（Personification）又叫人格化，就是把人類的形態或性格比擬（to compare）到其他事物，作崇拜的對象，故又叫做「神人同形說」（Anthropomorphism）。起初，人類相信一切自然物體（如草木、貝石等）中，有像人那樣的靈魂或氣力；後來，便進一步，把神的人格來理想化。希臘人說亞波羅（Apollo）神代表自由高潔，亞弗羅德（Aphrodite）神代表女性的美；而宗教中的天堂、地獄說，即是將人世生活的苦樂比擬成爲死後生活的形態。基督教說：『神愛世人』；佛教說：『我佛慈悲』，『本性是佛，離性無別佛』（註三），都是把神的性格看得同人一樣，『故知萬法盡在自心』（同前）。以後人的思想進步，便把神超越於人之上，變成整個世界的觀念。這可說是擬人法的表現。

第二、想像法（Imaginational method）想像（Imagination）即猜想或聯想；換句話說：就是不根據邏輯的或實證的方式，而加以推想的意思。神學中的神話，多是由想像得來。希臘荷馬（Homer）史詩中，說神同人一樣，不僅形體相同，飮食起居相同，而且也有喜怒、哀樂、愛憎、怨妬的感情，和父子、兄弟、夫婦、朋友的關係，彼此互相鬬爭，姦淫、欺詐、偷盜等，無所不爲。這是根據人的情形推想而得，爲想像的表現。

神學上講到靈魂的來源，共有三種：㈠叫創造說（Creationism），說靈魂是由神一個一個的創造出來，放到人的母胎內，隨人生下地來的；㈡叫前生說（Preexistence），說神在創造世界之初，就把靈魂造好了，隨時與生下的胎兒合一；㈢叫傳殖說（Traducianism），說神造亞當（Adam）的時候，就在他的靈魂中造了胚胎，以後同肉體一樣，自行繁殖，不必一一再造。這三種說法，都是想像得來，並無實證的根據。想像就是神學中自然的推理。宗教最初把神的形狀描寫成為禽獸，後來變成半人半獸，最後成為人形，則是想像進步的結果。

第三、信仰法（The method of Faith）「信仰」（Faith）二字，本是佛家語，指人對佛、法、僧三寶欽信不疑而言。唐譯「華嚴經」說：『人天等類同信仰』，為中國最早的用語。按「信」是誠實不疑，「仰」有欽佩之意。凡對神或超越於個人理性以上的事物，加以崇拜服從者，叫做「信仰」。宗教上的信仰，都用儀式來表達，如祈禱、感恩、懺悔、禳祓、祭祀等，無不各有儀式（如跪拜、拱手、鞠躬……等），以表示其誠意。宗教認為信仰不僅是認識神、接近神的方法，而且有避禍求福的力量。

「新約全書」馬可福音中，說耶穌死後顯身，責備他十一個門徒不信其能復活，而有懷疑不對，說：『你們往普天下去，傳福音給萬民聽，信而受洗的，必然得救，不信的必被定罪。信的人必有神蹟隨着他們，就是奉我的名趕鬼，說新方言，手能拿蛇；若喝了什麼毒物，也必不受害；手按病人，病人就好了』（第十六章）。其所以有這種神蹟出現，或與催眠術（Hypnotism）有關，催眠就是意識集中的結果，為誠信的表現。他生前告訴門徒說：『你若能信，在信的人，凡事都能』。據說有一個門徒暗暗走到耶穌面前問他：『我們為甚麼不能趕出那鬼呢』？耶穌說：『是因為你們的信心小。我實在告訴你們：你們若有信心像一粒芥菜種，就是對這座山說：「你從這邊挪到那邊」，他也必挪去；並且你們沒有一件不能作的事了』（「馬太福音」第十七章）。不僅基督教如是，其他宗教也都是以信仰爲宗，服從傳說，反對懷疑，不容有個人的理知存在。古人說：『誠則靈』。誠就是專一不雜，確信不疑之意；卽使是不合理的也要相信，因爲信重於知。忒滔良（Tertullian）說：『不合理，故我信』。這表示宗教的信仰完全是直覺的、迷信的，惟佛教却主張依正解而生正信，反對盲從，具有玄學的意味。

第四節　玄學有那些方法？

其次是玄學。它在宗教以後發生，與神學有不同的方法：

第一、冥想法（Contemplative method）冥想卽英文的 Contemplation，又叫「冥索」，有靜觀、觀照、沉思、默想之意。凡不以實際的態度，對萬事萬物作沉靜的思考，以求知其要義，明其本體者，便是「冥想」。古云：『萬物靜觀皆自得』；晉高僧支遁咏懷詩：『道會貴冥想』；禪宗六祖謂：『心開悟解，故知本性自有般若之智，自用智慧常觀照故』；丁福保註：『以智慧照見事理，曰「觀照」』（同註三）。佛教雖然是一種宗教，其思想却是玄學的。玄學要了解事物中的道理，不能像神學那樣，徒憑信仰和想像，而要靠理性的思維。所謂理性的思維，卽指純粹思辨，如抽象、概括、判斷、推理、反省、直觀等作用。法國中世紀的神學家囂俄（Victor Hugo, 1097?—1141）曾說：『由肉眼以知外界，是曰認識；由理眼以識內界，是曰沉思；由心眼以識超自然界，是曰冥想』。我們現在講的冥想法，兼具他所指的「沉思」與「冥想」兩種意義。

第二、概觀法（Synoptic method）概觀（Synopsis）就是要會觀其全，爲古人所謂「觀其會通」的意思。「易繫辭」上傳云：『聖人有以見天下之動，而觀其會通』；疏：觀看其物之會合變通。照朱熹的解釋：『會謂理之所聚而不可遺處，通謂理之可行而無所礙處』。因此，「觀其會通」就是說：我們對於任何事物或問題，要通觀它的全體，總攬它的要點，把各方面的道理連貫起來，以求徹底了解。它與「綜合」(Synthesis) 不同：綜合是把原來分立的各種東西湊合在一起，見樹枝而忽視森林；概觀則看重全體的各部分，見森林亦知其樹枝。

從前（一九〇五年）劉光漢（申叔）等在上海創辦「國粹學報」，其發刊詞云：『觀會通以御世變，是爲通儒之才。但所謂觀其會通者，非斷斷於訓詁詞章之末，姝姝守一先生之說也；乃綜貫百家，博通今古，洞流索源，明體達用。昔莊生作「天下篇」，荀卿作「非十二子篇」，皆明學術之源流，歷敘諸家之得失。……至謂修六藝之文，采諸家之言，舍短取長，可通萬方之略，觀古人會通之學，何其盛也』！這是對概觀法很好的敘述。

第三、批判法（Critical method） 批判（Criticise）就是對原有及其它思想或見解，用懷疑的眼光，評判其得失。在前述概觀法中，說『莊生作「天下篇」，荀卿作「非十二子篇」，皆明學術之源流，歷敘諸家之得失』，也就含有批判的意義。從前的哲學家，都是個人主義者。他們各有一套哲學，也各有自己的方法。因此，張三批判李四，李四批判張三，各由其說出發，重新估定前人思想的價值，是常有的事。

亞里士多德爲柏拉圖的學生，他後來自成一家之言，學問非常淵博，認爲老師的道理不對，而加以批評，便說：『吾愛吾師，吾尤愛眞理』。玄學首先批評宗教，懷疑它的思想，另立新的系統；後來自己批評自己，彼此互相爭論，都是各從其說立論，打破以前的傳統，故百家爭鳴，很有進步。這是它與宗教信仰不同的所在。

第四、推理法（Inferential method）　推理是玄學最重要的方法，即由一個或二個以上既知的判斷（Judgment）作根據，而推得另一判斷的思維方式。既知的判斷叫「前提」（Premise），新得的判斷爲「結論」（Conclusion），由此發現其間的關係，便是推理（Inference）。它有「直接推理」（Immediate Inference）和「間接推理」（Mediate Inference）兩種：前者是直接從「前提」的關係上推出「結論」，毋須其它的概念作媒介；後者則是在「前提」之後，以一概念作媒介，而得到「結論」。在間接推理中，其㈠由一普遍原理（大前提）依三段論式，而推得一特殊的結論者，爲演繹法（Deduction）；㈡以特殊的事實作前提，而推得一普遍的結論者，屬歸納法（Induction）；㈢根據事物間相似或相同之點，由此一特殊推知彼一特殊，以此喻彼者，則爲類推法（Analogy）。從前蘇格拉底用辯論的方法，同人家討論問題，就是推理的運用；推理與分析有關，他說：『推理而不用分析，猶盲人摸索耳』（註四）！亞里士多德發明三段論法（Syllogism），便創立了論理學（邏輯學 Logic）。推理是論理學研究的範圍，玄學因爲注重體系，要講邏輯，少不得推理，與論理學有密切的關係。故論理學也就成了哲學的中心。

第五節　科學有那些方法？

科學是實際的知識，它不像神學和玄學那樣，開始就要建立一種世界觀；然而，發展的結果，却走上了哲學的道路。英人皮爾生（Karl Pearson, 1857-1936）說：『科學的方法如能熟悉，則萬事都成科學，這是科學方法的特點』。到萬事都成科學以後，自然進入哲學的境界。科學所用的方法是什麼？

第一、觀察 觀察（Observation）就是對事物作有意的觀看和考察，把它變化的現象記錄下來，求得正確的知識。譬如我們晚上看到天上的星星、月亮在動，這不算是觀察，要天文學家詳細的觀測，經常注意有那些星球運行？什麼新星出現？而把它的軌道和位置確實記錄下來，作研究的資料，纔能說是觀察。以前天文學的觀測是用目視，後來發明望遠鏡，比較進步，現在則用X光和人造衞星，飛越高空探測，並用天體照相術攝回地面。起初的望遠鏡很小，很簡陋，所見的範圍也有限；現在的望遠鏡，已由二百吋擴大到三百吋，而以射電和光學配合，其能見度自也隨之增加。所以，觀察是有意的、經常的，並不是偶然隨便看看就算了。它雖要用儀器幫助，而對所觀察的東西，却聽其自然的變化，不用人工干涉，擾亂原有的形態，盡量求得客觀眞實。季沙（C. J. Keyser）教授說：『無觀察卽無科學』，可見它的重要。因為觀察的對象不同，所用的名詞亦異：天文學以天文氣象為對象叫「觀測」，心理學以自己的精神為對象叫「內省」，社會學以政治、經濟、風俗等為對象，叫「考察」或「視察」。科學要經過觀察，收集資料，才有事實作根據。因此，觀察是科學研究的初步。

第二、假設 假設（Supposition）又叫臆說（Hypothesis），是說明由觀察所得的資料而假定的學說。科學家在觀察事實之後，知道許多現象，要作適當的解釋，便提出假設。假設有四個要素：㈠要適合事實，能包括一切，沒有遺漏；㈡要理由充足，經得起論證的辨難；㈢要簡單明瞭，可解釋複雜的現象；㈣要能改進過去假設的缺點，合理而無矛盾。合於這四點的假設，經過實驗以後，證明它沒有錯誤，便成科學的定律（法則）；如果還不圓滿，就要繼續追求，或暫時保留，另立新的假設，直到合於事實，成爲定律而後止。因此，「假設」與「定律」之間，只有相對的區別。我們可以說：假設是實驗以前想像的定律，定律則是還沒有被推翻的假設。阿斯瓦德(Oswald)說：『臆說者，乃科學用以詮釋現象之想像的觀念。此無關於現象本身，而但想像中產物』。不過這種想像，與神學的方法不同。它不是憑空猜想，而要根據已知的事實，作合理的推論。法國的天文學家拉普拉斯（Laplace, 1749—1827）曾將他所著的「天體力學」(Mécanque Céleste）一書送給拿破崙（Bonaparte Napoleon, 1769—1821)，拿氏看過以後，說：『從前牛頓關於天文的著作，言必稱上帝，如今我看完你的書，却找不到「上帝」的名字』。拉氏答道：『執政！我毋須乎要這個假設』。可見科學的假設與神學的想像不同，要以事實爲基礎。

第三、實驗　實驗（Experiment）是觀察中的一種。它與觀察不同，卽在其用人爲的方法，對所研究的東西反覆試驗，有意改變其原有的現象，或造成一種新現象，而分析其內容，察看其變化。科學上的許多假設對與不對，都要用實驗來證明。實驗的結果，與假設相合，便證明它是眞理，可以成爲定律；如果不合，假設就被推翻。從前意大利的科學家伽利略（Galileo Giliei, 1564—1642），便是拿兩個輕重不同的鐵球，從比薩（Pisa）斜塔上同時丟下，用實驗打破亞里士多德的臆說，而證明他「落體定律」的正確。其後科學家經過不斷的實驗，纔能創造輝煌的進步，發明新的定律。所以，實驗是科學進步的動力。現在美國的太空科學家，其所以不惜鉅資，發明火箭和太空船，由太空人駕駛去登陸月球，取囘岩石化驗，就是要證明月球的由來，及其與地球的關係，不能徒憑想像或推理，而以爲它是太平洋中分裂出去的物體。這可見實驗的重要。

第四、歸納　歸納是將觀察、實驗所得的專實綜合起來，提出假設，加以比較，找出其中的因果關係。因爲天地間的事物，雖然種類很多，彼此都有一種互相影響的關係。例如甲生乙，乙生丙……等，這叫做「因果關係」（Causal relation）。甲與乙之間，不僅有因必有果，而且同因必同果，因此經過歸納，便能找出它的定律來。歸納法（Induction）是法蘭西斯・培根所創立，而由約翰・彌爾（John Stuart Mill, 1806—1873）完成的。彌爾著「邏輯系統」（A System of Logic）一書，提出五個方法作歸納的具體法則，世稱「歸納五術」，即㈠契合法（Method of agreement），㈡差異法（Method of difference），㈢契差兼用法（Joint method of agreement and difference），㈣共變法（Method of Concomitant Variations）亦譯「伴差法」），㈤剩餘法（Method of residues）。這五法，就是從各種事物中找尋因果關係的方式。它包括分析、比較、推論、判斷等作用在內，其具體內容許多論理學書中都有解釋，玆不敘述。自從這「歸納五術」發明之後，歸納法便成了科學的方法。

第五、數理　數理（Theorem）是科學的基本方法，它包括各種數學，如算術、代數、三角、幾何、微積分等的應用。我們研究任何事物，爲要求得精確，必須用各種儀器，對它的體積、成分、溫度、速度、重量……等加以衡量，其計算越精確，接近科學的程度也越高。英國的科學家克爾文（Lord Kalvin, 1824—1907）說：『當你們所說的事物能夠加以衡量，且能表現於數字，你便可得到有關它的知識；反過來，如不能加以衡量，且不能表現於數字，則你所得到有關它的知識，必不完整。這也許是知識的開端，然而你的思想，則未必能進入科學的大門』。科學不僅要用測量、統計等來分析事物，比較其消長變化，而且要以抽象的公式，計算各種問題，推演出它的定律。

牛頓的「萬有引力」（Gravitation）和愛因斯坦（Albert Einstein, 1879—1955）的相對論（Principle of relativity）等，都是用數理推算出來。愛因斯坦的新學說「統一場論」（Unified field theory），便是用數學方程式，說明自原子以至宇宙的每一事物，將重力、磁力和電力的事實，統馭於一個方程式之下。他說：『在數學方面，已有方法表明甚麼定律是正確的』。今天眞正的科學，已離不開數學，它好比神學中的想像法和玄學中的推理法一樣，爲科學中最高的推理方式。

由數理而能推出自然的定律，實如古人所言：『天地之間，有理必有數，二者未嘗相離』（註五）。科學用數理來推算，也就是古人所謂「因數明理」之意。希臘從前畢達哥拉學派（Pythagoreans）的「數論」（The number-theory），同中國宋儒邵康節的「象數之學」，其所以能發生作用，便是這個原因。不過他們的意見，還只是玄學的，沒有達到科學的程度而已。

現在不僅自然科學注重數理，卽社會科學中的經濟學、社會學、教育學，及思維科學中的心理學、論理學，也都用統計的方法，根據具體數字來加以分析，求得確實的結論。自從電腦（Electronic computer）發明，數理的應用，更爲普遍。科學之由實際走到抽象，進入哲學的境界，便是數學發達的結果。

以上所說的各種方法，是就神學、玄學和科學這三種智識一般的、主要的而言。它們雖然各有特殊，但以其不同的方式，都可達到哲學的境地，求得事物的根源、本體及原理，變成人類的世界觀。惟內容則各有不同，成爲相異的形態。其他如康德的批判法和黑格爾的辯證法等，都是一家一派的方法，不出玄學的範圍，沒有很大的普遍性。

（註一）「墨子閒詁」卷一，法儀第四。

（註二）馮友蘭著「新世訓」，緒論。

（註三）「六祖大師法寶壇經」般若品第二。

（註四）「柏拉圖對話錄」斐德羅篇（Phaedrus）

（註五）羅大經著「鶴林玉露」中文，見蔣伯潛著「理學纂要」第十一章。

第五章　三種哲學的關係

前面我把哲學分爲廣義的和狹義的兩種，說廣義的哲學，是指「人類的世界觀」，卽對宇宙和人生根本問題的研究。因爲方法不同，路徑各異，內容和性質也不一樣，故有神學、玄學、科學之分。其中玄學便是向來所講的「哲學」，可說是狹義的。由於許多人不明白這種分別，所以談哲學時，常把宗教（神學）、哲學（玄學）與科學之間的關係，弄得攪擾不清。

爲了澄清這個問題，我們不能不把三種哲學的異同，及其演變、得失研究清楚。這是本章討論的主旨。

第一節　它們的分別何在？

有些人站在狹義的觀點上，認爲宗教不是哲學，科學也不是哲學，只有玄學（形而上學）纔是哲學。例如有人說：『哲學之爲學，自有其研究之對象，……自有成立學科之可能，何用假手於宗教信仰哉？且宗教富有神秘的性質，唯有訴諸各人之信念，以慰其心靈之安適，而哲學必用說明解釋，以闡明其研究之對象，故與宗教之信仰，絕不相侔也』（註一）。史退斯（W. T. Stace）也以爲哲學與宗教不同，說：『希臘哲學造端於西歷紀元前六世紀。……在此時期之前，固亦有詩人的各種神話、宇宙論和神學，但他們的目的，都不在對事物作物理的說明，祇屬於詩歌和宗教的範圍，不能算是哲學』（註二）。可見哲學與宗教實各有天地，並不一致。

談到哲學與科學，通常的意見，認爲兩者是絕對不同的。如何不同？有人說：『㈠科學是趨向於各別的，哲學是趨向於總體的；㈡科學是趨向於分析的，哲學是趨向於綜合的；㈢科學是偏於記述，哲學是偏於說明；㈣科學是偏於抽繹，哲學是偏於包涵；㈤科學有固定的方法，哲學有大體的態度；㈥科學有假設的前提，哲學無假設的前提；㈦科學所研究的是知識的對象，哲學所研究的是知識的自身；㈧科學偏於實際，哲學偏於理想；㈨科學不求最後，哲學專求最後』（註三）。也有人把它歸約成爲四項：說科學的特性，是敍述的、分析的、精確的、規律的；哲學的特性，是批判的、整全的、徹底的、關係的（註四）。其中所謂「整全的」，就是說『哲學要對整個宇宙作全盤的批判』（同前）；「徹底的」是『要問到不能再問的本源，……達到無以復加的境界』（同前）；「關係的」是『哲學不但要明白宇宙萬有各自的關係，並且牠要得到自然界的總關係。……（與）科學所求的關係，只限於局部的』（同前）不同。因此，他們稱哲學爲「諸科學之科學」（Science of Sciences），說『哲學的職務，專是綜合各科學的結果。……哲學對於科學，不僅吸收他的成績結果，並且對於他的方法與所得的概念，以及假定的原則，都要一一下批判。普通名曰「科學的哲學」（Philosophy of Science），就是指這一類的事務而言』（註五），故又叫做「批判的哲學」。

哲學和科學既有此不同，於是有些人一方面，認爲『科學與邏輯，各自有決定的領域，但不能逾越範圍，侵呑哲學的領域』；另方面，又說『「科學的哲學」只是科學中的哲學，或哲學中的科學，而非哲學本身（？）』。這樣，哲學與科學的關係究竟如何？不是弄得攪擾不清，莫明其妙了麼？

近代哲學家麥謝（Desid Mercier）說：『哲學不像其他科學一樣，稱自己是一個與其他特殊科學地位相等的科學，自己為自己劃出一個狹窄的地盤，來作自己的研究。哲學是在科學之後，而又在科學之上的。它對科學有關的對象，只從事最後形態的研究，並探討科學的聯繫，以及這種聯繫的關係，直到最後的單純觀念』（註六）。史退斯也認為『一切科學，都取宇宙的某一特殊部分，做研究的對象，而哲學之所注目者，却非特殊部分，而是宇宙的全體。……因此，各種特殊科學問題和材料上，總要假定一些事物，而不窮其究竟，哲學則對於一切事物，非窮究至其終極的根源，決不放過』（同註二）。這種科學與哲學的不同，可說是從前一時的現象，而非長久的區別。

有些人認為宗教、哲學和科學的進化，是一個代替一個，一個否定一個。好像黑格爾的辯證法一樣：宗教是「正」(Thesis)，哲學是「反」(Antithesis)，科學是「合」(Synthesis)；「反」否定「正」，「合」否定「反」，彼此排拒。宗教最初是人類的世界觀，哲學出現以後，便取代了它的地位；哲學在科學產生之前，獨覇智識領域，迨科學問世，則侵佔了它的範圍。所以，今天科學是智識之王，不僅宗教不能存在，哲學也要消滅。民國十二年，丁文江與張君勱諸人之間，有所謂「科學與人生觀論戰」（亦名「科玄論戰」），主張科學的人，認為玄學（哲學）沒有用處，就要消滅；反對的人，則說科學不能解決人生問題，玄學仍有價值。**實際上，科學與玄學和宗教之間，雖然互相消長，並不是絕對排斥的。**

第二節　它們的關係如何？

我們從歷史上看，宗教、哲學（玄學）、科學三者，關係非常密切。它們研究的對象，並沒有什麼

不同。**說『哲學之爲學，自有其研究之對象』**（同註一），**科學『不能逾越範圍，侵呑哲學的領域』**，殊非確當的意見。因爲照對象論，不管是宗教也好，哲學也好，科學也好，都是以宇宙（自然）、人生和知識問題爲範圍。它們各自努力，用不同的方法去探索，所得的結論雖不一樣，而殊途同歸，同樣可得宇宙、人生最高的原理，來解決其所懷疑的世界問題。巴涅特（Lincoln Barnett）說：

『不只科學渴望各種假設、概念能由繁而簡，透過世界萬象，窺見其根柢上的渾然純一，這也是人類理知的最高欲求。哲學家、神秘論者，以及科學家，各循其本身的思維方式，總想找出那在根柢上控制這變化無常的世界之不變的本質』（註七）。

故沒有對象範圍之不同，只有理論性質的差異。

從古代宗教發明了神靈，作宇宙的本體以後，無論任何哲學，除極端的唯物論，如法國百科全書派和馬克斯主義者以外，沒有不信神的。培根（F. Bacon）曾說：『稍爲有點哲學知識的人，就主張無神論（Atheism）；而研究深入以後，又轉到宗教方面來。這是很常見的事』（註八）。他認爲天上的神秘，非理性所能認識，科學亦不能了解。『在這種場合，哲學的光輝，更無從照耀』（同前），惟有訴之於默示的神學。他說：『我們的理性，雖不以神話爲然，究不能不信仰它。神聖的秘密，愈荒唐而不可信，我們對神的信仰和尊敬心亦愈切』（同前）。其後各種哲學，不管它是經驗論或理性論者，無不承認有神，並用神來解釋其所不能解決的問題。洛克說：『神的存在，與兩直線相交其對角相等，是同樣確實的』（註九）。休謨也認爲『神的存在不成問題，其所成爲問題的，是神的本質』（註十）究竟如何？可見**神學與哲學**（玄學），**不能完全脫離關係。**

不僅哲學如此，科學也是一樣。近代十六、七世紀的科學家，像白魯諾（Giordano Bruno, 1548—1600）、伽利略、牛頓等，固然是虔誠的宗教信仰者，不懷疑神的存在，卽在現代二十世紀，愛因斯坦也相信有神。巴涅特告訴我們：

『科學家提到宇宙的神秘，諸如它的無限力量，它的起源，以及它的合理與和諧時，總想不用「上帝」（God）這個字，然而曾被人稱爲無神論者的愛因斯坦，倒反不諱言上帝。他說：「無限高超的神明，在我們脆弱心智所能察覺的瑣碎小事上，顯示出它的存在。我對它心悅誠服，我的宗教信仰由此構成。這種在內心深處確信有個超越的推理力，彰顯於不可思議的宇宙中，便是我的上帝觀」』（同註七）。

所以，科學很難消滅宗教，取代它的地位。

哈里遜（George R. Harrison）說：『因爲秩序和原動力普遍都有，科學家和神秘家一樣，只要願意，就能看到神的手和臉，表現於每一作爲及每一生物中。當今大多數有宗教氣質的人，認爲完全可以相信：神建立了一個體系，於是有機體的進化，能在這體系中實行』（註十一）。還有宗教之所以使人信仰，就是人生的歸宿問題。『許多科學家，準備憑信仰而承認不朽。……他們知道人類很喜歡相信投其所好的事，而容易懷着不朽的欲求』（同前）。科學家雖無直接的證據，證明靈魂不朽，亦不能提出反對。**故科學與宗教，決不是勢不兩立的。**

至於哲學（玄學）和科學，雖是兩種不同的智識，然科學以自己特殊的方式，仍可達到哲學的境界，『**從事最後形態的研究**』（同註六），『**窮究至其終極的根源**』（同註二），**變成人類的世界觀，並無**

永久的界限不可突破。說科學是敍述的、分析的、局部的、表象的，哲學是批判的、綜合的、總體的、徹底的，只是十八世紀以前的形態。其原因正如恩格斯所說：

『把自然界分成若干部分，使自然現象和各種物體分門別類，於有機體複雜的解剖中細加研究，這是最近四世紀以來，對自然界知識長足進步的主要條件；但這種研究方法，也使我們養成一種習慣：即研究自然界的物體和過程，是在各別隔離的狀態中去進行，是撇開其相互聯繫成一大整體的情況中去進行——觀察物體，不是在其運動的狀態，而是在其靜止的狀態；不是將它看做主要是可變的，而是將它看做主要是不變的；不是把它當成活的，而是把它當成死的去研究。……觀察個別的事物，而忘記其相互關係；觀察事物的存在，而忘記其形成和消滅；觀察事物的靜止，而忘記其運動。樹枝妨礙他們看見森林』（註十二）。

由此造成一種偏狹的科學觀，與哲學（玄學）相對立。

惟自十九世紀起，科學日益進步，已由事實的分析記述，進至理論的說明；由現象的表面觀察，擴展到全盤和內部，走向哲學的階段，同從前並不一樣。這如雷曾巴赫（Hans Reichenbach）在其「科學的哲學之興起」（The rise of Scientific Philosophy）中所說：『維持哲學玄想的時代業已過去，它已由冥想的進至科學』；並不是另有一個哲學，在科學之上或科學之後，專門來調和、批判，『綜合各科學的結果』（同註五）。**科學之調和、批判，綜合成爲哲學，是由它自己完成，毋須假手於玄學的。**今天還要說科學與哲學根本不同，需要玄學來批判、調和，加以補足，實在是過時的見解！

第三節　它們演變的得失怎樣？

由前所述，我們可知宗教、哲學（玄學）、科學三者，同是對宇宙、人生根本問題的探索。它們的目的相同，對象（問題）一樣，只因所處的時代不同，方法有別，故理論的內容也不一致。這好比黃河和長江的水，都是向東流入海裏，而清濁懸殊，大異其趣。

然則，這三種哲學演變的得失，究竟怎樣呢？

首先，拿宗教來說　它是人類最早的世界觀，發生於原始社會，爲自然經濟時代的產物。所謂「自然經濟」，就是指漁獵、畜牧及農業經濟而言。原始人在這種生活環境中，經常與毒蛇猛獸爲伍，並有自然的災害，如颳風、下雨、打雷、起火……等，無法預防。他們一方面覺得自然的力量偉大，非常可怕；另方面，也不知道什麼原因在支配其活動，而只感到禍福無常，人生難測。後來，由於做夢的解釋，發明了「靈魂」，便產生「神」的觀念，已如第二章所述。

自從有了「神」以後，對一切不明白的原因，都用神去解釋，而辦不到的事情，也求神來幫助。若干英雄人物，死了也變成神。保爾・拉發格說：某些原始民族，『有時甚至這樣：爲了得着一個强有力的鬼魂，就殺了一個有高等品格的名人』（註十三），而爲避禍求福起見，便從事祭祀和祈禱。孫中山先生說：

『水、火、風、雷的災害，古人實在莫名其妙，而且古人的房屋，都是草木做成的，都不能抵抗水、火、風、雷四種天災。所以古人對於這四種天災，便沒有方法可以防備。……極聰明的人，便提倡神道設教，用祈禱的方法，去避禍求福。他們所做祈禱的工夫，在當時是或有效或無效，是不可知；但是既同天爭，無法之中，是不得不用神權，擁戴一個很聰明的人做首領，好比現在非洲野蠻的酋長。他的職務，便專是祈禱。又像中國的蒙古、西藏，都奉活佛做皇帝，都是以神爲治』（註十四）。故宗教不僅支配人的心靈，也影響人的生活。

原始人聚族而居，生息於山林、川澤中，大都各成部落。無論是漁獵、畜牧或耕種，都不出部落範圍之外。如老子所云：『鄰國相望，雞犬之音相聞，民至老死不相往來』（註十五），過着傳統的集團生活，遵循祖先相沿的教訓，爲風俗習慣所支配。他們把宇宙萬物看成有人一樣的靈魂，其思想和行爲都同人相似，用幻想的故事，說明其活動，而成爲「神話」（Myth）。神話最初是想像的、比擬的，其後便成傳襲的（Traditional）、信仰的，不容懷疑了。亞里士多德說：『古代的神話，都是些帶來眞理的虛誑記事』。由它積累而成宗教的經典。像基督教的「聖經」，回教的「可蘭經」（Al-coran），以及印度的「吠陀經」等都是。它們雖由先知所口述，却是傳達神的啓示（Revelation），代表民族的意願，個人非遵行不可。所以，宗教的理論是集團性的，俱有社會的權威，非由某一人所獨創。

不僅如此，宗教除以神話或經典爲人的宇宙觀和人生觀外，還用巫術（Magic）作控制事物的方法。原始人相信天地間的各種事物，受鬼神支配，彼此都有關係。如能用一種假的東西作代表，也可影響眞的；一個人的衣物、用具，雖與人分開，仍能影響他的身體。所以，他們根據「類似律」（Law of similarity 象徵律）和「接觸律」（Law of contact）（註十六），用「模仿巫術」（Imitative magic）或「傳染巫術」（Contagious magic）的方法，可發生超自然的力量，達到控制事物的目的。譬如我國的故事說：金精娘娘紮一草人，當做楊懷恩，把草人拜了七晝夜，最後用三支箭射他；在遠處的楊懷恩，果然同時兩眼被瞎，心痛而死。漢朝女巫盛行用木偶害人，深入宮廷，致發生有名的「巫蠱之獄」，尤爲顯例。因爲類似事物或接觸過的東西，彼此間有神秘的關係，故欲求祥辟邪，消極方面是注意禁忌（Taboo），不觸犯所避忌的事物；積極方面，則從事占卜，求知預期的結果。占卜和禁忌，是根據巫術的規律而來，也同巫術一樣，爲控制自然的法則。**巫術在古代，可說是宗教的科學，具有實用性**。

後來，因爲巫術的規律擴大，用來觀測天象對人事的影響，而有「占星術」（Astrology）出現，爲天文學開其端。古人想鍊丹以求不死之藥，並製造黃金，發明「鍊金術」（Alchemy），促成了化學的進步。孫中山先生說：

『爲化學之元祖者，卽道家之燒鍊術也。古人欲得不死之藥，於是方士創燒煉之術以求之。雖不死之藥不能驟得，而種種之化學工業則由之以興。如製造硃砂、火藥、瓷器、豆腐等事業，是其最著者。其他之工業，與化學有關係，由燒鍊之術而致者，不可勝數也』（註十七）。

埃及人爲了保存屍體，變成「木乃伊」（Mummy），而用香料、沒藥、玉桂等物，經過化學處理，防腐不敗，是很科學的。古代各民族，多用符咒治病，亦爲巫術適用於醫學的表現。

由此可見**宗教不僅有其哲學的理論，也有實踐的科學，爲智識之母**。梯利（F. Thilly）教授說：『科學和哲學，可說同發源於宗教。……這個源就是神話。神話是了解宇宙一種原始的嘗試……（它）不能看作個人的創造，或邏輯思想之結果』（註十八），而是傳統的、集團的意識，有其實用價值。我們現在覺得它荒誕無稽，而在古人看來，却非常合理，容易明瞭。那時，如果有人給他講一套玄學或科學的道理，他反而聽不懂了。

其次，**就哲學論**　它繼宗教而起，與宗教的性質不同。奧國學者耶路撒冷（William Jerusalem）教授說：『宗教是社會的、權威的，反之，哲學的本源，爲獨立的認識衝動，其取捨全憑理性。凡屬哲學家，無一不是孤寂的思想家。他對一切傳說，必加以批判，而憑自己的思維與智識，構成其宇宙觀，循自己的路線發展；即與自古相傳或當時流行的意見相反，也不改其道。甚至有時對那不同的思想，不惜嚴加批判、反對。故宗教是社會的、不可侵犯的，哲學則是個人的、批判的。這是兩者開始絕不相同之處』（註十九）。他這段話，對宗教與哲學的分別，講得非常中肯！

哲學爲什麼與宗教不同？原因是受社會環境的影響。希臘自公元前六世紀起，社會發生很大的變動，人心亦有不同：

㈠工商業發達，城市興起，海外殖民事業擴張。從小亞細亞（Asia Minor）海岸，經西西里（Sicily），以至埃及，都不斷相連。商人和知識分子可往來各地，超出原有部落及城邦範圍之外，改變從來的生活環境，使人得見遠方事物，耳目一新，不願拘泥於舊有的風俗習慣。

㈡經濟發展，商人的財富增加。原來下等階級的人，只要有才能、智慧，肯努力奮鬭，即有發財的希望；有了錢，令人羨慕，政治地位也可提高。因此，個人是事業的中心，不必因襲傳統，遵循固有的思想、制度。普洛太哥拉（Protagoras, 480-411 B. C.）說：『人爲萬物的尺度』，即由此而來。故一切要用個人的理性去批判，不願盲從附和。

㈢戰爭頻繁，政治的變動很大。貴族、平民、武士之間的鬭爭和革命，使從前一切社會標準隨之改觀。

法國古史學家古朗士(Fustel de Coulanges)說：『一種社會改革完成，不止一階級代另一階級執政，且廢棄古代的原則，以新信條統治人類社會。……現在進入新的時代，舊制度已無力量，宗教亦不能統治』（註二十）。一切公道是非的觀念，固不能以舊的尺度來衡量，人生亦不免有惶惑之感，而要加以反省，重建新的思想。

這三者，就是哲學產生的背景。希臘的情形如此，中國也不例外。春秋、戰國諸子百家爭鳴的時代，也有上述這三種情形，非常明顯。

哲學與宗教和科學不同，它一開始，就直入本體，探求原理，建立整個的世界觀，而不是先由個別事物着手，逐漸深入本體。宗教由拜物教、多神教進至一神教，是由「特殊」走向「普遍」；科學先研究個別事物，再進到一般原理，也是由「特殊」走向「普遍」。惟獨哲學不然，它由「普遍」轉向「特殊」：先講原理，然後再推及於事物。我們現在覺得它太玄虛，實則凡是科學所不能確知的事物，不僅要用玄想作假定的解釋，就是信仰和想像也不能免。因為宗教、哲學與科學三者，是各有其用處的，它們雖承先啓後，却不互相排除，完全否定。我這個意見，與以前一般人的看法不同，甚為重要！

最後，**說到科學**　它的起源甚早，可遠溯於宗教和哲學的時代，而眞正進步，則為工商業發達以後。工商業發達，使人活動的範圍漸廣，眼界日益開濶，耳目為之一新。他反對傳統的束縛，要求自由思想，重建眞理的態度，與哲學完全一致。故哲學批評宗教，反對盲從，亦有助於科學的發展。英文「科學」（Science）一詞，常與「哲學」（Philosophy）通用，指有系統的知識而言，兩者很難區別。希臘的哲學家，也都是科學家，泰利斯、柏拉圖、亞里士多德等卽是。所不同的，是**科學講求實用**，而哲學並不以急功見利爲目的。

英國發靈頓（B. Farrington）教授說：『考科學理論之發展，與致用之目的，原難明顯區分。例如歐氏（Euclid）幾何直線之定義：「點與點間均衡之線」，簡括明瞭；但其立義，原非憑空造作，或許爲世人評論木工、石工手藝高明與否所用之言辭』（註廿二）。幾何學和天文學在埃及（Egypt）發明之初，即因尼羅河（Nile River）泛濫，應量地與觀測天象而起。十七世紀以後，產業日漸發達，機器需用增多，物理學、化學和機械力學等也跟着進步。因爲五洲大通，達爾文有遠遊的便利，故能搜集世界各地的生物資料，使生物學成爲科學；同時礦業繁盛，發掘日多，古生物學和地質學亦因而成立。『但科學之全體大用，當不僅限於技藝方面之知識。技藝方面之知識雖然重要，但未必含有發現自然定律，以解說宇宙現象之企圖。所謂尋求自然定律之系統，以說明宇宙現象，實爲科學最終眞正之目的』（同前），與哲學相同。

科學如何走向哲學化的道路？我曾經答覆如次：

『起初，科學是從自然界的研究入手，用歸納的方法，分析的、個別的探究各種經驗的事物，觀察現象間的因果關係。那時，它與哲學之綜合的、全般的、理論的追問宇宙的本體或根源不同。

後來，因爲歸納的事物很多，分析、觀察的結果，發現這科與那科之間互相關聯與共同法則，由分析而走到綜合的狀態。憑歸納出的共通（普遍）原理，去推論未知的事物，便由歸納走向演繹。每個科學家，雖然只觀察一部分現象，但因事物的因果關係層層連續，站在歷史線上的科學家，一步一步向前分析、觀察的結果，便追求到宇宙之總的根源，由現象而趨於本體。

這樣，自然界的事物互相連繫，綜合成爲系統，自然科學也代替了自然哲學。化學上的原子論(Atomic theory)，天文學上的星雲說(Nebular hypothesis)，生物學上的進化論（Evolutionism)，物理學上的相對論，以及物質不滅律（Law of conservation of matter)、能力不滅律(Law of conservation of energy)等等，都爲自然科學所構成的本體論和宇宙觀。........

從此可知，科學已走上理論（哲學）的階段，不復像從前和哲學（玄學）對立時的敘述形式。它本身已經哲學化了，變成了「科學的哲學」』（註廿二）。

所以，**「科學的哲學」是它自己發展而成，不是外加於科學之上的。**

從歷史上看來，科學也與宗教相似，是一種集體的、社會的思想，有理論性和實用性，而不像哲學（玄學）那樣，爲個人所獨創的。由於社會共同研究的結果，將來科學必然日異月新，對一切自然、人生和思想（心理）的問題，無不可以解決，達到最高的程度。我們不要以爲今天科學還要宗教和哲學幫忙，便說它永不能達到獨立的境界。這是短視的、錯誤的！

（註一）范錡著「哲學概論」，第一章一—二。臺灣商務印書館十一版。
（註二）W. T. Stace: A History of Greek Philosophy(1920), Ch. 1。
（註三）張東蓀著「哲學」，第二章，第四節。上海世界書局版。
（註四）傅統先著「現代哲學之科學基礎」，第一章，一、二節。商務臺一版。
（註五）張東蓀著「哲學」，第二章，第三節。
（註六）引語，見趙雅博著「哲學概論」，第一編，第四章。臺灣中華書局初版。

（註七）Lincoln Barnett：The Universe and Dr. Einstein (1965), Ch. 15。

（註八）梯利著「西洋哲學史」第三編，第一篇，第一章，第五節。

（註九）前書，第三編，第三篇，第一章，第五節。

（註十）前書，第四章，第八節。

（註十一）George R. Harrison: What man may be–The human side of science? (1962), Ch. 11, Section 4。

（註十二）恩格斯著「空想社會主義與科學社會主義」一文。

（註十三）拉發格著「思想起源論」三〇六頁，劉鳴初譯。上海辛墾書店初版。

（註十四）「民權主義」第一講。

（註十五）「老子本義」道德經，第六十七章。

（註十六）所謂「類似律」，就是說凡相類似而可互爲象徵的事物，能在冥冥中互相影響。因此，同類相生，可用模仿的東西，發生眞的效果；而同類相治，又可用假事物代替眞的，以辟除邪怪。「接觸律」是說凡由全體分開的部分，或曾接觸過的事物，彼此間仍有神秘的關係，能互相感應。根據「類似律」，可發生「模仿巫術」，「接觸律」則發生「傳染巫術」。

（註十七）「國父全集」孫文學說，第四章。

（註十八）梯利著「西洋哲學史」，序論。

（註十九）William Jerusalem: Einleitung in die philosophie (1909), Ch. 1, Section 4。

（註二十）古朗士著「希臘羅馬古代社會史」，卷四，第九章，李宗侗譯。

（註廿一）發靈頓著「西洋科學初期史」第一章，程石泉譯。商務人人文庫初版。

（註廿二）張益弘著「哲學概論」，第六章，第三節。民國二十五年四月，上海辛墾書店初版。

第六章　哲學有甚麼用處？

我們講過哲學的起源、分類和方法之後，現在再來談哲學的用處。所謂用處，就是指一件東西的作用。孫中山先生說：『譬如人之一身，五官百骸皆爲體，屬於物質，其能言語動作者，即爲用，由人之精神爲之』（註一），可得一定的效果。孟子嘗言：『心之官則思，思則得之，不思則不得也』（註二）。這亦表明心有它的作用。人的官能如此，其他事物自也不能例外。

哲學是人類的世界觀，爲一種抽象的道理。我們學了它，究竟有沒有用處？這是研究哲學者所應注意的問題。

第一節　哲學有沒有用處？

從前有一位哲學的名教授說：『哲學實在沒有什麼特別用處，亦不能對於人生何種特別缺憾有所補救。所以哲學不能像藥劑一樣，是不會醫病的。……我們既不能說學哲學是爲了某事某事，則我們只能說學哲學就是爲了哲學。爲哲學而學哲學，爲學哲學而有哲學』（註三）。這話說得多麼空洞，不合實際！我們研究哲學的人，固然應有「爲哲學而學哲學」的精神，不可急功好利，直接追求某一種目的，收得某一種效果；但哲學的本身，如果只是因有人學才有，則它既無實際的益處，便好像「海市蜃樓」一樣，又如何能存在發展呢？人是現實的動物，決不作無益於他自己的事情。假如哲學眞是沒有什麼特別用處，又不能對人生有何種補益，則久而久之，還有什麼人會對它發生興趣，要去學它呢？現在大學裏面，哲學系的學生很少，恐怕就是那些教授把它講得空洞無用所致。

哲學好比數學一樣，雖然理論非常抽象，却與實際有關。高等數學中的理論縱很精深，仍舊不能離開實際。幾何學的發明，就起於測地，最初由埃及發生。因爲埃及受尼羅河泛濫的影響，每年要重新測量土地一次，劃分原有的疆界，故造成幾何的原理。「幾何」的希臘文，Ge 是地，Metro 即是度，釋作「地面量度之學」。埃及人建造金字塔（Pyramid），作法老王的墳墓，要奠立墻基，制定方向，求出其傾斜和角度，起初是用繩子來量；後來，希臘的哲學家畢達哥拉斯（Pythagoras, 582—500B.C.）發現了它的道理，說：『直角三角形斜邊的正方，等於其他兩邊之和』，世稱「畢達哥拉斯定理」（Pythagoras's theorem）。算術是用數字來代表實物關係的，而代數又是以文字代數字的算式。到了微積分（The Calculus），則用函數關係（Functional relation）來解釋代數、幾何、三角及天文學、力學等高級原理。**哲學無論如何玄妙，也脫離不了實際。**

人是社會的動物，一切都是爲了生存。孫中山先生說：『古今一切人類之所以要努力，就是因爲要求生存。人類因爲要有不間斷的生存，所以社會才有不停止的進化』（註四）。人要生存，就得適應環境，改造環境，使合於自己的需要；而適應環境與改造環境，則非有知識指導不可。他所知的愈多，愈能把環境改造得好，使生活更加充實。因此，美國的哈里遜（Georgs Russell Harrison）教授說：『知識是生活中最重要的日用品。……每個生物若要生存，必須獲得知識』（註五）。**哲學爲人類最主要的基本知識，當然與生活有關。**

今天人們之所以把哲學看成空洞而不切實際的學問，那些講授哲學的人，多少要負一些責任。因爲他們有的故弄玄虛，把哲學的著作寫得艱深難解，自鳴淵博，實際則却如羅素（Bertrand Arthur William Russell, 1872—1970）所言：是『以艱深文其淺陋』；有的是他自己實在沒有理解，只好囫圇吞棗，無法深入淺出；還有的因爲表達能力太差，寫不出淸晰的文章，故弄得非常晦澀。因此，學哲學的人，被他們攪得頭昏腦脹，莫明其妙，學了幾年，還只是一知半解，背誦到一些名詞和術語，旣不知道哲學有什麼用處，也不知道如何去應用才對？眞是誤己誤人！

第二節　哲學的用處爲何？

然則，哲學究竟有什麼用處呢？依我看來，它至少有下列四項：

第一、**它可作認識事物的觀點**　所謂觀點，就是立場（Stand-point）和見地。我們對天地間的萬事萬物，各人都有一種看法；用這種看法作立論的基礎，去推究其他一切事情，就是「觀點」的應用。哲學上有唯物論（Materialism）、唯心論(Idealism)、一元論（Monism）、二元論（Dualism）……種種學派，他們從各自的道理出發，去看一切事情，意見常常相反，便是觀點不同的結果。譬如社會上的太保、流氓很多，幾乎無惡不作，講唯物論的人說：這是因爲社會的環境太壞，有許多物質引誘，使他們不能生活，或教他去爲非作歹所致；要消滅太保、流氓，須從改革社會環境入手。講唯心論的人則不然，他認爲這是人心不古，世風日壞所致；要挽救過來，就得提倡道德，端正人心，纔有辦法。唯物論以「物質」作根源，所以注重環境，看重人以外（外在）的力量；唯心論以「精神」爲主體，故注重個人修養，講求內心自制（內在）的作用。他們的看法雖各有不同，都只把握一個根本的原因，是一元論的。「春秋元命苞」說：『元者，端也；端亦始之義』。一元論就是從一個根源出發，去說明一切事物，與二元論不同。照二元論的意見：太保、流氓之所以發生，一方面固然是社會的環境太壞，使人有物質的引誘，不能生活的結果；另方面，也是教育不良，道德敗壞所致。兩者都有其原因，不能偏於一面，二元論便是從兩方面出發，去說明事物的意見。這樣，從一個或二個根源去研究問題，發表意見，便是「觀點」。

我們知道：馬克斯（Karl Marx, 1818-1883）講人類社會的哲學，是「唯物史觀」（Materialistic conception of history）。所謂「唯物史觀」，就是從經濟方面去研究社會組織和政治、思想的變化，看它如何受經濟的影響。管子說：『倉廩實則知禮節，衣食足則知榮辱』（註六）；孟子認爲『明君制民之產，必使仰足以事父母，俯足以畜妻子，樂歲終身飽，凶年免於死亡，然後驅而之善，故民之從之也輕』（註七），也是經濟觀點的應用。唯物史觀即以經濟有支配社會的作用，故亦名「經濟決定論」（Economic Determinism）。

馬克斯研究社會問題，爲什麼特別看重經濟？原因就在他從辯證唯物論（Dialectic Materialism）的哲學出發：㈠要注重內因，把握社會本身的物質基礎，不能拿它以外的自然因素（如地理、氣候、人種）等來說明，而經濟就是非自然的、人造的物質。㈡辯證法研究內在矛盾的變化，說事物是由於內部有兩種相反的因素存在，促成它的變化。在社會裏面，一方面有生產力與生產關係（社會組織）的不同，另方面有勞動者和資本家的衝突，產生貧富不均的階級鬥爭，造成社會的進化。故馬克斯是用唯物史觀和階級鬥爭的學說，來證明他辯證唯物論的觀點。

恰恰在那時，達爾文的物種進化論出現，馬克斯受他的影響，以爲動物爲生存而競爭，人類也是生存鬬爭：人與人之間，只有赤裸裸的利害衝突，沒有情感、道德可言。馬克斯的好友恩格斯（Fridrich Engeles, 1820-1895）說：『人從動物界中發展而來的這一事實，已經決定他永不能完全脫離獸性的特質，問題只在其分量之多寡，及獸性與人性不同的程度』（註八）而已。他認爲『任何道德理論，至今歸根結柢，總是當時社會經濟狀況的產物。因爲社會現在總是發展於階級對立中，故道德也總是階級的道德』（同前）。這就是馬克斯受達爾文的影響，偏於鬬爭的結果。

孫中山先生則不然，他以爲人類雖由動物進化而來，但自有了人性以後，即與『物種進化之原則不同：物種以競爭爲原則，人類則以互助爲原則。社會國家者，互助之體也；道德仁義者，互助之用也。人類順此原則則昌，不順此原則則亡』（註九）。『從前學說，準物質進化之原則，闡發物競生存之學理。野蠻時代，野獸與人相爭，弱肉強食，優勝劣敗，弱者、劣者自然歸於天演淘汰之列。……今世界日進文明，此種學理，都成野蠻時代之陳談，不能適用於今日。今日進於社會主義，注重人道，故不重相爭而重相助，有道德始有國家，有道德始成世界』（註十）。因爲他的哲學思想，是建立於「分期進化論」之上，把世界分成物質、物種、人類三個時期，各有不同的性質，不能看成一樣，故觀點也不相同。

不僅馬克斯和孫先生的思想如是，其他一切哲學，一經成了系統，都可用來分析問題，研究其他學問，成爲一種觀點。

第二、**它能做指導社會的方針**　社會是人所組成的集團，人爲有理智的動物，他的一切行爲，要受精神支配。孫先生說：『國者，人之積也；人者，心之器也；國家政治者，一人羣心理之現象也。是以建國之基，當發端於心理』（註十一）。這心理的內容，就是哲學思想。孫先生之所以要提倡「知難行易」的學說，去打破「知易行難」思想的錯誤，便是為了改造社會的緣故。

從前在君主時代，人民信仰神學，認為君主是神（天）的兒子，故稱「天子」。神給他以權力，叫他來統治人民；人民如不服從君主的命令，就是違背神意，會受神的懲罰。孟子引「書經」上的話說：『天降下民，作之君，作之師；惟曰：其助上帝，寵之四方，有罪無罪惟我在。天下曷敢有越厥志』（註十二）？「聖經」裏也說：『凡掌權的，都是神所命的。所以，抗拒掌權的，就是抗拒神的命；抗拒的，必自取刑罰』（註十三）。英王詹姆士第一（James I, 1566-1625）在其「君主論」一書中，提倡君權神授的道理，便以為『君主是人民的父母，依據「聖經」，他僅對上帝負責，人民應絕對服從他。後來民權思想發達，不僅中國孟子有『民為貴，社稷次之，君為輕』（註十四）的言論，歐洲也有洛克（John Locke, 1632-1704）、盧梭（Jean Jacques Rousseau, 1712-1773）「主權在民」及「天賦人權」的思想出現。他們認為人之初生，在原始社會，是自由平等的，受自然法（Natural law）的支配，自己管理自己，生活非常快樂；後因人文進步，人口增加，各人的意見不同，沒有明定的法律作是非標準，生命、財產不免遭受侵害，於是大家訂立「社會契約」（Social pact），把各人的權利交出，來建立政府，組織國家，保護個人生命、財產及自由平等的權利。如果政府違反人民的意志（即公意 General will），實行暴政，人民便可起來革命，另組新的政府，行使固有的主權。因為政府而不遵守「社會契約」，侵犯人民天賦的權利，即失其掌握政權的根據。所以，自從「天賦人權」和「主權在民」的思想出現以後，歐美許多國家，便發生了政治革命。

孫先生說：『佔了帝王地位的人，每每假造天意，做他們的保障，說他們所處的特殊地位是天所授與的，人民反對他們，便是「逆天」。無知的民衆，不曉得研究這些話是不是合道理，只是盲從附和，爲君主去爭權利，來反對有知識的人民去講平等自由。因此，贊成革命的學者，便不得不創「天賦人權」的平等自由這一說，以打破君主的專制。……到了後來，相信天生人類都是平等自由的，爭平等自由是人人應該有的事，然後歐洲的帝王，便一個一個不推自倒了』（註十五）。這「君權神授」和「天賦人權」兩種道理，便是神學和玄學的哲學。

從古至今，凡是一種社會事業，如革命、維新、興邦、建國等，要動員廣大的人力，共同來完成，思想上必須能鼓舞人心，號召羣衆，纔可做到。俄國的列寧（Nikolai Lenine, 1870-1924）說：『沒有革命的理論，就沒有革命的行動』。縱然這種理論，不一定是眞理，只要它能代表羣衆的要求，合於當時的需要，便可使人信仰，發生行動。譬如『盧梭「民約論」（Le Contract Social）中所說民權是由天賦的言論，本是和歷史上進化的道理相衝突。……盧梭說民權是天賦的，本來是不合理。……（但）因爲他當時看見民權的潮流已經湧到了，所以他主張民權。他的民權主張，剛合當時人民的心理，所以當時的人民便歡迎他』（註十六），造成法國的大革命。這是哲學對社會發生作用的表現。

第三、它是支配人生的舵柄　人生在世界上，好像是一葉扁舟，在茫茫的大海中漂流，離開了自己出生的家園，不知何時可以到達彼岸。莊子說：『吾生也有涯，而知也無涯。以有涯隨無涯，殆已』（註十七）！就是這種情形。英國詩人波普（Alexander Pope, 1688-1744），亦認爲『我們雖有各樣航行的人生，惟理性是羅盤，感情是風』。這幾句話，很可表明哲學的作用。因爲哲學就是用理性來支配的，感情不過是鼓舞他前進的動力。斯多噶派的哲學家——羅馬皇帝安東尉諾斯（Marcus Aurelius Antoninus, 121-180），在其「沉思錄」（The communings with himself）一書中，講過一段很精闢的話，表明哲學的益處。他說：

『人生是一場戰鬪，又是香客的旅途，死後的名譽，只是供人遺忘。然則，在途程中，能幫助我們的是什麼呢？只有一件東西——哲學。這便是說：把內心神智保持得純潔無損，使成爲一切歡樂與痛苦的主宰，做起事來，不要漫無目的，亦不存心作僞，不受別人「有爲」或「有所不爲」的影響；更進一步，要歡迎一切發生或注定的事』（註十八）。

那些貪生怕死或胸無主宰的人，做事漫無目的，任受他人的影響，其行爲進退，喜怒哀樂，沒有一定的分寸，不能適當應付，好像大海中的船隻一樣，容易迷失方向，原因就在他缺乏哲學的素養，失去了人生的舵柄。

神學是最初的哲學，一個對宗教有虔誠信仰的人，多能明白死生的道理，爲救世而犧牲。孫中山先生說：『如佛教，如耶穌教，皆以犧牲爲主義，救濟衆生。當佛教初來中國時，闢佛教者頗多，而佛教教徒，乃能始終堅持，以宣傳其主義，占有强大勢力。耶教亦然，不獨前在中國傳教者，教堂被毁，教士被害，時有所聞；卽在外國，新教亦迭遭反對，然其信徒則益置而不顧，仍復毅然爲之，到處宣傳，不稍退縮。蓋其心以爲感化衆人，乃其本職，因此而死，乃至光榮。此所謂捨身以救世，宗教家之仁也』（註十九）。蘇格拉底是有名的哲學家，其寧死不屈，爲眞理而奮鬪的勇氣，與宗教徒無異。他受那被他批評的人陷害，於雅典（Athens）五百公民組成的法庭受審，說他「誣民背神」，要求判處死刑，而慨然接受，守法不逃，從容飲酖致死。在死之前，他說：

『眞爲善者，奚遑計生與死；但問其行事之是與非，爲合於善人否耳？……余嘗從軍於波提達亞、安菲波力市、大力堰等處，受命於君所戴之將，與死爲鄰，未嘗稍避。今者，自惟受命於神，猥充哲人之任，以成己而成人，何所畏而逃其責？……

所以自惟：雖臨危而死在眉睫，不當稍有鄙俗之行，自變故態，終不一悔，寧願行我所好以就死，安能從君等所好以苟活耶？丈夫之於戰於法，固不當思避死之道。臨戰而棄其甲兵，稽首敵人，未始無免死之功；其他危難之際，苟不顧其言行，亦安在無避死之道。吾友乎！非避死之難，免於不義爲難耳』（註二十）！

他這種「捨生取義」的精神，正如孟子說的：『生亦我所欲，所欲有甚於生者，故不爲苟得也；死亦我所惡，所惡有甚於死者，故患有所不辟也』。中外哲人的思想，大體是一致的。

我們無論研究學問或修養品德，總要自己體會到它的眞意，纔有切實的益處。孟子說：『君子深造之以道，欲其自得之也；自得之，則居之安；居之安，則資之深；資之深，則取之左右逢其原。故君子欲其自得之也』（註廿一）。一個人到了他獲得一種眞實的道理，而習以爲常，安之若素，便可運用自如，決定行爲的進止，好像舟車之有方向盤一樣。

有些人其所以徬徨無主，遇到困難或危險，不是畏縮不前，便是消極悲觀，甚至絕望自殺，原因就在他缺乏一種中心思想——哲學作基礎，平時心理上無所準備，不能抵禦一切危難所致。莎士比亞（

Shakespeare, 1564-1616）告訴我們：『在危急的時候，一個人是應當通權達變的。……患難可試驗一個人的品格，非常的境遇，方可顯出非常的氣節。風平浪靜的海上，一切船隻都可並駕齊驅；當命運的鐵拳擊中要害時，只有大智大勇的人，方能夷然以處』（註廿二）。這大智大勇的人，何以能通權達變，夷然以處？就由於他有定見和定力，不受危疑震撼所致。這定見和定力的養成，便是哲學的工夫。人有定見和定力，即可安身立命，使精神有所寄託，不致感到空虛。宗教起於信仰，能使人皈依，獲得心靈的安慰，亦爲哲學的表現。於此可見哲學『不能對於人生何種特別缺憾有所補救』之說，是不通的！

第四、**它能擴大人生的境界**　所謂境界，就是指人生活動的範圍而言，包括「身」與「心」所及的境地。通常一個人，總要以他自己的身體行爲，繼續爲其理想、目標而努力，完成他內心所設想的人格。這人格，無論實際的情況如何，在他自己總認爲是最善的，合於他的需要。從前有一個哲學教授，著了一本書，說人生有自然、功利、道德、天地四種境界。他對這四種境界的解釋，雖不很圓滿，與我的意見亦有不同；然其把人生分爲四種境界，則大致無誤。現在就把這四種境界依我的解釋說明如次：

在我看來，所謂「自然境界」，就是一般普通人所達到的範圍，爲孫先生所稱「不知不覺者」活動的現象。他們一切順其自然，依從習慣和法則，行乎其所不得不行，止乎其所不得不止，『不識不知，順帝之則』（詩經）。這「帝之則」，就含有自然或社會法則的意思。孟子說：『行之而不著焉，習矣而不察焉，終身由之，而不知其道者，衆也』（註廿三），即自然境界中人的現象。這叫做「苟活的人生」。

其次是「功利境界」。這種境界中的人，一切都爲自己的利益打算；或爲社會的利益奮鬪，不惜犧牲個人的生命。這兩種人，目的雖然不同，其爲「功利」則一。孟子說：『楊子取爲我，拔一毛而利天下，不爲也；墨子兼愛，摩頂放踵，利天下爲之』（同前），可作他們的代表。凡在功利境界的人，孜孜汲汲，或求名，或求利，其所行所爲，亦可有功於後世。例如世界上的許多英雄豪傑，他之建功立業，卽以「功利」爲目的。西方的功利主義（Utilitarianism），就是功利境界的哲學。

又次是「道德境界」。所謂「道德境界」，就是要行善去惡，成仁取義，以求對社會人類有所貢獻。孟子說：『雞鳴而起，孳孳爲善者，舜之徒也；雞鳴而起，孳孳爲利者，蹠之徒也。欲知舜與蹠之分，無他，利與善之閒也』（同前）。這是「功利境界」與「道德境界」的區別。孫先生說：

『人類的道德觀念，現在進步到了甚麼程度？古時極有聰明能力的人，多是用他的聰明能力，去欺負無聰明能力的人，所以由此便造成專制和各種不平等的階級。現在文明進化的人類，覺悟起來，發生一種新道德。這種新道德，就是有聰明能力的人，應該要替衆人來服務；這種替衆人來服務的新道德，就是世界上道德的新潮流』（註廿四）。

他主張『人人當以服務爲目的，而不以奪取爲目的』（同註十五），便是人類的道德境界。

最後是「天地境界」。所謂「天地境界」，就是人的活動，到了「與天地參」的程度。依「中庸」的解釋：『與天地參』，是要能『贊天地之化育』；要『可以贊天地之化育』，必先『能盡物之性』，認識自然的法則。如荀子所說：『天有其時，地有其財，人有其治，夫是之謂能參』（註廿五）；楊倞注：『人能治天時、地財而用之，則是參於天地』。拿今天的眼光來看：這是科學發達以後，整個人類所達到的境界。從前人用科學的法則，來改良土壤和物種，如化瘠土爲良田，變野草爲五穀，馴野獸爲家畜，便是『贊天地之化育』的開始；現在人類征服太空，到達月球，更是『與天地參』的表現。除人類以外，孰能如此？就個人而言，莊子說：『天地與我並生，萬物與我爲一』（註廿六）；孟子說：『我善養吾浩然之氣』（註廿七），都是一種天地境界的體會。張載作「西銘」，其中云：『天地之塞吾其體，天地之帥吾其性，民吾同胞，物吾與也』。劉蕺山說：『此篇乃求仁之學。仁者以天地萬物爲一體，故民胞物與，痛癢相關。……其胸襟至爲闊大』！張氏常言：學者當以『爲天地立心，爲生民立命，爲往聖繼絕學，爲萬世開太平』自任，就是一種天地境界。有這種天地境界的人，窮可怡然自得，獨善其身，達則兼善天下，利民濟世，有很大的抱負。他之所以如此，並不是爲了功利或道德的目的，而是超現實的。

上述這四種境界，以天地境界爲最高，道德境界居次，功利境界和自然境界較低。我們要擴大人生的境界，就是要使人變化氣質，由自然和功利的境界，趨向道德與天地境界的領域。

由前面四種作用看來，哲學對於社會人生，不能說是沒有用處。學哲學而不知其有何用處？猶如身在夢中，尚未覺悟。哲學就是要使人覺悟的學問，如孟子所說：『使先知覺後知，使先覺覺後覺；予天民之先覺者也，予將以此道覺此民也』（註廿八）。假如學哲學的人，自己都沒有覺悟，如何能去領導人羣呢？

（註一）「國父全集」專論，「軍人精神教育」第一課。

（註二）「孟子」告子章句上。

（註三）張東蓀著「哲學」，第一章，第二節。上海世界書局初版。

（註四）「民生主義」第一講。

（註五）哈里遜著「人類的前途」，第八章。今日世界社初版。

（註六）「管子」卷一，牧民第一。

（註七）「孟子」梁惠王章句上。

（註八）恩格斯著「反杜林論」，第一編，第八章。

（註九）「孫文學說」第四章。

（註十）「國父全集」講演，「學生須以革命精神努力革命」一文。

（註十一）「孫文學說」第六章。

（註十二）「孟子」梁惠王章句下。

（註十三）「新約全書」羅馬書，第十三章，第一—二節。

（註十四）「孟子」盡心章句下。

（註十五）「民權主義」第三講。

（註十六）「民權主義」第一講。

（註十七）「莊子」養生主第三。

（註十八）安東耐諾斯著「沉思錄」卷二，十七，梁實秋譯。

（註十九）「國父全集」專論，「軍人精神教育」第三課。

（註二十）「柏拉圖對話錄」蘇格拉底自辨篇（Apology）。

（註廿一）「孟子」離婁章句下。
（註廿二）莎士比亞著「英雄叛國記」。
（註廿三）「孟子」盡心章句上。
（註廿四）「國父全集」演講，「世界道德之新潮流」一文
（註廿五）「荀子集解」卷十一，天論篇十七。
（註廿六）「莊子」齊物論第二。
（註廿七）「孟子」公孫丑章句上。
（註廿八）「孟子」萬章章句下。

第七章　怎樣研究哲學？

哲學是很有益處的學問，我們既知它非徒託空言，究竟應該如何研究？這是現在所要討論的問題。關於這個問題，我從下列三方面來解答：

第一節　學習方面

初學哲學的人，應從何處着手？如何來學習？我的意見，有如次三點：

第一、由淺入深　哲學之難，不在它所包含的道理艱深，而在其表達時，所用的文字和一些專門術語，使初學的人感到生疏，不易明瞭。這是任何一種專門學問難免有的現象。因此，教學的人，必須由淺入深，好像教人游泳一樣。最初用很通俗的言詞和筆調，把哲學的道理講述出來，慢慢引人入勝，使他發生興趣，成爲習慣。如果有些道理一時講不明白，寧可少講一些，留待將來，讓他有了基礎以後，自然容易明瞭；切不可採用塡鴨的方式，不顧學生的程度，完全强迫餵入，使他不能消化，無法吸收。在大學裡面，初講哲學，一定要知道學生在高中以前，並沒有學過哲學，應該從入門開始，一步一步，教他升堂入室，明白很深的道理。常見有許多教哲學和邏輯的人，一開始就從高深的地方講起，先說一套「存在主義」（Existentialism）或「數理邏輯」（Mathematical Logics）等，使人望而却步。

孫中山先生不僅是大政治家，也是大教育家。他說：

『我們要曉得……羣衆的知識是很低的，要教訓羣衆，指導羣衆，或者是教訓指導知識很低的人，最要緊要替他們打算，不好一味拿自己做標本。這樣的去做工夫，方有趣味，方才得到研究的益處。……所以我們如果要指導多數人，是先要把自己的知識學問收藏起來，處處去順他的性，來誘起他的自覺，然後得來的結果，方能夠圓滿』（註一）。

這一段話，用之於哲學的講授，也很適宜！蘇格拉底教人，便是這樣。所以，由淺入深是學習的初步。

第二、從廣到專　由淺而入於深，便是孔子所謂「升堂入室」；達到這步，然後便要從廣到專。所謂「從廣到專」，就是開始不宜專習一家一派的哲學，養成門戶之見；而當從「概論」入手，先知各種學派的意見，明白他們所研究的問題，獲得一般知識；然後再擇其所好，專攻某一家的哲學，以求專精，方為適當。古人所謂「由博返約」，就是這個意思。孟子說：『博學而詳說之，將以反說約也』（註二），是很好的解釋。荀子認為『凡人之患，蔽於一曲，而闇於大理』（註三），即是太偏的結果。培根把人的偏見分為四種：㈠是「種族的偏見」（Idols of the tribe），由天性所生；㈡是「洞穴的偏見」（Idols of the Cave），由個性所生；㈢是「市場的偏見」（Idols of the forum or market）由語言、文字所生；㈣是「劇場的偏見」（Idols of the theatre），由哲學理論所生。要打破這些偏見，必須用歸納的方法，綜合各種意見，纔能公正無私；否則，像莊子說的：『不該不徧，一曲之士也』（註四），何能獲得平實的結論？林語堂博士在第三屆亞洲作家會議揭幕典禮中，講過一段精闢的話，指出現代的毛病。他說：

『今日的學問，都已分門別類，支離破碎；今日所有學問思想，都是片面的、支離的學問，都是古人所謂「一曲之士」，看到人生之一面，不能看到人生的全面。譬如生物教授，專精研究蜜蜂，就沒有工夫顧到馬蜂了。這種的研究，使我們的學問越來越多，而知道的事情越來越小。……所以今日的哲學，已成數學的附庸；今日的西洋哲學，已與我們不相干。因爲沒有對我們常人要說的話；假定有，也是繁章冗句，與我無關，因爲沒有人看得懂。精深或者有之，簡樸却不見得。以蜉蝣的眼光看不到大樹，夏蟲不可以語冰。我們對人生的斷片，看到精細極了，却看不到人生的全面（See it whole）。這是現代人的一種損失』（註五）！

今天所謂「博士」，實際只能說是「約士」。哲學爲一種「通學」，研究它的人，一定要博洽多聞，才算「通儒」。從廣到專，便可改正上述的缺點。

第三、洞源索流 我們學哲學，在「概論」方面，明白了大要以後，便要從歷史方面下手，知道它的發展過程。所謂「洞源索流」，就是要認識各種哲學的來龍去脈，了解它的演變經過。任何一種思想，都有其發展的淵源和背景，而承前啓後，又影響其它的思想；哲學也是如此。譬如西洋哲學，開始於希臘的泰利斯（Thales），他說「水」是宇宙萬物的根源，一方面固然是希臘靠近海洋生活的體驗，另一方面，也是希西阿（Hesiod，公元前八世紀的希臘詩人）所著「神譜」（Theogony）思想的發展。希氏在「神譜」中說：『大地生海，大地與天結合而生河。天的種子生愛，天降雨而播生命的種子於自然界』（註六）。這不可見「水」是萬物的根源麼？其後宇宙論時期的哲學家，意見雖然各有不同，但都根據泰利斯的邏輯推演，研究宇宙的實體問題。到了人生論時期，柏拉圖、亞里士多德也都繼承蘇格拉底的衣鉢，討論知識與人類的行爲。中國哲學的情形，也相類似。例如道家的老子，是宇宙論時期的代表。他的思想，多出於易、書、詩三部經典。「易經」以乾坤、男女、陰陽造成萬物，老子卽說：「

萬物負陰而抱陽，冲氣以爲和』（註七）。書曰：『欲敗度，縱敗禮』；老子亦主張『見素抱樸，少私寡欲』（註八）。詩云：『天之方懠，無爲夸毗』；老子也說：『是以聖人處無爲之事，行不言之敎』（註九）。孔子是人生論時期的哲學家，自謂平生『述而不作，信而好古』（註十）。其言論思想多見之於「國語」和「左傳」，他只集其大成。研究儒家的思想，非溯源於孔子不可。故欲明白古今哲學的源流和演變，須從哲學史上下工夫。不讀中西哲學的歷史，不研究古人的著作，而要理解後來的哲學，是很難的！

因此，初學哲學的人，閱讀的程序，應該依照下列的步驟：

㈠先讀西洋哲學　中外古今的哲學家，思想雖不完全一樣，大體却相類似。西洋哲學因爲受科學的影響，在「概論」和「哲學史」方面，整理得較有系統。因此，初學的人，應該先從西洋哲學入手，看幾部較好的「哲學概論」和「西洋哲學史」，及若干哲學名著，使腦子裏先有一個概念，明白各種學派的情形和發展，奠立研究的基礎。

㈡次讀中國哲學　對西洋哲學有了認識以後，回頭再來看中國哲學方面的著作，便可加以比較，明白它們不同的特色，知其優劣得失之所在。並且有了西洋哲學的基礎，轉而研究中國哲學，也比較容易些。

㈢再讀一般書籍　所謂一般書籍，包括神學（宗敎）和科學的著作在內。廣義的哲學，是指「人類的世界觀」而言，神學和科學都是一種哲學。因此，要了解古今哲學的異同和它的發展，不僅對玄學——形而上學的書籍要讀，神學和科學的書籍也要讀，纔不會偏於一面，能使自己的思想擴大。哲學原是一種博大、綜合的學問，非有廣泛的知識不可。

第二節　思維方面

我們學哲學的目的，主要是爲了思維（Thinking）。哲學是一種思辨（Speculative）之學，更非運用思維不可。孔子說：『學而不思則罔，思而不學則殆』（註十一）。這兩句話，把學習與思維的關係講得非常明白。究竟應該怎樣思維？我以爲有下列五項是必須遵守的原則：

第一、是注重常理　宋儒李侗（愿中）說：『夫子之道，不離乎日用之間』。所謂常理，就是日常事物之理。這種理，爲一般人行之而不著，習矣而不察，終身由之而不知其道者，可說是一種「常識」（Common sense）。常識雖不卽是哲學或科學，却與哲學和科學有關，爲它發展的起點。蘇格拉底同人討論問題，都是以日常生活的事情爲例證，注重人的實際。亞里士多德說：『在一般人的心中，天生一種求知的欲望，對所見的事物，要追求其理由。故於所見事物心生奇異時，便開始追求其不可見的理由，尋到了以後，心中纔安定』（註十二）。那些所見的事物，本來都有一種理由，只是一般人平時都不注意，沒有去「追求」，讓它自自然然的存在，所謂知其然而不知其所以然。這便是「常識」。假如有一個人忽然感覺奇異，發生懷疑，要去追究它的道理，就會產生哲學或科學。像牛頓（Isaac Newton）那樣：在庭園裏散步，看到樹上的蘋果掉下來；他便想：爲什麼蘋果熟了，不往天上飛，不向兩邊跑，獨對地下落呢？他想來想去，便發明了「萬有引力的定律」（Law of universal gravitation）。伽里略（Galileo）也是一樣，他在敎堂裏面做禮拜，一心却想到吊燈的擺動，爲什麼一往一復的時間相同?他用手上的脈搏計算，發明了「擺動原理」(Principle of pendulum)。本來我們『人心之靈，莫不有知，而天下之物，莫不有理，惟於理有未窮，故其知有不盡也』(註十三)。研究哲學，就是要注意日常事物之理，絲毫不可忽視。古云：『世事洞明皆學問，人情練達即文章』。一個研究哲學的人，如果不洞明世事，練達人情，將不會有什麼成就。培根說：『學問能美化人生，經驗又能充實學問。……而學問本身必須以經驗來規範，否則便太迂濶了』(見註三十)。這是日常事理影響於研究的證明。

第二、追問根源 注意常理是思維的一個起點，而追問根源，則是研究的開端。我們如果不注意宇宙的現象，而只渾渾噩噩，不識不知，行之而不知其道，決不會有哲學產生。追問根源就是中國古人所謂「格物、致知」之意。程子說：『所謂致知在格物者，言欲致吾之知，在即物而窮其理也。……是以大學始教，必使學者即凡天下之物，莫不因其已知之理而益窮之，以求至乎其極』(同前)。如何窮理至極?就是追問根源。我們對日常所見的事物，不僅要知其然，而且要知其所以然。因此：㈠要發生懷疑，採取不輕信的態度；㈡要提出問題，研究其所以然之故；㈢要苦思力索，找尋合理的答案。在研究的過程中，必須層層深入，像剝蕉筍一樣，然後才能找出問題的核心。法國的哲學家笛卡爾(René Descartes, 1596-1650)，認爲世界上除我以外，一切知識都可懷疑，我之所以不可懷疑，因爲有理性，能夠思維。所以他說：『懷疑一切，而不懷疑我；我思維，因此我存在』。他在「方法論」(Discours de la methode, 1637)一書中，提出四種簡明的思維法則：

㈠凡非經我明白承認它是眞的，我不認其爲眞。故非經我愼重考慮，決不輕下判斷，免爲成見所蔽。

凡我承認的道理，必是內心非常明白，不容懷疑。

(二)要把所有的困難問題，一一加以分析，直到有解決的方法爲止。

(三)我們考慮問題，應該由簡而繁，循序漸進，有一定的步驟，使其合於秩序。

(四)舉例要詳盡，觀察要普遍，不可有遺漏之處。

這四項，不僅是哲學應有的態度，對科學進步也大有影響。十七世紀以後，玄學、科學所以能夠發展，得力於培根和笛卡爾者不少。相傳牛頓發明天文、物理、數理等科學，有人問他何以能夠成功？他說：『思考，思考，輒夜不停的思考，以待天亮，漸漸得到光明』！我們追問根源，不僅對自然的道理如是，卽對人文的知識亦復如是。蘇格拉底常說：『詩歌也，散文也，不論其爲口授、爲筆述，苟不極深研幾，窮究其理，但如村歌童謠，信口道來，知其然，而不知其所以然，是皆無益者也』（註十四）。故凡事要問它個「爲什麼」（Why）？纔有進步。

第三、參互比較　了解事物的原因以後，便要與其它的事物相互比較，才能明其異同，知道它的特點何在？達爾文研究物種的由來，就是從各種植物和動物着手，搜集牠們變異不同的資料，得出一種結論，作爲解釋的原理。例如他看到歐洲飼養的鴿子，變種極多，形狀大小各有不同，其冠、喙、頸、脖、足、尾等雖各異趣，而其體質、聲音、顏色和許多部分的構造，則大體與岩鴿（Columba livia）相似。故『認爲是由岩鴿傳下來的。所謂岩鴿者，實包有地理的數原種或數亞種在內，彼此差異甚微』（註十五），大概是半開化人馴養以後，由幾種鴿子雜交，變成許多不同的鴿子。家犬也是一樣，歐洲有很多種犬，大如猛犬，小如玩犬，靈敏如獵犬、血犬等，牠們的性質、形狀雖然大異，而溯其來源，都出於野生的狼。這些禽獸，全是人類利用其變異性和遺傳性所造成的變種，爲人工選擇的結果。他這樣參互比較，便發明了進化論。我們研究哲學，對各種不同的事物和思想，一定也要互相比較，追問它的由來，看彼此之間，究竟有那些相似或不同的地方？它們如何聯繫？譬如黑格爾的哲學，與非希特（Johann Gottlieb Fichte, 1762-1814）的哲學有何不同？非希特的哲學，與康德又有何不同？必須加以研究。同樣的事物，因爲各人的觀點不同，分別也就不同。拿人來說，在生物學上所見的人，與人類學上所見的人不同：生物學是把人拿來同植物、動物比較，就生物的範圍研究，說明人的特點；人類學則由人種出發，指明各種族的體質同形狀有何差異。至於玄學，則是從思想方面品評人格的高下：

『公都子問曰：「鈞是人也，或爲大人，或爲小人，何也」？

孟子曰：「從其大體爲大人，從其小體爲小人」。

曰：「鈞是人也，或從其大體，或從其小體，何也」？

曰：「耳目之官不思，而蔽於物，物交物，則引之而已矣。心之官則思，思則得之，不思則不得也。此天之所與我者，先立夫其大者，則其小者不能奪也。此爲大人而已矣』（註十六）。

荀子研究人與事物，也是從精神方面來加以區別。他說：『水火有氣而無生，草木有生而無知，禽獸有知而無義，人有氣、有生、有知亦且有義，故最爲天下貴也』（註十七）。我們學哲學，就是要多方面來參互比較，才可獲得新的知識。

第四、不偏不倚　在參互比較的過程中，無論對任何事物或思想，都要平心靜氣的研究，虛懷若谷，不可稍涉成見，纔能不偏不倚，認識其優點或缺點。所謂「不偏不倚」，就是一種客觀的態度，爲中庸之道。程子說：『不偏之謂中，不易之謂庸。中者，天下之正道，庸者，天下之定理』（註十八）。荀子認爲在學術研究上，要糾正偏蔽的毛病，而得眞理之全，必須『無欲無惡，無始無終，無近無遠，無博無淺，無古無今，兼陳萬物，而中縣衡焉』（同註三）。這「中縣衡」，即以「中」爲標準，來評判是非、得失，與「中庸」(Golden mean) 相通，却非「中立」(Neutrality) 可比。中庸是要不走極端、偏於一面，適如其分，恰到好處，所謂『執其兩端，用其中於民』（註十九），無「過」與「不及」的現象；而中立則是在兩可之間，依違莫決，首鼠兩端，採取騎牆的態度。「中立」與「中庸」的分別，非常幾微。孔子說：『中立而不倚，强哉矯』（註二十）；又說：『回之爲人也，擇乎中庸，得一善，則拳拳服膺，而弗失之矣』（註廿一）。可見中庸有「不偏不倚」的意義，也有「擇善固執」的精神。常人的心理，對他所親愛、賤惡、敬畏、哀矜或敖惰的人，都有一種偏向，特別發生好感或惡感，很少有『愛而知其惡，惡而知其美者』（註廿二）。這就不合「中庸」，爲主觀的偏見。照王陽明的看法，是人欲遮蔽了天理所致；若無人欲之私，則天理『如明鏡然，全體瑩徹，略無纖塵染着』（註廿三），便不會有偏倚的氣象。我們無論對人對事，都應該如此，纔有哲學家的風度。

第五、豁然貫通　所謂「豁然貫通」，就是我們研究一種學理，由於日久用功，逐漸積成，而忽然領悟其中的精義，把它融會貫通起來，成爲一個系統之意。程子講到格物致知，說：『必使學者卽凡天下之物，莫不因其已知之理而益窮之，以求至乎其極，至於用力之久，而一旦豁然貫通焉，則衆物之表裡精粗無不到，而吾心之全體大用無不明矣』（同註十三），是最好的解釋。古云：『鐵杵磨針，功到自成』，卽由漸以進，一旦成功之意。佛教禪宗自五祖弘忍以後，傳出慧能和神秀二人，分爲南頓、北漸兩派：南頓是慧能在南方所傳，認爲大智慧的人學佛，須得言下識自本心，見自本性，頓然覺悟，卽成佛果。因爲『一切衆生自心迷悟不同，迷心外見，修行覓佛，未悟自性，卽是小根；若開悟頓教，不執外修，但於自心常常起正見，煩惱塵勞，常不能染，卽是見性。……若識自心見性，皆成佛道』（註廿四）。『不悟，卽佛是衆生；一念悟時，衆生是佛。故知萬法盡在自心，何不從自心中頓見眞如本性』（同前）？所以叫做「頓教」。北漸爲神秀在北方所傳，是智慧較低的人所修的佛法。他說：『法本一宗，人有南北；法卽一種，見有遲疾。何名頓漸？法無頓漸，人有利鈍，故名頓漸』（註廿五）。他教人修行，應由戒、定、慧做起，而所謂戒、定、慧，依他的解釋是：『諸惡莫作名爲戒，諸善奉行名爲慧，自淨其意名爲定』（同前），卽歷刼修行，由漸成佛之道，故稱「漸教」。頓教是一旦豁然貫通，漸教則須用力甚久，兩者有進行次第和智慧高低之不同。孔子說他的學生，『回也聞一以知十，賜也聞一以知二』（註廿六）。回能頓悟，賜則只能漸進；積漸以悟，也可豁然貫通。

第三節　實踐方面

哲學是有裨於社會、人生的學問，並不是沒有用處的東西。所以，學哲學的人，除了學習和思維以外，最主要的，還應注重實踐。

所謂「實踐」，就是篤實踐履、身體力行之意。孔子說：『博學之，審問之，愼思之，明辨之，篤行之』（註廿七）。博學、審問是學習的工作，愼思、明辨是思維的工作，篤行則是實踐的工作。由學、問、思、辨以至篤行，爲哲學的全部過程，而歸本於實踐，以它爲目的。荀子也說：『不聞不若聞之，聞之不若見之，見之不若知之，知之不若行之，學至於行之而止矣。行之，明也；明之爲聖人』（儒效篇）。如何能夠實行，以至於明的程度？以下列四項爲最重要：

第一、切身體察　古人談讀書，都認爲不宜空口背誦，要就人情物理上體驗，方能通達事務，學以致用。清儒陸稼書（隴其）說：『讀書、做人不是兩件事，將所讀之書，句句體貼到自己身上來，便是做人底法，如此方叫得讀書。人若不將來身上理會，則讀書自讀書，做人自做人，只算做不曾讀書底人』（註廿八）。在他以前，朱熹也認爲『讀書之法，當循序而有常，致一而不懈。從容乎句讀文義之間，而體驗乎操存踐履之實，然後心靜理明，漸見意味；不然，則雖廣求博取，日誦五車，亦奚益於學哉』（同前）？所以，讀書要有實際的領會，纔有益處。

我們一般人讀書，多抱置身事外的態度，把古人的思想言行作故事看，好像與我毫不相干，所以沒有長進。宋儒呂伯恭（祖謙）說：『看史見治則以爲治，見亂則以爲亂，見一事則只知一事。看史如此，終亦無益；必如身在其中，見事之利害，時之禍亂，掩卷自思：使我遇此事，當如何處之？如此，則學問日進，智識日開，方有心得』（同前）。待自己遭受相同的境遇，便可應付裕如，獲得實際的教訓。

培根告訴我們：『學問不僅限於書面上所述的事物，而是將其體驗、融會後所獲得的一種智慧。讀書並不是爲着爭辯與討論，不是爲着考古與預卜，也不是爲着探求與研究，而是爲了學習權衡輕重及思維的方法』（註廿九）。這權衡輕重及思維的方法，就是實踐的運用。古云：『不經一事，不長一智』，即由實踐而來。學哲學而不能實踐，不知運用，只算是一個「蛀書蟲」或「書呆子」而已。

第二、言必求行　一個學哲學的人，必須能擇善固執，言行一致；如果不然，那就是「僞君子」。僞君子巧言令色，口是心非，言不顧行，行不顧言，爲德之賊。『君子恥其言，而過其行』（註三十）。故『食無求飽，居無求安，敏於事而愼於言，就有道而正焉』（註卅一）。無論在任何情形之下，他都抱孟子所謂『富貴不能淫，貧賤不能移，威武不能屈』（註卅二）的精神，『得志，與民由之；不得志，獨行其道』（同前）。這才是言行一貫，有哲學家的風範。

希臘的大哲蘇格拉底，在被捕受刑時，慷慨從容的說：『余不欲徒託空言，請以見諸行事者爲證。……余之寧死不爲非理屈，與其不屈而幾死，君等胥可於此見之』（註卅三）！其後他果然飲酖就義，視死如歸。中國戊戌維新失敗後，譚嗣同在日本公使館與梁啓超話別，說：『不有行者，無以圖將來；不有死者，無以酬聖主。……吾與足下分任之』（註卅四）。日本志士勸他東遊，他堅持不肯，說：『各國變法無不從流血而成，今中國未聞有因變法而流血者，此國之所以不昌也；有之，請自嗣同始』（同前）；卒不去，遂被殺。這與他提倡「仁學」的道理是一致的。

荀子在「大略篇」中，講到言與行的問題，有一段話非常精闢！他說：

『口能言之，身能行之，國寶也！口不能言，身能行之，國器也；口能言之，身不能行，國用也；口言善，身行惡，國妖也。治國者，敬其寶，愛其器，敬其用，除其妖』。

我們常見有許多學佛談禪，信仰宗教，或侈言道德仁義的人，其立身行事非常邪惡，言行完全相反，卽荀子所謂「國妖」！孔門、佛教都被他們汚辱。我們學哲學，應該深引爲戒！

明儒王陽明提倡「知行合一」之說，主張卽知卽行，要從心意上開始做起，說：『今日學問，只因知行分做兩半，故有一念發動，雖是不善，然却未曾行，便不去禁止；我今說個知行合一，正要人曉得：一念發動處，便卽是行了，發動處有不善，就將這不善的念克倒了，須要徹根徹底，不使那一念不善潛伏在胸中。此是我立言宗旨』（註卅五）。他致良知，就因爲『爾那一點良知，是爾自家底準則。爾意念着處，他是便知是，非便知非，更瞞他一些不得；爾只要不欺他，實實落落依着他做去，善便存，惡便去』（同前），非常切實！可見陽明之學，確是要求「知行合一」的。

這種「知行合一」的態度，就是忠於眞理，以求良心之所安。古今來許多大思想家，爲了保持他自己的操守（人格），不惜犧牲生命，如蘇格拉底、譚嗣同等人者，比比皆是。十六世紀的科學家白魯諾，因爲闡揚哥白尼以太陽爲中心的天文學，被教會認爲離經叛道，由「異端裁判所」(Inquisition) 把他活活燒死，便是一例。伽里略用望遠鏡探窺天象，證明哥白尼的學說，也受到教會的審問，要他悔過，以後不許亂說。他臨終之前，最後的遺言是：『隨我怎樣說吧，眞理終究是眞理』！

第三、表率人羣 哲學家要言行一致，纔能表率人羣。孔子說：『其身正，不令而行；其身不正，雖令不從』（註卅六）。一個做主官或師長的人，要使部屬及學生心悅誠服，接受他的領導，非能以身作則不可。儒家主張齊家、治國、平天下，須由修身做起。『堯舜帥天下以仁，而民從之；桀紂帥天下以暴，而民從之。其所令反其所好，而民不從。是故君子有諸己而後求諸人，無諸己而後非諸人。所藏乎身不恕，而能喻諸人者，未之有也』（註卅七）。孫中山先生提倡革命，改造中國，也說：

『要做革命事業，是從甚麼地方做起呢？就是要從自己的方寸之地做起；要把自己從前不好的思想、習慣和性質，像獸性、罪惡性和一切不仁不義的性質，都一概革除。所以，諸君要在政治上革命，便先要從自己的心中革起；自己能够在心理上革命，將來在政治上的革命，便有希望可以成功』（註卅八）。

這也是要由自身做起，爲民表率。

曾國藩說：『君子之道，莫大乎以忠誠爲天下倡』。『風俗之厚薄奚自乎？自乎一、二人之心之所嚮而已。……此一、二人者之心向義，則衆人與之赴義；一、二人者之心向利，則衆人與之赴利。衆人所趨，勢之所歸，雖有大力，莫之敢逆。故曰：撓萬物者，莫疾乎風。風俗之於人心，始乎微而終乎不可禦者也』（註卅九）。孔子所謂『君子之德風，小人之德草，草上之風，必偃』（註四十），就是這個意思。所以表率人羣，爲哲學家的責任。

第四、澄清天下　研究哲學的人，不僅要能表率人羣，且有澄清天下之志。如何澄清天下？就是救國救民，提倡實學，不尚玄談。明朝王陽明提倡「知行合一」說，原是叫人從心意上開始實行，存善去惡，作「致良知」的工夫，很有實用；後因他的門徒，專門空談心性，希聖希賢，而不務實踐，便養成一種「束書不觀，游談無根」的風氣，置民族危亡於不顧，造成亡國的慘禍。故明末學者顧亭林（炎武）、黃宗羲（梨洲）、王船山（夫之）、李二曲等，力矯其弊，力闢其非，倡躬行實踐之學，不尚空談，特別注重「力行」和「實用」。顏習齋說：『近人講學，多以晉人清談，甚害事，孔門無一語不教人就實處做』。顧亭林在「日知錄」中，也說了一段很深切的話，發人深省：

『五胡亂華本於清談之流禍，人人知之；孰知今日之清談，有甚於前代者！昔之清談談老、莊，今之清談談孔、孟，未得其精，而已遺其粗；未究其本，而先辭其末。不習六藝之文，不考百王之典，不綜當代之務，舉夫子論學論政之大端一切不問，而曰「一貫」，曰「無言」。以明心見性之空言，代修己治人之實學，股肱惰而萬事荒，爪牙亡而四國亂，神州蕩覆，宗廟丘墟。昔王衍（字夷甫，晉人——弘）妙善玄言，自比子貢，及爲石勒所殺，將死，顧而言曰：「嗚呼！吾曹雖不如古人，向若不祖尙浮虛，戮力以匡天下，猶可不至今日」。今之君子，得不有媿乎其言』（註四一）？這是一個很好的歷史教訓，證明哲學如不切實用，不求實行，足以招致亡國殺身的慘禍。

孫中山先生在民國初年，其所以創「行易知難」的學說，欲糾正「知易行難」與王陽明「知行合一」說的缺點，也是爲了要救國家民族。他說：『予之所以不憚其煩，連篇累牘以求發明「行易知難」之理者，蓋以此爲救中國必由之道也』（註四二）。『倘能證明知非易而行非難也，使中國人無所謂畏而樂於行，則中國之事大有可爲矣』（註四三）。由此可見哲學要合於實踐的需要，纔可以救國家。

現在大陸之所以淪陷，就由於中國自「五四」運動以後，對舊的文化已喪失了自信，一味崇拜西方的學術思想，以爲馬克斯主義是科學的哲學，而三民主義只是國民黨一黨的理論，不屑一顧所致。在大陸淪陷之前，一般坊間和大學校裏，都充滿了馬克斯主義的書籍，認爲它有學術價值，而三民主義却缺乏系統的研究和闡揚，使人不容易明白它的好處。現在雖然注重三民主義的教育，仍不免崇洋媚外，不得其法。講哲學的人，滿口「存在主義」或「邏輯實證論」（Logical positivism），以爲是最時髦的學說，而不究其得失。這是今日社會共同的毛病，危機不減於過去。我們學哲學的人，必須懍於自己的責任，求得正確的知識，退而獨善其身，進則兼善天下，於己於國，纔有裨益。

（註一）「國父全集」談話，「社會問題」一文。

（註二）「孟子」離婁章句下。

（註三）「荀子集解」卷十五，解蔽篇第二十一。

（註四）「莊子集釋」天下第三十三。

（註五）引語見民國五十九年六月十七日，臺北「中央日報」第三版。

（註六）梯利（Frank Thily）著「西洋哲學史」上冊，第一編，第一篇，第一章，第五節。

（註七）「老子本義」第四十二章。

（註八）前書，第十九章。

（註九）前書，第二章。

（註十）「論語」述而第七。

（註十一）前書，爲政第二。

（註十二）Aristotle: I. Metaph. lect, 3。

（註十三）「大學」右傳之五章，朱熹引程子語。

（註十四）「柏拉圖對話錄」斐德羅篇（Phaedrus）。

（註十五）達爾文著「物種原始」，第一章，第四節。

（註十六）「孟子」告子章句上。

（註十七）「荀子集解」卷五，王制篇第九。

（註十八）「中庸」首語。

（註十九）前書，右第六章。

(註二十) 前書，右第十章。

(註廿一) 前書，右第八章。

(註廿二) 「大學」右傳之八章。

(註廿三) 「王陽明全書」傳習錄上。

(註廿四) 「六祖大師法寶壇經」般若品第二。

(註廿五) 前書，頓漸品第八。

(註廿六) 「論語」公冶長第五。

(註廿七) 「中庸」右第二十章。

(註廿八) 徐遐飛編「中外格言彙海」，第四篇之四。上海春明書店出版。

(註廿九) 「培根論文集」(Moral Essays) 學問篇。

(註三十) 「論語」憲問第十四。

(註卅一) 前書，學而第一。

(註卅二) 「孟子」滕文公章句下。

(註卅三) 「柏拉圖對話錄」蘇格拉底自辯篇 (Apolog)。

(註卅四) 梁啓超著「譚嗣同傳」。

(註卅五) 「王陽明全書」傳習錄下。

(註卅六) 「論語」子路第十三。

(註卅七) 「大學」右傳之九章。

（註卅八）「國父全書」演講，「革命軍的基礎在高深的學問」一文。

（註卅九）「曾文正公全集」文集，「原才」篇。

（註四十）「論語」顏淵第十二。

（註四一）顧亭林著「日知錄」卷九，「夫子之言性與天道」一文。

（註四二）「孫文學說」第五章。

（註四三）前書，第一章。

第二篇　認識哲學

第一章　認識哲學是甚麼？

在前篇「緒論」講完之後，我們現在進入哲學本身的範圍內，來談它主要的問題。我們依照哲學研究的對象來分類，主要有自然哲學、人生哲學、認識哲學三種。現在先來研究認識哲學的問題。

第一節　它與哲學的關係

我在前篇說過：哲學是人類的世界觀，它有認識事物的作用，可作一種觀點，去研究其它問題；而哲學本身，也是認識事物所得的結果。它的理論，就是從研究事物而來。不管是神學也好，玄學（形而上學）也好，科學也好，一切哲學的道理，不論它說得如何玄妙或具體，都有其事實作根據，由認識得來，並非憑空虛造。故哲學可說是一種認識的知識。

人類認識事物，最初總是不自覺的，先看外界，注意人以外的事物，研究自然問題。及對自然有了相當認識以後，便轉移到社會方面，研究人類的本身，探求人生問題。由研究自然和人生所得的知識愈多，而加以反省，便發生懷疑：覺得我們人類所得的知識，究竟可靠不可靠？根據甚麼標準來判斷？還有待研究。因此，追究知識的來源，看它能否認識眞理，明白事物的眞相（本質）？便很有必要。假如我們所求得的知識，並不可靠，則一切哲學的理論，都將成爲「海市蜃樓」，無法成立。所以，認識哲學（Theory of knowledge 認識論）是一種檢定的工作。

依此來看，哲學研究世界上的各種問題，分析一切事物的道理，而認識論（Epistemology）又對它所得的知識，再來加以反省、檢定，便好像哲學中的哲學一樣。所以，由宇宙論而人生論到認識論，是一種進步。鮑爾遜（Friedrich Paulsen, 1846-1908）說：『認眞說來，認識論的問題，比其它哲學上的問題，還要根本。……平常把認識問題的研究，歸諸純正哲學（指本體論與宇宙論而言——弘）之後，實屬不當。無寧先對認識問題，予以一定的解釋，然後再入於純正哲學，於理論根據上尤爲妥當』，是很有道理的！

哲學的產生，我們從大體上看，雖是先由自然哲學（宇宙論）進到人生哲學（人生論），再由人生哲學進到認識哲學；但是講哲學概論，研究宇宙、人生各方面的問題，却宜先從認識哲學入手。什麼理由？因爲認識哲學是研究方法，它好比我們用望遠鏡觀察天象一樣，如果望遠鏡很好，窺察的結果，一定很清楚；若望遠鏡很小，視線不佳，則所知的天體（Celestial Body）亦必有限。認識論研究認識中的基本問題，即在向外觀察之前，先把望遠鏡弄好，調整它的度數，庶幾能夠眞切。李石岑教授曾說：『我們從動物的遠祖時代以來，就向外觀察。因爲不向外觀察，不和外界發生關係，便不易維持生存。向外觀察的結果，遂有形上學（即指本體論和宇宙論——弘）的產生；但一味向外觀察，沒有顧到用甚麼方法去觀察，則所觀察便不能得其眞相，因而又有認識論的產生』（註一）。可見認識論是哲學中的前提，爲方法之所繫，如同走向眞理的大門。

第二節　它所研究的問題

認識哲學研究甚麼問題？在講述之前，我們先要追問：甚麼叫做「認識」？如何纔可「認識」？「認識」的英文 Cognition 一字，含義頗廣。它指認識能力和所認識的事物而言，是一種意識活動，包括知覺（感覺）、記憶、想像、理解（思維）等作用在內。譬如人們常說：「我認識了某某」。從這句話裏，可以看出下列幾點：

第一、「我」與「某某」是兩個對立的原素　我去認識某某，則「我」是認識者（Knower），而「某某」是被認識者（Being known）。在認識論上，前者（我）叫做「能知」（Knowable）即是主體（Subject）；後者（某某）叫做「所知」（Known），亦名客體（Object）。我認識某某，即「我」與「某某」發生關係。

第二、這種關係是相對的　譬如我們研究自然界，去觀察天文、地理、生物、化學等現象，那些被我們研究的東西，都是客體，爲我們所知的對象；而人則是主體，爲能知的認識者。假如我們研究到人，注意人類社會的變化，則社會現象又變成了客體，即是「所知」；而人的認識能力——思維、推理等，則成了「能知」。再進一步，我們研究意識活動的現象，如心理狀態、邏輯、思想等。這些東西，本是人類研究自然和社會時的認識能力，如今在心理學和論理學的範圍以內，它却成了被認識的客體，即認識者的「所知」了。至於認識者——「能知」的範圍，則縮小到只有認識作用——智慧判斷（The judgement of wisdom）這一點。孟子說：『是非之心，智之端也』；荀子也說：『是是非非之謂智，非是是非之謂愚』。人如何能「是是非非」，而不「非是是非」？即在其有智慧，能判斷。這種智慧判斷的能力（理解力），康德稱爲「純粹理性」（Pure reason），佛家法相（唯識）宗名之爲「識」。所謂「識」者，了別之義，即心能審察事物、分辨是非的作用。

第三、認識有深淺的不同　例如我們初見一個事物，你問「它是甚麼」？我遠看他在行走，只能說是「人」；你問「他是甚麼人」？我看他的衣服、形態，說「好像是男人」。這完全是憑感覺認知的結果。如果再進一步，你要問「他是幹甚麼的？性情怎樣」？我只能說「不知道」。因爲根據以往的經驗（記憶），我不認識（內省）他，無法加以了解，斷定（判斷）他之爲人。可見認識是一個歷程——由感覺到理解，要說明「所知」的內容（性質），方纔達到目的，與一般的知覺有別。

第四、知識是認識的結果　如前所說，認識是「能知」與「所知」發生關係。「能知」爲人的認識能力，「所知」是認識對象的事理和法則。由於此兩者相合，而用語言、文字或符號表達出來，便成「知識」（Knowledge）。荀子說：『凡「以知」，人之性也；「可以知」，物之理也。以可以知人之性，求可以知物之理，而無所疑止（按：疑訓定，猶言「定止」——弘）之，則沒世窮年，不能徧（盡）也，其所以貫理焉』（註二）。這幾句話，就是說：「能知」（以知）是人類本有的能力，「所知」（可以知）是事物自具的法則，以我們人的能力，去求事物的法則，如果不停止的話，則永遠也研究不完，可發現它的道理，而貫通起來。墨子在「經上」篇中說：『知，材也』；『慮，求也』；『知，接也』；『恕，明也』。這四條經文，好像不相連屬，實際也同荀子一樣，是說「能知」是一種認識能力，要用思慮去研求。當它與外物相接觸，以認識「所知」，而得其全貌，明其事理時，便可產生智識。「恕」即古「

智」字，墨「經說」云：『恕也者，以其知論物，而其知之也著，若明』；換言之：智識就是用理知去說明事物，發現它的眞理，明白加以表達之意。佛家說：能知是「根」，所知是「境」，根境爲緣，能生於識，故「識」是根與境所產生的結果。佛家的唯識宗，又把能知稱爲「能量」，好像用尺去量一樣；所知是「所量」，如被量的布疋。其量得的結果，稱爲「量果」，如說幾尺布一樣。可見知識是一種綜合的產物。

認識論就是研究「能知」與「所知」如何發生關係，以構成知識的理論。它與心理學（Psychology）和論理學（Logic）不同，什麼理由？

從**心理學**方面說　認識論要認識事物，固然必須運用各種認識能力，如感覺、記憶、想像、推理等。這些東西，也都是我們人的心理作用，爲意識活動的表現。人是有精神的動物，固不能離開這些條件而認知外物，但心理學所研究的，是意識活動——卽心理狀態的本身，究明其變化法則，及因刺激而生的反應行爲。認識論則不然，它是要用這些條件作工具，去認識事物，研究知識的起源和本質，藉以證明所知的內容是否確實？孰爲眞理？……等問題，探求知識的根本。故心理學只是認識中的一部分，而認識論方爲知識的原理。

其次，在**論理學**方面　凡人認識事物，須用概念（Concept）加以歸納，而用語言、符號（文字）爲之說明。概念生於知覺，佛家唯識論者名之爲「想」，說『想謂於境取像，……隨起種種名言』。所謂「名言」，就是語言、符號，用以表達知識者；「於境取像」，卽事物因感覺而生的印象（Impression）。這些知識，用語言、文字或符號記錄下來，便有一定的規則，論理學就是研究此規則的學問。

它用命題（Proposition）、推理（Inference）等方式，以陳述事實，連結詞句，表現判斷，推廣關係，構成一套邏輯系統（Logical System），便是其具體的內容。孫中山先生初譯邏輯為「文理」，說：『文理為何？即西人之「邏輯」也。……以邏輯之施用於文章者，即為文理而已』（註三）。論理學用語言、文字及符號來表示思想的形式，更能幫助思維，促進認識；但它對思想的來源，及知識的本質，並不研究。故論理學也同心理學一樣，是認識中的一部分，為認識論的工具。

明白這個道理，便知所謂語言學（Philology）、語意學（Semantics）、語法學等，雖與思想、知識有關，為表達思想、知識的方法。但它們都只重在對語言的構成和意義，及其變化法則加以研究，而不涉及思想、知識的本身，亦如論理學之為認識中的部分一樣，屬於認識論的範圍。

由此可見認識哲學所研究的問題，是在「能知」與「所知」的相接中，說明知識的產生及其本質。故**認識論是知識中的哲學，有綜括的性質**。

（註一）李石岑著「哲學概論」，第三篇，第一章。民國二十二年九月，上海世界書局版。

（註二）「荀子集解」卷十五，解蔽篇第二十一。

（註三）「孫文學說」第三章。

第二章　人能認識事物嗎？

——認識的可能問題——

認識哲學的第一個問題：是人能認識事物嗎？這個問題就是說：「能知」能否認識「所知」——主觀有無認識客觀世界的能力？如果答覆是「有」，則我們對一切認識問題的研究，便可繼續下去；如果說人不能認識事物，則認識論便不能夠成立。所以，認識是否可能？是認識論的先決問題。

這個問題，通常分成幾種意見，都是就傳統的哲學——玄學（形而上學）方面而言。我們現在要把它的範圍擴大，不限於玄學部分，而涉及到神學（宗教）和科學，以追溯過去，展望將來。這與一般「哲學概論」大有分別。

第一節　神學方面的意見

從前宗教時代，人類信仰神靈。他們認爲一切事物，都有靈魂存在，同人一樣，支配它的活動。因此，風有風神，雨有雨神，雷有雷神，颳風、下雨、打雷，便是神靈活動的現象。原始人對神靈的活動，毫不懷疑，也不敢懷疑。因爲他們如果懷疑有神，或不信神的能力，必將遭受天譴，是任何人不敢輕於嘗試的。

宗教最基本的原則，就是信仰。所謂「信仰」，卽篤信不移，毫無疑惑的態度。孫中山先生說：「

宗教的感覺，專是服從古人的經傳。古人所說的話，不管他是對不對，總是服從，所以說是「迷信」』（註一）。不過這種迷信，在信教的人看來，却有一種能力，足以產生神奇的現象。耶穌在「新約全書」內，有許多治病、趕鬼的故事，他對門徒說：『你們當服從神。我實在告訴你們：無論何人對這座山說：「你挪開此地投在海裏」。他若心裡不疑惑，只信他所說的必成，就必給他成了。所以我告訴你們：凡你們禱告祈求的，無論是甚麼，只要信是得着的，就必得着』（註二）。相傳有一天晚上，耶穌和門徒過海，他在海面上走。『彼得就從船上下去，（也）在水面上走，要到耶穌那裡去。只因見風甚大，就害怕，將要沉下去，便喊着說：「主阿！救我」！耶穌趕緊伸手拉住他，說：「你這小信的人哪！爲甚麼疑惑呢」』（註三）？由此可見信心對於宗教是很重要的，凡事只要深信不疑，認爲一定可以成功。

這種堅信神靈存在，謂有神蹟啓示，並信教主的經傳，毫不懷疑的態度，我們稱之爲「篤信論」。耆那教和佛教雖很開明，並不要求教徒盲目服從教主的訓示，所謂『依法不依人』；但對教內相傳的經典和戒律，還是信守不渝，未敢違背。耆那教以正信、正知、正行爲「三寶」，佛教則以佛、法、僧爲「三寶」，都是非信不可的。歐洲中世紀的經院哲學，認爲基督教義某些可經解釋，使其容易了解，有些是超理性的，根本無法解釋。其中縱或有爲知識和理性不能說明之處，亦必須信仰；甚至正因其玄妙，更要確信才行。坎特布里的大主教安瑟倫（Anselm of Conterbury, 1033-1109）說：『凡理智所不及之處，必須依靠虔誠的信仰』。所以，認識是否可能的問題，神學是篤信論的。

「新約」羅馬書第一章第二十節說：『自從造天地以來，神的永能和神性是明明可知的。雖是眼不能見，但藉着所造之物，就可以曉得，叫人無可推諉』。這樣，篤信神是可知的，毫無疑惑的態度，在認識哲學中，也可稱爲「**超越的獨斷論**」。

中國在周朝以前，也相信鬼神。孔子雖不講神怪的道理，却也承認有神。他說：『祭如在，祭神如神在』；『獲罪於天，無所禱也』（註四）。墨子在「明鬼篇」中說：『自古以及今，生民以來者，亦有嘗見鬼神之物，聞鬼神之聲，則鬼神可謂無乎』？他並引經據典，說歷代都有鬼神存在，深信不疑

第二節　玄學方面的意見

一　獨斷論

玄學繼神學而來，如梯利教授所說：『神譜雖不是哲學，却是哲學的先驅。本來在神話中，已經有了哲學的思想。……不過他們大半還只能滿足詩人的想像，不能滿足邏輯的理智；並且訴之於超自然的勢力和動作，而不訴之於自然的原因』（註五）。這是它與玄學不同之點。

關於認識是否可能的問題，玄學方面第一種意見，叫做「**獨斷論**」（Dogmatism）。英文 Dogma 這個字，源出於希臘語，有成見、教條、教義、武斷等含義。所謂「獨斷論」，就是說：我們人類的認識能力（能知），有認識客觀世界（所知）的可能；換言之：它相信人所知的事物，完全恰如其實，絲毫沒有疑問，不必反省和考慮。例如我們看見一個金黃色而又圓的東西，一定知道它是橘子，而不會是蘋果，毫無疑問，這可說是獨斷論。什麼理由？因爲在肯定它是橘子之前，並沒有經過檢查和證明，便相信感覺可靠，未免輕率。這與神學之篤信神靈爲實在的，同樣犯了武斷的毛病。**獨斷論就是絕對相信自**

己的感覺或思維有認識能力，可以如實的認知外物，得到眞確知識的理論。

在希臘時代，自然哲學家對其所創立的宇宙本體論，如水、火、原子及四元素（水、土、火、氣）等，都自信非常眞實，能夠說明萬物的起源。他們所持的見解，雖比以前的神話實在，而肯定人類的智慧，有解決宇宙問題的能力，亦不免有武斷之識。其所設想的本體，大都屬於物質方面，故可說是「**唯物的獨斷論**」。

柏拉圖以後，許多偏重精神的哲學家，都把理念（Idea 觀念）、理性（Reason）、共相（Universal）等，看得非常眞實，而用「邏各斯」（Logos）、「德米爾」（Demiurge 造物主）、神、「絕對」（Absolute）等，作爲宇宙的本體或最高原理，建立其哲學系統。他們確信自己有超越的智慧，能夠發現宇宙的眞理。然而，實際上，各人所創立的理論，皆不免有『蔽於一曲，而闇於大理』（註六）之處。這種偏於精神方面的思想，可名爲「**唯心的獨斷論**」。

中國從前的哲學家，雖不贊成獨斷論，把各執己見的思想，看成「偏蔽」的意見，然亦難免有所偏，而陷於獨斷。莊子說：『天下多得一察焉以自好。譬如耳、目、鼻、口皆有所明，不能相通；猶百家衆技也，皆有所長，時有所用。雖然，不該不徧，一曲之士也』（註七）。荀子也說：『墨子蔽於用而不知文，宋子蔽於欲而不知得，愼子蔽於法而不知賢，申子蔽於勢而不知知，惠子蔽於辭而不知實，莊子蔽於天而不知人。……此數具者，皆道之一隅也』（同註六）。講道而偏於一隅，蔽此而不知彼，便有獨斷之識。

二　懷疑論

古人說：『物極必反』。獨斷論之後，便有「**懷疑論**」（Scepticism）發生。英文 Scepsis 一字，源於希臘，有考察、反省、研究之意。它對認識是否可能的問題，採取懷疑的態度。

甚麼叫做「懷疑論」？即認「**能知**」**沒有認識**「**所知**」**的能力，人類無從獲悉事物的本質，以求得眞理**。它好比射箭一樣，自覺永遠沒有中「的」的機會，故認識爲不可能。

根據甚麼理由？可以從兩方面來講：

首先，**在客觀方面**　希臘從前的哲學家，認爲宇宙同水一樣，是變動不居的。赫拉克里特說：『我們不能兩次涉足於同一的河流』。感覺所知的東西，好像沒有變，實際已經大不相同。我們通常說事物都有運動，而埃利亞學派（The Eleatics）則說運動是不可能的。何以故？因爲一個物體要在空間移動，當它到達某一終點之前，必先經過此空間的一半；要經過這一半空間，又得先經過其一半的一半。如此類推，這物體永遠是在一半的途中，不能達到目的，運動怎麼可能呢？而且所謂變化，是要由一個東西，變成別個東西；換言之：「有」（Being）可以變成「非有」（Non-being）。「有」如果能變成「非有」，則「非有」必由「有」而來；「非有」由「有」而來，等於說它來於自己，是不通的。反之，若「非有」可以變「有」，又無異說它來自於無，也不可能。假如萬物變化不定，人不能預料事物，何能有知識發生？所以，變化是不存在的，値得懷疑。

希臘辯士派的學者哥爾期亞（Gorgias, 483-375 B.C.），更進一步，認爲世界上根本沒有事物存在；即使有，人也不能知道；縱然能夠知道，也無法把它的情形告訴別人。因爲事物的眞相，非語言、文字所可形容。笛卡爾說：

『我恐怕我所見的萬事萬物，都是錯的；我好欺騙的記憶所供給的，也不是眞的。我恐怕我並無感覺，我所相信的物體、形狀、體積、運動、位置，都不過是心理中的虛構。然則甚麼可以算是眞的呢？天地間也許沒有可被看作眞實的東西』（註八）。

雖然他的本意，並不否認事物的存在和認識的可能，仍不失為「**客觀的懷疑論**」。

其次，**在主觀方面**　希臘哲學家大都認為感覺得來的知識多不可靠，如果信以為眞，很容易受騙。懷疑學派（Sceptics)的比羅(Pyrrho of Elis, 365-275 B.C.)和他的門徒說：我們不能知道萬物的本質，因為感覺所得的，只是一些現象，而非其眞相。人要認識事物，不能不靠感覺；感覺的主體是人，人的生理組織（健康、秉賦等）各有不同，環境亦異。在不同的時間和不同的情況下，其所感受的印象也生出差別；加以事物的位置、距離、方向等不一，以致聲音、顏色、氣味、形狀等，都有變化。尤其重要的，是各人所受教育和風俗習慣養成的觀念不同，對認識亦有影響（註九）。所以，我們對任何事物，都不能加以肯定，說它「一定是什麼」，而只敢說「似乎像什麼」。阿克席羅（Arkesilaos, 315-241 B.C.）甚至說：『沒有一件東西，我們能夠認識；即說自己無知，也不可能』。這可說是「**主觀的懷疑論**」。

懷疑論不僅認為事物不能認識，神也是不可知的。卡尼亞底（Carneades, 213-120）說：神如果同人一樣，也有形體、感情或感覺，便有死滅和變化，不能永久存在；反之，它若沒有形體、感情和感覺，又是死板的、無生命的東西。因此，神靈充滿了矛盾，無法加以想像。在他看來，任何事情都不能證實。因為你要證明一個道理，必須先確定它成立的前提；要確定那個前提，而它又有前提。如此遞推，永難證實。故我們不可輕下斷語，凡事只能存疑，纔可免去是非之心，膠執之見，沒有煩惱。

近代英國的休謨（David Hume, 1711-1776），自命爲「懷疑論者」。他說：我們通常相信外界宇宙的存在，是依靠感覺，爲自然的本能；實際上，無法證明外界的物象（Objects）能够產生知覺。因爲知覺是心中的，我們只看到兩個知覺之間有因果關係，而未見事物與知覺之間有何關係，故不能斷定物象爲構成知覺的原因。我們所知的對象，是自己印象的觀念。這些觀念，究竟從何而來？是來於外界的物象，還是不可知的本體？抑或是由神所造成？都無從證實，只可存疑。他這種意見，是屬於本體論的，亦稱「**形上學的懷疑論**」。

在中國的哲學中，類似西洋懷疑論的思想，可以惠施、公孫龍爲代表。惠施從變化中觀察世界，看出它與普通常識不同的地方。例如他說：『卵有毛』；『丁子有尾』；『犬可以爲羊』；『天與地卑，山與澤平』……等等（同註七）。平常人不覺得有問題的東西，他居然提出問題，使人加以反省。公孫龍從理則上去分析事物，指明其與感覺不符之處。他說：白馬非馬，堅、白、石不相連。什麼理由？原因是：『白者，所以命色也；命色者，非命形也。故曰「白馬非馬」』（註十）。堅、白、石是三個不同的概念：堅要用手去摸，白要用眼去看，而石頭則是一種實體。堅的性質與白的顏色，可附在石頭上，也可不附在石頭上，彼此可以分離獨立，故曰「離堅白」（註十一）。他們這種意見，是從相對的觀點出發，能『困百家之知，窮衆口之辯』（註十二），令人發生懷疑，打破獨斷論的迷夢！

莊子認爲人類的認識能力是有限的，『吾生也有涯，而知也無涯』（註十三）。『計人之所知，不若其所不知；其生之時，不若未生之時。以其至小，求窮其至大之域，是故迷亂而不能自得』（同註十二），要求得眞知，很不容易。就認識是否可能而言，這也屬於懷疑論。

佛家說宇宙萬物都是因緣和合而成，變化無常，「法」（事理）與「我」均非實有。一般人把它看成實在的，便是「法執」及「我執」，偏於獨斷，產生煩惱。要破除法、我二執，明白它是一種「假相」，爲依識體變現而來，卽可解脫成佛，也有懷疑論的意味。

三　批判論

由獨斷論與懷疑論的對立，發生一種綜合（調和）的意見，便是康德的批判論（Criticism）。他認爲獨斷論肯定認識可能，懷疑論否定認識可能，都是各有所偏，不免武斷。我們要知道認識是否可能？要看知識是如何產生的。人之所以能夠認識事物，造成知識，實因它有兩種能力：一是感性（Sensuality），二是理性（Reason）。感性卽指感覺作用的性能而言，它接觸外物，獲得印象，使其成爲概念，名叫「直觀」（Intuition）。把這種直觀得來的概念，加以綜合、判斷和推理，使之變成系統，便是理性的作用。理性有兩種能力：㈠是綜合的判斷力，就感性直觀所得的對象而思維，名曰「悟性」（Understanding）：㈡是最高的推理力，把悟性作成的判斷，統括爲一完全的體系，叫做「理性」。故康德說悟性常營相對的統一作用，理性則營絕對的統一作用。這好比工廠製造貨物一樣：感覺把材料輸送進來，由理性加工製造，經過兩重程序，變成整套的概念，便是知識。所以，知識是感覺與理性共同的產物。

假如我們心無感覺，雖有外物供給材料，也不能發生知覺。這就像荀子說的：『心不使焉，則黑白在前而目不見，雷鼓在側而耳不聞』（同註六）。然感覺得來的材料，若無理性加以思考、辨別，做成判斷，知識也不會發生。譬如生而瞎眼的人，固不知道甚麼是顏色和光線；白癡雖然五官（感覺）齊備，也想不出甚麼道理來。可見單有感覺，不會發生思想（思考）；單憑思想，也不能得到感覺。沒有感覺和思想，如何能有正確的知識發生？故感覺與理性二者，是知識構成的因素。批判論就在綜合這兩者之長，加以適當的運用，使其成爲認識。

不過這種認識，先要經過感覺的門戶，纔能達到理性的範圍。好比透過太陽眼鏡，纔可看到東西一樣。其所見的事物，已非原來的本眞，而只是表面的現象。事物的本體，康德稱之爲「物自體」（Thing in itself），是隱藏在現象後面，永遠也看不見、猜不到的。故**認識的可能，只限於現象，不能達到本體**。

在康德之前，洛克也認爲事物的現象可以認識，「物自體」雖不可得知，却是存在的。因爲一切現象，不能不有本體作爲它的基礎。本體雖不可見，按理應該存在。其後哈米爾頓（Sir William Hamilton, 1788-1856）的意見也是一樣，他從康德哲學出發，認爲我們只能認識現象，無法得知本體。**在本體與現象之間，有可知與不可知的分別存在**。

第三節　科學方面的意見

在康德之後，受科學影響而發生調和的意見，有孔德和約翰・彌爾的實證論（Positivism），斯賓塞（Herbert Spencer, 1820-1903）與赫克爾（Ernst Haeckel, 1834-1919）的進化論（Evolutionism），馬克斯、恩格斯（Fridrich Engeles, 1820-1895）以及孫中山先生的實踐論（Practicalism）

等，可分述如次：

一　實證論

實證論是從科學出發，主張用實證的知識，代替從前的神學和玄學。孔德認為人類的思想，經過神學、玄學的階段，現已到了實證的時期（Positive stage）。在實證時期，人的知識，不僅建立於科學之上，而且要有系統，作人類的世界觀；換言之：科學要變成哲學，哲學也要是科學的。他這種意見雖然不錯，但因所處的時代尚早，科學還不十分發達。那時，自然科學只注重實驗和觀察，以搜集事實，探求因果法則為務，並未進到理論階段，不研究事物的根源和一般共同的原理。因此，他以為人所認識的，也只限於現象或事物之間的因果關係，求得其所具的法則，說哲學不問「何故」（Why），只問「如何」（How）。現象以外的本體和它最後的原因，是哲學研究的問題，我們不能知道，也不必知道。這與康德的意見相似。

約翰・彌爾受孔德的影響，雖然主張自然有齊一性（Law of uniformity of nature），說宇宙間的事物，無論如何變化，總有因果法則可循。今年天氣冷到攝氏零度下雪，明年冷到同樣的程度，也不必懷疑是否下雪。經驗告訴我們，自然有一定的秩序；不過我們所認識的，只是歸納得來的現象，由物體表現而成。至於物體為何變化？其中的本體——「物自體」究竟如何？則不可知。我們所認識的，是一個現象世界，另外還有一個本體世界，無法明瞭。

二　進化論

斯賓塞由法國拉馬克（Chevalier de Lamarck, 1744—1829）的進化思想出發，把各種科學的知識連貫起來，由力學而物理學、生理學、社會學，以至倫理學，組成一個有機的系統，使人類社會與自然界的物質發展相連，成爲「天人合一」的理論，名叫「綜合哲學」(Synthetic philosophy)。他認爲世界是進化而來，每一種有關宇宙起源的學說，都使我們發生懷疑。例如從前神學說：「神造成世界」；然而，神是誰造的呢？科學說：萬物是由物質變化而來；但物質是什麼東西？我們將它分析，由分子而原子，還可繼續再分，究竟有無止境？分到最後，除「力」以外，什麼也找不到；但「力」又是什麼呢？因此，他覺得人類的智慧，只能了解經驗範圍以內相對的、有限的現象，超出經驗範圍，無限的、絕對的實體究竟爲何？却不能知道。不過任何事物，總有其發生的原因。這原因，無論其爲物質或上帝，都是一種本體，爲宗教與科學所共同承認，則無疑問。我們可知的，只是現象，至於本體，則爲信仰的對象，不得而知。

赫克爾也同斯賓塞一樣，以進化爲中心，把各種科學加以概括，組成其世界觀，名叫「自然的一元哲學」。他認爲我們根據感官所得的印象，可以認識外物，但現象裏面的本體，則不能知道。實際上，究竟有無本體存在？他主張讓玄學家去研究，不必操心。

三　實踐論

實踐論否認有不可知的本體存在，認爲『社會生活根本上是實踐的，足以引起神秘論(Mysticism)的一切神秘，都可在人的實踐中，及對這實踐的了解中，得到合理的解決』(註十四)。認識之所以可能，即在於人能實踐。所謂「實踐」，包括分析、實驗、應用、製造等過程在內，爲人類行爲的表現。恩格斯說：

『在康德時代，我們對於自然的知識，還是片斷而不完備的，因此有權可以假設：在我們對每個自然物很少認識以外，有一個神秘的「物自體」存在；但這些抓不住的事物，已一件件被科學的長足進步所抓住、所分析，而且還仿造過了。我們自己能够製造的東西，就不能看做是不可知的。有機體在十九世紀前半期的化學家看來，便是這種神秘的事物；現在我們不依賴任何有機的過程，就能按其化學原素，一個個的製造出來。近代化學家宣言：只要知道任何質體的化學構成，就可依照其原素加以製造』（註十五）。

在這種情形之下，還有什麼現象中的「物自體」不能認識呢？所以，認識是否可能，只是時間問題，沒有本體與現象的隔閡。

孫中山先生所創的「行易知難」學說，也是一種實踐論。他認爲世界的進化，是由「行」到「知」，先行而後知。『古人進步最大的理由，是在能實行；能實行，便能知；到了能知，便能進步』（註十六）。『至今科學昌明，始知人事可以勝天，凡所謂天運氣數者，皆心理之作用也』（註十七），並無神秘的力量。雖然有許多事情，人類至今仍不能悉先知之而後行之，但因不知而行的結果，終有獲知之一日。故認識非不可能，亦無「物自體」存在。

把認識可能的問題訴之於科學，以爲隨着時間的發展，知識一天天進步，由不可能（不知）以至於可能（知），並無不同的領域。這是實踐論一致的見解，有別於批判論、實證論和進化論之處。

（註一）「國父全集」演講，「國民要以人格救國」一文。

（註二）「新約全書」馬可福音，第十一章，第二三—二四節。

（註三）前書，馬太福音第十四章，第二九—三一節。

（註四）「論語」八佾第三。

（註五）梯利著「西洋哲學史」第一編，第一篇，第一章，第六節。

（註六）「荀子集解」卷十五，解蔽篇第二十一。

（註七）「莊子集釋」天下第三十三。

（註八）梯利著「西洋哲學史」第三編，第二篇，第一章，第三節。

（註九）威柏爾、柏雷合著「西洋哲學史」中譯本，一一九—一二一頁，希臘的哲學第二期，感覺派的懷疑論。

（註十）徐復觀著「公孫龍子講疏」，白馬論第二。民主評論社出版。

（註十一）前書，堅白論第五。

（註十二）「莊子集釋」秋水第十七。

（註十三）前書，養生主第三。

（註十四）馬克斯撰「費爾巴哈論綱」，第八條。

（註十五）恩格斯著「空想社會主義與科學社會主義」，一八九二年四月，英文本序。

（註十六）「國父全集」演講，「知難行易」一文。

（註十七）「孫文學說」第七章

第三章　人怎樣去認識？

——認識的起源問題——

我們認識事物是否可能？已如前章所述。現在再進一步，來研究人如何去認識事物，發生知識？換句話說：我們的知識從何而來？應如何開始認識？這叫做「認識的起源問題」。

關於這個問題，哲學上所研究的，是人用什麼方法去認識——感覺呢？還是思維？抑或有別的能力？我們同前章一樣，也是從神學方面講起，以追本溯源。

第一節　神學方面的意見

從前的宗教，雖然沒有研究認識問題，却相信人類的智慧是由神而來。在「舊約全書」內，所羅門(Solomon, ?—937 B. C.)王說：『耶和華賜人智慧。知識和聰明，都由他口而出』(註一)。天地間的道理，無不爲神所顯示。『神的事情，人所能知道的，原顯明在人心裡，因爲神已經給他們顯明。……藉着所造之物，就可以曉得，叫人無可推諉』(註二)。故如何與神相通，獲得神的啓示，非常重要！

中世紀的經院哲學家，聖·湯瑪斯(St. Thomas Aquinas, 1225—1274)說：認識神的方法很多，我們可以不假思索的認識神，可用推理的方法認識神，可由信仰認識神，而最高的則是直覺。它能給我們以最大的幸福，同新柏拉圖學派（Neo-platonist）和神秘論者（Occultist）所講的「冥想」（Contemplation）一樣，汨沒於忘我（Ecstasy）的境界，使靈魂與神相會，達到神人合一的程度。這就是佛家和道家所做的習靜工夫，可說是一種「**神通論**」。

古代許多宗教，都要與神相通。希臘人遇疑難之事，輒求神指示，稱所答的話爲「神託」（Oracle）。他們說神能附託在人身上，答覆其所提出的問題。我國也有占卜、祈夢、扶乩等，而最主要的，則是祈禱。祈禱有一定的儀式，非此不能獲得神的感應。佛教密宗祈禱的方式甚多（註三），其效果如何？常視人心意專一的程度而定。人如能專心一意，則可發生奇妙的效果。

佛教說：『定心能發神通』。「神通」二字，巴利（Pali）文爲 Iddhi，指一種超自然的巫術能力，說有這種能力的人，可騰空而飛，身能變形。凡修禪定或得法術者，都可入「五通」的妙境。「禪定」（禪那）的梵語：禪爲靜慮，定云三昧（註四）。唐朝的慧海和尚說：『妄念不生爲禪，坐見本性爲定』。這與莊子「坐忘」的意思相同。莊子「大宗師」篇載：

孔子問：『何謂坐忘？

顏回曰：墮肢體，黜聰明，離形去知，同於大通，此謂「坐忘」』（註五）。

照郭象的解釋：就是『內不覺其一身，外不覺有天地，然後曠然與變化爲體，而無不通也』。佛教各宗都以禪定爲修習的方法，道家也以靜坐爲修道的門徑。他們認爲修練到極高的程度，便有「五通」的能力。

所謂「五通」，又叫「五神通」：即㈠神境通（亦名「神足通」或「身如意通」）：說人能游涉往來，非常自在，可借五行以遁身隱行，變現不可思議的境界。㈡天眼通（又名「千里眼」）：說人在此地，能見遠方的事物，歷歷無誤。㈢天耳通（亦名「順風耳」）：卽人可聽到遠隔的聲音，如居一室。㈣他心通（又叫「傳心術」）：說人能知他人的心念，發生預感或夢兆。㈤宿命通：能知六道衆生的宿世生涯，並預言世界將要發生的事情，一如親眼所見。這五通的能力，除用禪定修得以外，也可由催眠、咒力或藥力的方式獲得。許多生有異禀的人，如靈學家、預言家（先知）等，亦常具備。

「舊約全書」載：摩西（Moses）領以色列人（Israels）出埃及的故事，說耶和華（Jehovah）在密雲中顯現，對他們說話，百姓都可以聽見，只有摩西能與神接近，傳授神的誡命。「新約」馬太福音內，也有類似的神蹟，說『耶穌受了洗，隨卽從水裡上來，天忽然爲他開了。他就看見神的靈，彷彿鴿子降下，落在他身上。從天上有聲音說：「這是我的愛子，我所喜悅的」』（註六）！像摩西和耶穌，是生有異禀的人，其能與神相通，也許是他自己的一種感覺，傳爲神話。

一九五六年，美國紐約雙日書店，出版「摩非女士的追尋」（The Search for Birdey Murphy）一書，內容描述科羅拉多州（Colorado State）普伯洛城（Pueblo）的一位青年主婦，經催眠術之後，不僅追述其童年生活，歷歷如繪，且能道出其前世的經歷，證實無誤（註七），而轟動一時。足見催眠也有神通的能力。其他類似的神奇現象，如夢兆（註八）、預感、預言（註九）及鬼魂活動等，歐美學術機關現在專門研究的很多（註十），都還沒有一致的結論。據美國靈魂研究學會的解釋：某些人有極敏銳的第六感，事前可以預知將要發生的事情，且對其發生的過程，如親見的一樣，事後能完全敍述出來。這也許是神通的依據。

第二節　玄學方面的意見

一　感覺論與經驗論

玄學對認識的起源問題，第一種意見，叫做「**感覺論**」(Sensualism)。**感覺論就是認為人類的知識是由感覺而來**。譬如我們看到花的顏色，聞到花的芳香，而知道有花。這是外物(花)刺激到我們的感官(眼與鼻)，發生感覺，有了印象，才生出「花」的觀念。所以『希臘文 Idea 這個字，是指一件東西物質的外表，而刺激視覺的，遂義訓為「思想」』(註十二)。如果我們根本沒有看見過曇花，決不會有「**曇花一現**」的經驗。可見經驗是與感覺相連，為感覺得來的知識。

在沒有感覺的材料輸入之前，人心只是一張白紙 (Empty tablet)，它雖有認識的能力，卻不能產生知識。因此，洛克 (John Locke, 1632—1704) 說：『凡不在感官中的，就不在悟性 (Understanding) 中』，沒有先天的觀念存在。從前主張感覺論的人，多認為人之所以能認識事物，是由於組成身體的原素，與外界的物質相同，發生感應所致。希臘講四元素的哲學家恩披多克立(Empedocles)說：

『感覺是物體對感官作用的結果。例如視覺就是物體中所放出的原素(水與火)，與眼孔中的同類原素相遇，發生吸引作用，而成影像。聽覺是氣闖入耳朵而成聲，味覺、嗅覺是一些原素進到鼻孔和口裏所致』(註十二)。

原子論者 (Atomist) 德謨克利特 (Democritus) 也說：『知覺的產生，是由物體分子流露出來的影像，與感官分子的影像相同之故』（註十三）。伊壁鳩魯（Epicurus, 341—270 B. C.）也和他的意見相似，認為『感官的知覺，是感覺對象中噴出的細微物體，影響感官而成』（註十四），為對象的模本。他們都是原始的唯物論者，以外物影響感官，為發生知覺的來源。

但在哲學上，說認識起源於感覺的，並不一定是唯物論。亞里士多德便是一例，他雖不否認物質的存在，却看重觀念（Idea 理念）或形相（Form 形式），與唯物論不同。其以感覺為知識的來源，說各種感官告訴靈魂以物體的性質，如數目、大小、形狀、動靜等，內心則將它合成對象的全貌，成為普遍的概念，仍舊是感覺論的。斯多噶學派（Stoics）雖然注重理性或靈魂，相信神為宇宙的本體，主張泛神論（Pan-theism），在認識方面，却仍以感覺為知識的根本，說知識是由感覺得來，靈魂感受事物的印象，如同蠟版之感受圖記一樣，沒有先天的觀念存在。中世紀的聖．湯瑪斯，信仰神學，說眞知識是由感覺供給原料，智慧抽繹而成的觀念。可見感覺論與唯物論，不可混為一談。**唯物論雖然注重感覺，感覺論却未必是唯物的。**

近代感覺論的先驅，是英國的法蘭西斯．培根（F. Bacon）。他以人類所有的知識，除默示（Apocalypse）以外，都是用感覺從物質方面得來。霍布士繼起，認為『我們的各種感覺，如味覺、嗅覺、觸覺，都是由感官所生。外界的事物，動作於感官之上，卽發生感覺。感官有了運動，由神經而達於腦，再傳於心，便起一種反應，顯出外界的事物。故感覺或影像或色彩，不過是外物作用於我們腦中所起的騷動而已』（註十五）；換句話說：知識起源於感覺的印象中，物體以外，無經院哲學家（Schoalman）所稱「無形的實體或精神」。

與感覺論關係最密切的，是「經驗論」(Empiricism)。經驗論就是說知識由經驗而來，爲嘗試所得的結果，離不了感覺。古人說：『吃一塹，長一智』，卽經驗增加智識之意。西文「經驗」(Experience) 一詞，在拉丁語爲 Experientia，卽源於「嘗試」(Experus)。亞里士多德說觀念離不開感覺，是感覺世界的一部分，一切學問都從經驗出發，由個別(具體)事實概括成爲普遍的道理(概念)。霍布士說：『感覺保存在記憶中，積了許多事物的記憶，便是經驗』(同前)。這與斯多噶派克利西保 (Chrysippus, 232-204 B.C.) 的意見一樣。由此可見感覺與經驗是不可分的，通常把感覺論與經驗論合併敍述。

近代眞正研究認識起源問題的人是洛克，他花了二十年的工夫，著「人類悟性論」(An essay Concerning Human Understanding, 1690) 一書，說明人類思想是從何而來？如何才算可靠？在他以前，許多經院哲學家，都說人的思想是天賦的，生來就有一定的內容。神的觀念，便是一例。洛克認爲人類任何思想，實際上離不開經驗。有些民族相信有神，有些民族並不信神；卽使天下的人都信神，也不能證明神的觀念是天賦的。譬如人人都有太陽和火、熱的印象，却不能說他生而有此觀念。人心最初好像白紙一樣，並無任何東西記入；後來有了經驗，纔發生思想。經驗從何得來？則有兩個要素：其一是感覺，供給我們以外物的印象，又可名曰「外官」(External Sense)；其次是內省 (Reflection)，自察我們內心的活動，如記憶、想像、比較、懷疑、思考等，又叫「內官」(Internal Sense)。我們心裡的一切觀念，沒有不是由這兩方面合成的。小孩子最初只有感覺，稍長以後，對心裏的事，纔知道加以反省。若問思維是從何時開始？洛克答覆說：『當感覺將材料供我們時，卽開始思維』。我們所想的，都是經驗過的東西。由一個或一個以上感官得來的印象，及因反省而起的觀念，他叫做「單純觀念」（Simple idea）；再由單純觀念反覆比較，變成各種各樣的形式，便是「複雜觀念」（Complex idea）。外界物體影響我們內心的力量，他稱爲「性質」（Quality）。說這種性質，有爲物體本身所固有，不能分離的，如體積、堅實、形狀、動靜、數目等，名曰「初性」（Primary qualities 原始性質）；其它如色、聲、氣、味、冷、熱之類，則是由初性所發生的感覺，不屬於物體本身，故叫做「次性」（Secondary qualities 第二性質）。假如人類的感官失靈，則雖有美色在前，五音悅耳，氣味芬芳，亦皆無從感覺，不得而知。可見次性是初性所引起的主觀現象。伽利略的意見，也是這樣。

人類用感覺的材料，如何能組成知識？洛克認爲我們的心裏，具有六種機能：其㈠是知覺（Perception），輸入材料；㈡是保留（Retention），加以記憶；㈢是辨別（Discernment），爲之區分；㈣是比較（Comparison），找尋關係；㈤是組織（Composition），將單純的觀念構成複雜的觀念；㈥是抽象（Abstraction），使特殊化爲一般，給以概括的性質。由此分析、綜合，把許多觀念聯貫起來，成爲一種意見，描寫事物的狀態（Mode）、本質（Substance）和關係（Relation），便是知識。所以，我們的知識，都是由經驗的事實得來，非常確實。

柏克萊（George Berkley, 1685-1753）在洛克之後，批評他的意見，說不僅物體的次性，只是人類的感覺；即使是初性，像體積、形態、運動等，如果沒有被人感覺，又如何能夠得知？初性與次性是不可分的，我們不能說一個有體積、形狀的東西，而無顏色或氣味。通常一般人的見解，以爲一樣東西，其實際存在的性質，與我們對它所得的觀念，完全不同；換言之：感覺的對象（事物），與所得的感覺（知覺），毫不相干。這就是把物與心分開成兩件事，脫離了經驗的範圍。

柏克萊認爲把感覺的對象與感覺本身分開，以爲世界上有未被感覺的物質存在，是不可能的。我們通常見到的，是各種不同（特殊）的物體。其形狀、大小、顏色等性質結合起來，構成一個觀念，便是被知覺的某物。如果我們完全看不到它，對它沒有一點感覺，無法形容，則其存在亦毫無意義，莫知所指。所以，『存在卽被知覺』（To exist is to be Perceived），是在我們心中。心以外縱然有一個物質世界存在，脫離了感覺的主體，又何從知道呢？世界上沒有離開心而能存在的東西。柏克萊因此**由感覺論走向了「主觀的唯心論」**（Subjective idealism）。這與我國的王陽明所說：『無心外之物，無心外之理』，意見相同。

繼洛克和柏克萊而起的是休謨。他說一切思想的發生，都由感覺而來。感覺受外物的刺激，先有印象（Impressions）；由印象所得的影像，便是意象（Idea 觀念）。譬如我看見一張桌子，其所感覺到的實物是印象；閉了眼睛，腦中所遺桌子的影像，則爲意象。故印象比較生動，意象則較模糊；印象在感覺中，意象在思想中。有了印象，而後可以發生感情。例如我們見到一幅畫，聽到一種音樂，喜歡或不喜歡，這就比較複雜了。把舊的觀念加以回憶、想像，同新的印象結合起來，變成有系統的思想，便是知識。所以，知識是由印象而來，不出經驗範圍之外。聾子不懂聲音，瞎子不辨顏色，卽是證明。

觀念如何組成系統？則有一定的規則。什麼規則？就是聯想律（Law of association）。例如我們看見牛而想起馬，見到鴨而及於雞，因爲牠們「相似」（Resemblance）；由林則徐記起鴉片戰爭，過曲阜而欲去孔林，由於它們有時空的「接近」（Contiguity）；見人受傷而想到痛苦，則是有「因果」

（Causality）的關聯。一切複雜的觀念，都由這三者聯想而成。至於因果關係，休謨認爲只是兩種事物前後相隨，常常如此，使我們因經驗而成了習慣，相信有甲必有乙，有此必有彼。於是對未曾經驗過的事實，也作必然繼起的推測。所以，因果律不過是由聯想習慣（Habit of association）而生的一種感情（Sentiment），爲經驗的結果，並不是眞有必然的關係存在。

洛克、休謨的思想，影響到法國，便有康第亞克（Etienne Bonnot de Condillac,1715-1780）「**絕對的感覺論**」（Absolute Sensationalism）出現。他講到認識的起源，設想人類最初好像是一尊彫像，只有嗅覺，聞到某種（如玫瑰花）氣味，還不知是好是壞，不過記憶下來，有此印象罷了。後來，再聞到別的氣味，與原來的印象比較，便覺得孰好孰壞，有一種分別，而生出感情和欲望來，喜歡這樣，討厭那樣，有所選擇；於是又有意志（Volitions）發生，成爲感覺的變相。同時在比較中，對幾種不同的感覺加以思考，發生判斷、反省、推理、抽象等作用，有理解的能力（Understanding悟性），便形成觀念（Ideas）。在各種感覺中，他以觸覺爲最重要。因爲嗅覺、味覺、聽覺，乃至視覺，雖可辨別色、聲、氣、味，還不能顯出客觀世界來；惟有觸覺，纔能獲得物體廣袤、形狀、軟硬諸觀念，證明色、聲、氣、味等來於實物，有外在的對象存在。可見感覺是觀念唯一的來源，一切抽象的概念（Abstract notions），只不過是我們現在所有或從前有過的感覺總和而已。

到十九世紀，奧國的哲學家馬赫（Ernst Mach,1838-1916），更走向極端，說康第亞克所謂外在的對象，即物質的東西，也只是感覺的綜合體（感覺假相）。他認爲感覺綜合之比較固定的方面，表現於記憶和經驗上。若將記憶、情態、感情等綜合起來，便是「自我」（Self），故自我也是一羣感覺。

物與心之間，除機能關係以外，沒有任何區別。例如我們所見的顏色，其本身是非心非物的。當它依恃發光點時，屬於物，依恃眼睛的網膜時，又是心的；如果閉起眼睛，它也就消失了。所以，物體不產生感覺，而是感覺的綜合所構成。

與馬赫意見相同的，還有阿文那利（Richard Avenarius, 1843-1896）、皮爾生（Karl Pearson）、潘家累（(Henri Poincare, 1857-1913）等人。他們的見解，推到極端，就不免變成**「唯我論」**(Solipsism)。後來，英、美新實在論（New realism）的主張，也與他們相似。

在中國的哲學中，講到知識的來源，有屬於感覺論和經驗論的，便是墨子。他說：『是與天下之所以察知有與無之道者，必以衆之耳目之實知有與亡（無）爲儀者也。請（孫注：當讀爲「誠」）或聞之見之，則必以爲有，莫聞莫見，則必以爲無』（註十六）；換言之：要考察一件事物的有無，必須以衆人耳目所聞見的實際經驗作標準。假如聽見看見，必以爲是有的；若未聽到見到，必以爲是沒有的。墨子「經上」說：『知，接也』；「經說上」的解釋是：『知也者，以其知過物，而能貌之，若見』。這話的意思，是說認識起於感官的接觸。例如我們看見一個東西，是視覺經過了它，而能將其狀貌形容出來。通常我們認識事物，是經由眼、耳、鼻、舌、身五種感官，即所謂「五路」，以獲得色、聲、氣、味、觸的知覺，這是有形的。還有一種無形的知識，如時間觀念，則靠記憶而得，不由感覺。故「經下」說：『知而不以五路，說在久』。「經上」謂：『久，彌異時也』；「經說上」釋：『久，古、今、旦、莫（暮）』，蓋指時間而言。墨家總論知識的來源有三：㈠是傳受所得，叫做「聞知」；㈡是推論得來，叫做「說知」；㈢是親身經歷，叫做「親知」。因此，「經上」說：『知：聞，說，親』──「經說上」謂：『知：傳受之，聞也；方不㢓，說也；身觀焉，親也』。其中「方不㢓（障）」一語，卽不受時空限制之意，言推理得來的知識，常超出時空範圍以外，不必一一經驗。故墨子的認識起源說，甚爲完備。

墨子之後，荀子也是經驗論者，主張感覺爲知識的來源。他說：『耳、目、鼻、口、形能（注：古能字與「態」通），各有接而不相能也，夫是之謂「天官」；心居中虛，以治五官，夫是之謂「天君」』（註十七）。世界上的事物，雖然品類繁多，性質各異，但因五官有辨別的能力，故能知其異同。『凡同類同情者，其天官之意物也同』（註十八）。例如馬，雖有黑、白、大小之不同，而我們的感官，却能知其爲同類。其它各種物體的色、聲、味、氣、輕重，以及人體的痛癢、情感等，雖很複雜，而「天官」和「天君」都可認識其情態。故『形體、色理以目異，聲音清濁、調竽奇聲以耳異，甘苦、鹹淡、辛酸、奇味以口異，香臭、芬鬱、腥臊、洒酸、奇臭以鼻異。……說故、喜怒、哀樂、愛惡、欲以心異。心有徵知；徵知，則緣耳而知聲可也，緣目而知形可也』（同前）。所謂「徵知」，卽辨別之意。譬如耳朵聽到聲音，心裏便知道是下雨；眼睛看到樹木，心裏卽知其爲桂花。這便是「徵知」的作用。如果沒有徵知，則雖聽到聲音，看見樹木，也將不知其內容。心爲什麼能够「徵知」？原因是根據過去感覺的經驗。我們知道什麼聲音是下雨，什麼聲音是打雷，那種樹是桂花，那種樹是牡丹？在感官的印象上，已經記下了類別。故『徵知必將待天官之當簿其類，然後可也』（同前）。假如『五官簿之而不知，心徵之而無說，則人莫不然，謂之不知』（同前）。由此可見心與五官實息息相關，配合而成認識。

認識既起於感覺，來自經驗，故知識是後天所得，由外界傳來，爲外鑠的。因此，感覺論和經驗論

，亦名爲「**後天論**」(Aposteriorism)

二　理性論

理性論（Rationalism）是由理性出發，說感覺和經驗變化無常，由此得來的知識亦不可靠。眞正正確的知識，是普遍的、必然的，有永久性，所謂「放之四海而皆準，百世以俟聖人而不惑」，與感覺經驗所知的片段不同。比如數學的公理、幾何的定律，卽由理性得來，毋須經驗證實。

何謂理性（Reason)？就是指思維行概念活動的能力，如思考、推理等，以別於感性（Sensuality）而言。理性何以有此能力？原因是天生的，人同此心，心同此理。不像感覺和經驗那樣，因時、因地、因人而有變化，故不一致。感覺得來的知識，是零碎的、偶然的、雜亂的，非有理性組織起來，不能成爲系統。這樣，**把理性看成產生知識來源的思想，便是理性論**。因其以理性來於天賦，故又叫做「**先天論**」(Apriorism)。

希臘最早的理性論者，是赫拉克里特。他認爲感覺的知識不可靠，沒有理性正確，說『眼與耳爲不良的證人』，要理性纔能洞悉眞理。埃利亞學派（The Eleatics)的巴門尼底（Parmenides, 515-440 B.C.)，也以感覺所知爲一種幻象（Appearance），惟理性方得其眞。到柏拉圖，才把認識的起源確立於理性之上。他說感覺所知的世界，是一個幻象的世界，變化不居；惟有理念，才是眞實不變的。一切可感覺的物體，都是理念表現的形態，要認識眞實世界，須由理念入手。我們的靈魂（Soul 心靈），原卽具有理性，爲理念世界中的一部分，及其進入身體之後，便存在於感覺世界中，受肉體的束縛，而忘記了理念。現在看到感覺的東西，忽然想起理念來。感覺的作用，就在使靈魂追憶先天的理念，獲得原有的知識。故一切學問都由理念而來，爲靈魂回想的結果，因名之曰「追念論」(Theory of Anamnesis)。斯多噶學派雖以感覺爲知識的來源，却認爲人類有一種理性的官能，如佛家所說的「意根」，能從許多個別事物中，依其相似之點，而形成概念，產生判斷。這也像孟子說的：『心之官則思，思則得之，不思則不得也』(註十九)。

近代理性論的開山爲笛卡爾，他與霍布士同時，而注重理性的作用，說：『我思維，因此我存在』(I think, therefore I am)。世界上的一切事物，尤其是感官所經驗的，都可懷疑，只我具有理性，能夠思維，爲千眞萬確，不容懷疑的。人之所以能認識事物，全憑意象(Idea)；意象在思維中，代表外界的物體。故雖與外物不同，仍能知其性質。意象從何而來？是我心所固有。當神創造人時，便把它的意象印在我們心裏，成爲人的本性，故人有神的觀念。一切物質的變化或形式的差異，都起於運動，而神便是運動的原因。『最初神創造物質時，就給它以運動和靜止』(註二十)，成爲自然法則。人既知有神，便可見外物的存在是確實的。認識的起源，不全靠感官的經驗，非有理性辨別不可。感官所見的，只是色相，若無理性辨別，不能知道它的內容。譬如我們看人，只見其衣冠的色相，至他究爲何人，則要用理性來辨別。假如沒有理性，即如我國古人所說：『心不在焉，視而不見，聽而不聞，食而不知其味』(註廿一)。可見**認識原於理性，是先天的**。

斯賓洛沙(Baruch de Spinoza,1632-1677)是荷蘭的猶太人，爲理性論的主要學者。他同笛卡爾一樣，也注重數學，說最淸楚明確的知識，是用數理的方法得來。他研究哲學、倫理學等，都用幾何的方法：先講定義，次說公理，再論命題，然後加以證明。知識從何而來？他在「智力改造論」(On the

Improvement of Intellect）一書中，把它分為四種：㈠是「傳說」，由他人告知，卽信以為眞；㈡是「經驗」，由感覺得來，或起於回憶。這兩種知識，多偏於想像（Imagination），比較模糊。㈢是「推理」，由直接演繹或思維而得。譬如我們知道：一個物體的大小，與肉眼所見的距離相反，因而斷定太陽是很大的；三角形三角之和，等於二直角亦是。這種知識，雖比「傳說」和「經驗」可靠，然不及第四種為高。㈣是什麼？就是直覺得來的知識。「直覺」（Intuition）亦名「直觀」，為直接領悟之意，如佛家所謂『言下便會，卽心是佛』。他以為我們要了解事物的本質，必先知宇宙的全體，惟有知其全體，方能確定個別事物存在的理由。萬物是神造的，神與萬物，渾然為一。我們要知道宇宙的全體，須先認識神。如何認識神？又當從個別事物入手。因為神是萬物的全體，我們如能日知一物，卽可對神有更深的認識，而窺見其全。所以他說：『我們越是理解個別事物，越能認識神』。由傳聞、經驗及推理而得的知識，雖不免於錯誤，亦有助於求得眞知。要想達到神的境界，於一本中窺見萬殊，則有賴於神化的直覺。故直覺為最高的認識方法，能使人渾然與天地冥化，心靈獲得恬靜的安適。

萊布尼玆（Gottfried Wilhelm von Leibniz, 1646—1716）是德國的哲學家，在笛卡爾和洛克之後，雖然主張先天論，而於「理性」和「經驗」兩者，却採取調和的態度。他說經驗論者認為心中所具的觀念，無不來自感覺的意見是對的，惟應增加一句：『理性本身除外』（Nisi intellectus ipse）。感覺所知的意象，如甜、苦、方椅、圓桌等，固然不是心裡本來有的，而方形、圓形等數學上的觀念，則為理性自生，與外界經驗無關。他倡「單子論」（Monadology），說：『任何單子，沒有可以出入的窗戶』，不受外界的影響。它具有知覺，能夠自己活動，故一切意象早具於我們的心中。當其發生之初，不僅模糊不明，也很不完全；後來漸漸發達，日益明顯，才有自覺。由植物、動物以至人類，單子的知覺，呈現高低不同的程度：最低的「裸單子」(Naked monad)，在植物裡面，只有微小的知覺；其次是動物的「靈魂」，有記憶和感覺；最高是「精神」，明晰而有理性，特稱為「統覺」(Apperception)，惟人類纔有。所以，人類的智慧，是單子連續進展的表現。程度高的單子，可包含較低單子的性能於其中。理性亦有感官的知覺在內，故能認識普遍必然的眞理。由此可見知識不來於外界，而是由我們的內心發現出來。

理性論在中國，可以陸象山、王陽明為代表。他們二人都講理學，以尊德性、明本心為主，故又稱為「**心學**」。象山說：

『近有議我者曰：「除了先立乎其大者一句，全無伎倆」。吾聞之曰：「誠然」。故「先立乎其大者」，便是象山的宗旨。所謂「大」者，即是「心」，即是「理」。故曰：「萬物森然於方寸之間，滿心而發，充塞宇宙，無非是理」。「心之體甚大；若能盡我之心，便與天同」。為學只是理會此』（見象山「語錄」）。

象山之學，就是要人認得此心卽理。陽明繼承其說，加以闡發。在「傳習錄」中，他答覆別人的詢問，並舉孝親和忠君兩事為證：

『或問「心卽理」之說，程子曰：「在物為理」，如何謂「心卽理」？先生（指陽明——弘）曰：「在物為理」，在字上當添一「心」字，此心在物卽為理』。

『心之體，性也；性卽理也。故有孝親之心，卽有孝親之理；無孝親之心，卽無孝親之理矣。有忠君之心，卽有忠君之理；無忠君之心，卽無忠君之理矣。理豈外於吾心耶』（答顧東橋書）？可見理從心生，無待外求，推之於萬事萬物卽可。

然則，心從何來？來於天賦。陸、王都承孟子之學，孟子說：『惻隱之心，人皆有之；羞惡之心，人皆有之；恭敬之心，人皆有之；是非之心，人皆有之。惻隱之心，仁也。羞惡之心，義也；恭敬之心，禮也；是非之心，智也。仁、義、禮、智，非由外鑠我也，我固有之也，弗思耳矣。故曰：求則得之，舍則失之』（註廿二）。這就是心的本原。

其後，佛家的禪宗說：『一切萬法，皆從心生，若悟眞性，卽無所住；無所住，卽是智慧，無諸煩惱』（註廿三）。又說：『一切般若智，皆從自性而生，不從外入』（註廿四）。這也與陸、王的學說相似，以天賦的智慧爲最眞確，屬於理性論派，故稱「心宗」。從前陸、王的思想，都受它的影響。

三　批判論

把感覺論、經驗論與理性論兩方面對立的意見統一起來，加以調和的，是「**批判論**」。

康德認爲人之所以能認識事物，是有感性和理性兩種作用。認識旣不單是來自先天的理性，也不純粹起於後天的經驗，而是兩者合一，才能發生。如何發生？他說我們通常感覺到的事物，都是一些零碎的觀念，如地球、人、動物等，彼此不相連屬，不能成爲知識。要把這些觀念聯合起來，組成一個判斷，如說「人是地球上的動物」，使它發生關係，才算知識。判斷有兩種：一是分析的判斷（Analytic judgment），如說「地球是圓的」，這沒有新的意義；二是綜合的判斷（Synthetic judgment），說「地球是行星」，纔推廣了內容。在綜合的判斷中，又有「後驗的」和「先驗的」兩種：後驗的判斷，是根據經驗而來，適用的範圍有限，缺乏普遍的必然性，例如說「今天很冷」，但不一定到處都冷；先驗的判斷則不然，它不需要經驗，而可到處適用，如說「二加三爲五」，「直線爲二點間的最短距離」，便是非經驗的。因爲從它的本身分析，看不出這種結果；然而它却有普遍的必然性，非常可靠。可見知識的產生，必依先驗的綜合判斷而來。

什麼叫做「先驗」（Priori）？在康德以前，大家把它作「生成」來解釋，其意就是「天賦的」。理性論者說：人的心裏，生來就有一種法則（理），可以推演到萬事萬物中去，變成支配它的原理，是先天的；經驗論者却說：法則不是從頭腦中產生，而是事實的集合。我們把許多事實拚湊攏來，就可得到一種法則，是後天的。康德認爲這種與事實不同——離開經驗而獨立的法則，就是「先驗性」（Priority）。

什麼理由？例如我們看見一個金黃色而圓的果子，聞其氣甚香，嘗其味甚甜，感官只有黃、圓、香、甜幾種印象，經驗則說它是「橘子」。如何把這些片段的印象湊合起來，變成一個「橘子」的觀念？康德認爲同製造磚、瓦一樣，要先有模型，然後將泥土放入，纔能造得出來。感覺的印象，好比是一些泥土，假如沒有結合它的模型，也不會形成經驗。這個模型，就是康德所謂「先驗性」。他說我們的心裏，本來就有一種格式（Form），能够自己活動，把感覺的印象結合起來，變成經驗。如果沒有這種格式，經驗何能成立？因爲格式不是經驗所生，故名「先驗」的。

康德說人之所以能認識事物，是因他有感性和理性兩種能力，能够配合所致。怎樣配合？卽感性把所得的材料供給理性。這些材料，好比做衣服的布疋一樣，是經過印染，有了花樣（形相）的，並非原布。感官在接受事物的表象（Presentation）時，把它變成「直覺」（直觀 Intuition），卽做了加工的工作。其中包含了兩種因素：㈠是先驗的形式——感性格式（Sensual Form）；㈡是後驗的材料——所感對象。這就是說：我們直覺得來的東西，已經由感性格式修改過了，而非其本來面貌。

感性的格式是甚麼？就是「空間」（Space）和「時間」（Time）。任何事物，必佔據空間，而連串於時間之上，並不是先有事物，然後才從它抽出空間、時間的觀念來。嬰兒雖不知距離的遠近，却曉得甚麼東西在他的「前面」或「旁邊」，這是空間格式作用；他懂得「先」有這樣，「後」有那樣，也是時間格式所使然。這「空—時」的格式，就好比我們生來便戴了一付有色的眼鏡，永遠只見到鏡中的影像，看不出外物的本色一樣。我們直觀中的一切事物，都是感覺材料（對象）透過「空—時」格式而來。其中空間爲外感的格式，故感覺外物，必先知其位置、廣袤；時間爲內感格式，其繼起相續的狀態，惟內心可以覺知。離了空間、時間，不能想像任何事物的存在。幾何、數學之能成立，也就是因爲我們感性上有「空—時」格式，可產生先驗的綜合判斷，成爲自明的眞理所致。

有了感性的格式，雖能產生知識，但這種知識還是簡單的。好比伐木鋸成的材料，僅爲粗製品；要把這些粗製品再加工精製，變成正確的（科學）知識，同傢具一樣，還得經過理性的範圍，用悟性（Understanding）來加以綜合。例如感性知道「日晒」、「物體」、「膨脹」，悟性則把它結合起來，成爲「日晒使物體膨脹」的判斷，找出其中的因果關係。悟性之所以能够綜合，就因它同感性一樣，自身也有一種先驗的格式，可把感性所得雜多的表象，合成一個統一體。這種格式是什麼？就是「範疇」（Category）。悟性要作綜合的工作，非依據範疇不可。範疇是把論理學上的各種判斷，除去其實際內容，而留下純粹的形式。因此，在論理學上，它與認識論是相合的。

康德把範疇分爲四類：即㈠分量（Quantity），㈡性質（Quality），㈢關係（Relation），㈣形態（Modality）。每類之中，又各分爲三種，共得十二種，名叫「十二範疇」。現在列表如左：

	論理學的判斷	認識論的範疇
分量	全稱—凡甲爲乙（凡人皆有死）	全體性
	特稱—有甲爲乙（有人是哲學家）	雜多性
	單稱—此甲爲乙（此人是文學家）	單一性
性質	肯定—甲爲乙（人是有死的）	實在性
	否定—甲非乙（精神非有體積）	非有性
	不定—甲爲非乙（惟靈魂爲不朽）	限制性
關係	斷言—甲爲乙（地球爲行星）	實體性
	假言—若甲爲乙，則丙爲丁（若日晒，則石熱）	因果性
	選言—甲或爲乙，或爲丙（實物或爲固體或爲液體）	相互性
形態	蓋然—甲或爲乙（行星中或有人類）	可能性
	確然—甲爲乙（地球有人類）	現實性
	必然—甲必爲乙（生物必死）	**必然性**

這十二範疇，是思維進行判斷的方式。康德說它不是積經驗而生，却爲經驗成立的基礎。一切經驗上的事物，都必須嵌入這些範疇之內，好像小學生作文塡句子一樣，才成爲知識。故不由範疇，客觀世界卽無法說明。康德說：『悟性規定其法則於自然界』。可見這些法則，是由悟性發出，推演到世界中去的。

由上所述，『認識就是把外物作材料，嵌入於主觀的格式之中。外物是混雜的東西，惟有先天格式是立法者、組織者』（註廿五）。這就是批判論的結論。

從前亞里士多德也認爲知識沒有經驗是不可能的，要用歸納法由經驗中得出；但眞理若不潛伏於心（理性）中，由先天出發，亦不確實。他提出十大（或八大）範疇（註廿六），作說明存在的方式，爲康德的先驅。故經驗論與理性論的調和，實遠從希臘開始。

中國雖沒有像康德這樣的哲學思想，但佛家唯識宗的意見，也有其相似之處。它把感覺與思維（心識）綜合起來，說宇宙萬有都是我們的心識所生。天地間的一切東西，無不是由主觀的認識作用來分辨。我們把外界反映到內心的影像（相分），加以認識（見分），並自覺知（自證分），便是認識的作用。森羅萬象，好像是外在的事物，其實不過由心識所變的影像而已。假如一閉了眼睛，不是都不見了麼？

唯識宗認爲除了眼、耳、鼻、舌、身五識原於感官（五根）之外，還有第六識統攝五根的全體，作知覺的中心。它能分辨（了別）一切事物，名曰「意識」。前五識只能認識各別的境界，例如耳不辨色，眼不知聲，各司其境，惟有意識，纔總其成，而知色、聲、香、味、觸五種塵境；並且眼識要與意識同時現行，纔能辨認各種顏色；耳識要與意識同時現行，纔能聽出各種聲音。眼、耳等五識所得的五種塵境，却非憑空造出，而是眞有所對的境（實物），纔可分別出相（影像）來。這第六識，就好像康德所謂「先驗的感性格式」，有支配所感材料的能力。

然則，在第六識以外，所有的外境（客觀對象），究竟是如何產生的呢？唯識宗說是由第八識——阿賴耶識（Alayavijnana）變現而來。「阿賴耶」（Alaya）是梵語，義譯爲「藏」，亦名「藏識」。因爲在它裡面，潛藏了各種反映的因素，成爲記憶。好比心理學上的潛意識（Subconsciousness）一樣，有變現而成宇宙萬有（一切諸法）的功能，同草木的種子相似，故稱「種子」。這種子，就像康德所講的「範疇」。它一部分是先天的，本來具足，如說「人人皆有佛性」即是；另一部分，則是熏習而成，受後天的影響。前七識的活動，都可影響第八識而成種子，保持不壞；遇到因緣和合時，即能生果，變現爲宇宙萬有的現象。我們所見的外境，如山河大地、日月星辰等，歸根到底，都只是阿賴耶識中的種子所變；換言之：一切萬法皆不離識，蘊藏於內心之中。這好比宋儒所說「宇宙卽是吾心，吾心卽是宇宙」，亦猶康德「先驗的悟性格式」，能說明萬事萬物。在第八識之外，還有第七識，名「末那識」（Manas），梵語是「思量」（思慮量度）的意思。它以自我爲中心，作思考、意欲的活動，而影響到第六識與第八識，亦不免有「我執」之見。要破除我執，纔能免於煩惱，轉成「平等性智」（無我）。這類似康德的「實踐理性」（Practical reason），屬於人生的範圍。

第三節　科學方面的意見

十七世紀以後，歐美受科學影響而生的意見，在認識起源方面，有如次三種：

一 實證論

實證論由孔德開始，注重科學。他認爲科學主要的目的，是在發現各種事實間的自然法則或因果關係。這只有用觀察和經驗的方法，纔能做到。我們從各種現象的異同，及其繼起、並存的關係中，求得相同的法則。根據這些法則，由原因以推知結果，由此事以推及他事，便可作適當的應用，而加以預防。學問之道無他，求能預知而已。一切自然和社會的現象，都是前後相繼，受一定的法則支配，非超自然的力量所能干預。科學的發展，雖是由低而高，按簡單到複雜、普遍到特殊的次序排列，却不是先前的科學支配後來的。例如把運動現象看成能够產生生命現象，這是唯物論的主張。孔德是排斥唯物論的人，他說：『我們不能解釋有機的現象，爲力學的或化學的現象』（註廿七）。各種科學雖互相關連，却有其特殊的法則，不能隨便演繹。這是他與玄學不同之處。

約翰．彌爾受孔德的影響，自認與實證論一致，反對玄學，而主張科學。他認爲科學所得的知識，離不了經驗的範圍。演繹法從大前提推出結論，如說「凡人皆有死」，這個大前提，便是根據許多事實歸納得來。如何由事實中獲得普遍的原理？他創立了五個歸納的法則，名叫「歸納五術」（見本書第一篇第四章第五節）。運用這「歸納五術」，他可從甲現象與乙現象之間，找出相連的關係。有了甲現象，爲甚麼知道會有乙現象發生？這是由於經驗的原故。經驗由感覺的聯想而來。譬如小孩子被火燙了，知道要痛；以後再遇到火，聯想到痛，便不敢接近。火與痛互相關聯，這是曾經經驗過的事實，將來仍可出現。凡遇某種情形，必然發生某種事實，確定不移，這叫做「齊一律」（Law of uniformity）。經驗之所以可靠，就因爲有齊一律的保證，而齊一律也是由過去的經驗總括而成，決無例外。數學上的公理（Axiom）、定義，都離不開經驗，非先天自明之理。故彌爾的思想，被稱為「**經驗派的實證論**」。

二 進化論

進化論的思想雖淵源甚古，由希臘赫拉克里特的流變說開其端，而眞正建立於科學的基礎上，用實證的方法去研究，獲得重大成就的，則自達爾文的「物種原始」（Origin of Species, 1859）起。孫中山先生說：『自達爾文之書出後，則進化之學，一旦豁然開朗，大放光明，而世界思想為之一變。從此各種學術，皆依歸於進化矣』（註廿八）。可見其影響之大！

達爾文的思想，在認識起源方面，解答了下列問題：

㈠**感覺器官的來源**：人類的認識，起源於感官。感官是最巧妙的工具，像耳、目、口、鼻等的構造，眞是複雜神妙，不可思議。從前神學認為這是神所造的藝術品，因為神照自己的形像造人，當然巧意安排，合於目的。耶穌說：『眼睛就是身上的燈。你的眼睛若瞭亮，全身就光明』（註廿九）。達爾文根據「物競天擇」的原則，認為有機體的一切構造，都是在生存競爭中，自然淘汰和選擇的結果。譬如動物最初的眼睛，也許是很簡單的，但因它能折光，引起光的感覺，有利於羣體的生存，故能傳之後代，益見完備，而成為人類現在的眼睛。其它耳、口、鼻等各種器官，亦復如是。這並沒有神的智能創造，全憑自然淘汰的作用。

㈡**人類智慧的進步**：照達爾文的意見，各種生物，如蜘蛛、螞蟻、蜜蜂、海獺、鳥雀等的本能，最初都是適應生存的需要，而發生的遺傳習慣，久而久之，便成了第二天性。我們人類的智慧，也是這樣來的。他經過長期的進化，由人猿而變成人，其心理意識，最初與一般動物沒有分別；後來逐漸進步，纔有智慧、道德、理性等發生，超出一般動物之上，被稱爲「萬物之靈」。所謂感性、悟性、理性等智能（Intellect 知性），並不是從來就有的，而爲長期進化和教育的結果。如照康德所說：人有感性和悟性的先驗格式，則早應有知識存在。何以原始人竟渾渾噩噩，不識不知呢？

(三)**先天後天的統一**：在哲學上，所謂先天與後天的問題，依進化的觀點看來，是統一於一個過程中。凡現代所認爲先天的東西，在原始的祖先，並不是天生的，而是生存競爭與自然淘汰所產生的遺傳習性，爲逐漸完成的結果。我們祖先憑日常經驗所獲得的智能，本是後天的，但因在天擇中具有效用，故保存下來，傳給子孫。於是就我們這一代而言，它便是先天的了。

斯賓塞也認爲就個人來說，可視爲先驗的東西；以種族而論，則是後驗的。我們經常看到的事物，因其彼此聯繫，先後發生，所以成了習慣，常常聯想在一起。每天碰到新的事物，也牽連到過去的經驗，與原有的智慧發生關係。因此，它所表現的，不僅是個人過去的經驗，也是祖先種族的經驗。先天（內界）與後天（外界）的關係，至此得到統一。

三　實踐論與實用論

實踐論（Practicalism）謂認識起源於行動，離開行動，認識既無從發生，也沒有其必要。故認識不是爲認識而認識，乃是爲實踐而認識。實踐（Practice）卽是動作（Action），與實行的意義相同。**實踐論認爲知識不僅是由行動中產生，亦應用之於行動，發生實際的效果，不可徒尚空言。**這與實用論（Pragmatism）的關係甚爲密切。

實用論濫觴於中古十二世紀，經院哲學家英人索爾巴立的約翰（John of Salisbury, 1115—1180），已開其端。近代繼實證論而起，爲美國學者皮耳士（Charles Sanders Peirce, 1839—1914），詹姆士（William James, 1842—1910），杜威（John Dewey, 1859—1952）等所提倡，又譯爲「實驗主義」（Pragmaticism）或「實際主義」。他們認爲科學是由經驗而來，應重實驗的方法。人的思想，須有實際的效用，於人生有益，纔算眞理。皮耳士說：無實際效果的思想，只不過是語言的結合。詹姆士以爲客觀世界是我們認識的結果，人類認識事物，必先對它感到興趣，然後注意及之，與明鏡映物不同，是有選擇性的。如何選擇？就其與我們有利害關係者加以認識。假如一件事物，與我們毫無關係，不加注意，便永無認識的機會。杜威說：經驗是行動的記憶或積累，與生活相同。人爲了維持和發展生活，應付環境的需要，必須解決實際問題，因而產生知識。故知識決非理論上如何思辨，而是實際上如何實踐的問題。他把知識看成實際的工具，所以稱爲「工具主義」（Instrumentalism）。**實用論以行爲、效果、實用爲主，與實踐論接近。**

中國古代的哲學，都很注重身體力行，講求經世致用。孔子說：『予欲無言！……四時行焉，百物生焉，天何言哉』（註三十）？『古者言之不出，恥躬之不逮也』（註卅一）。是以『君子欲訥於言，而敏於行』（同前）。這種躬行實踐的精神，不僅是儒家的特色，墨家、法家也是一樣。墨子栖栖皇皇，摩頂放踵，主張節約、非樂、薄葬，講求實用，以利天下，是刻苦實幹的。法家富國強兵，獎勵農戰，而賤空談。商鞅認爲『煩言飾辭而無實用』（註卅二），故主『明君修政作壹，去無用，止浮學事淫之民，壹之農，然後國家可富，而民力可摶也』（同前）。清初大儒顏習齋（元）、顧亭林（炎武）、李二曲（中孚）、陸桴亭（世儀）等，都主張身體力行，學貴致用，一反王學末流空談心性之弊。桴亭有云：『近人講學，多以晉人清談，甚害事！孔門無一語不敎人就實處做』（見「思辨錄」），以力行爲求知的門徑。

近代用科學方法研究知行問題，歸本於實踐，最有系統的，當推孫中山先生「行易知難」的學說。他認爲認識起源於實行，『以今人之眼光，考世界人類之進化，當分爲三時期：第一、由草昧進文明，爲不知而行之時期；第二、由文明再進文明，爲行而後知之時期；第三、自科學發明而後，爲知而後行之時期』（註卅三）。可見認識的發展，是由「行」到「知」，不離實踐。他說：『像燧人氏發明火，試問他不去鑽木，怎麼能取出火來呢？神農氏發明醫藥，試問他不嘗百草，怎麼能知道藥的性質呢』（註卅四）？『故人類之進化，以不知而行者爲必要之門徑也』（註卅五）。

實踐論把感覺與思維統一，用行動加以檢證。這就是說：認識起於感覺，經過思維，不僅消極的接受客觀的印象，由思維加以判斷；並用行動去改造外物，加深主觀的認識。譬如我們看見（感覺）了樹木（外物）之後，而加以砍伐（實踐）、設計（思維），拿來製成器具（改造）使用，對其性能，必有很深的認識。某種木材，能做甚麼用具，木匠根據他實踐的經驗，非常清楚。所以，實踐是綜合（整體）的行爲，使主觀與客觀發生親密的關係，爲認識中的高級形態。

孫中山先生從社會的觀點出發，把「知」與「行」分開，說「主知」與「力行」應該分工合作，不能合於一人之身。因爲『文明之進化，成於三系之人：其一先知先覺者，卽發明家也；其二後知後覺者，卽鼓吹家也；其三不知不覺者，卽實行家也』（同註卅三）。如果把知行合於一人，叫人「卽知卽行」，若不陷於個人經驗論的錯誤，即將蹈王陽明理性論的覆轍。因此，他說：

『夫「知行合一」之說，若於科學既發明之世，指一時代、一事業而言，則甚爲適當；然陽明乃合知行於一人之身，則殊不通於今日矣。以科學愈明，則一人之知行相去愈遠，不獨知者不必自行，行者不必自知，即同爲一知一行，而以經濟學分工專職之理施之，亦有分知分行者也。然則，陽明「知行合一」之說，不合於實踐之科學也』（同前）。

「實踐之科學」爲何？它有兩大法則：即㊀能知必能行，㊁不知亦能行。前者重在「求知」，後者偏於「實行」。這是孫先生取理性與經驗之長，而調和統一的結果。

在孫先生以前，馬克斯也提倡實踐論。他說：『人的思維能否認識客觀眞理，這絕不是理論的問題，而是實踐的問題』（註卅六）。他認爲『從前一切唯物論，包括費爾巴哈（Ludwig A. Feuerbach）的在內，其主要缺點，就在他們觀察事物，觀察實際，觀察感覺世界，只在客觀或直觀的形式之下，而不看做人類物質的行爲，非在實踐的形式之下，不以爲是主觀的』（註卅七），故不免錯誤。他主張人應在社會的實踐中去認識，並改造社會，使理論發生效果（實用），才合於實際。

現代的存在哲學（Existential Philosophy），也是實踐論的。它認爲人在世界上，與其它事物發生密切的關係，不是一個旁觀者，而是切身體驗，參與其事，與世界纏在一起。爲了控制當前的環境，我們必須實際的加以了解，而不是抽象的認識。哲學的作用，不在單純的思辨求知，而重在實踐力行。人要在實踐中，實現其尊嚴與美善，完成高貴的人格，做一個「眞人」，眞眞實實的存在。所以，存在主義（Existentialism）爲一種實踐哲學。

（註一）「舊約全書」箴言，第二章，第六節。

（註二）前書，羅馬書，第一章，第十九—二十節。

（註三）佛教密宗有：㈠息災法，即求消除災難，如祓除、禳解等；㈡增益法，為求增加福祉；㈢敬愛法，是請諸佛庇護；㈣調伏法，謂求退治惡魔怨敵。密宗對這四種祈禱，都各有一定的法術。

（註四）三昧即「正定」之意。佛經「大乘義章」云：『以體寂靜，離於邪亂，故曰三昧』。

（註五）「坐忘」二字，唐朝成玄英疏：『虛心無著，故能端坐而忘』；司馬云：『坐而自忘其身』。莊子中的這段話，可譯成白話如下：『孔子說：什麼叫做「坐忘」？顏回說：廢棄了肢體的作用，屏絕了自己的聰明，好像離開形體，去掉智慧一樣，與大道相通。這便是坐而自忘其身』。

（註六）「新約全書」馬太福音，第三章，第十六—十七節。

（註七）民國四十五年一月十三日，臺北「中央日報」載美國通訊，據云：『這位年青的主婦，是西蒙斯夫人，現年三十二歲。經過催眠之後，她說她的前世，是愛爾蘭一位律師的女兒，原名布萊地・摩菲（Bridey Murphy），一七九八年在愛爾蘭出生。她曾經結婚，其丈夫亦係律師，死時年六十六歲，時為一八六四年。對於其出生地的環境，主要店舖名稱，結婚後遷居他城的情況，她死亡的原因，她墓碑上所刻的辭句等，均能完全記憶。這位主婦，係一九二三年在美出生，從未到過愛爾蘭』。催眠她的伯恩斯坦，也是一樣。後經有關方面，『委託愛爾蘭法律事務所及圖書館，負責調查證實，結果證明西蒙斯夫人的追述，大部分均與事實符合。伯恩斯坦乃將這個催眠故事的經過，撰成專書出版』。美國派拉蒙電影公司、國家廣播公司，都將這故事演播出去，報紙也競相連載，轟動一時。

（註八）民國五十八年五月七日，臺北「中央日報」載：美聯社巴基斯坦喀拉蚩六日電：『一個二歲半的女孩，昨天在被埋了五十小時的墳墓中掘出，發現她仍活著，在吮吸著姆指。這個小孩的母親哈雅蘭，告訴新聞記者說：這小孩是三日早上去逝後被埋葬，但她四日晚夢見這小孩沒有死。她說：『夢中一名著白衣的老人告訴她：「去挖掘墳墓看看，你將發現你的孩子活著」。五日，她將這夢告訴她的朋友，有些人相信，另一些人則大笑！但這位母親堅持再打開墳墓看看。在一大羣人圍觀下，再打開墳墓時，發現這女孩子坐在墳墓裡。……已有數千人前往看望這名發生奇蹟的小孩』。這是一件千眞萬確的夢兆，證明至親骨肉之間，具有心靈感應的關係。其他類似這樣的事情很多，許多人都經驗過。

（註九）最有名的預言家，是美國的珍妮‧狄克遜夫人。她曾經預言過羅斯福總統之死，甘迺迪總統被刺，詹森總統不再連任，以及許多世界大事，事後證明，都很準確。

（註十）民國五十年二月十九日，臺北「徵信新聞」報副刊載：一九六五年十二月份，美國「神秘科學報告」：美國約有三十個著名的大專學院，設有專門的研究所，用科學方法，來研究許多千眞萬確，爲人目睹或親自經歷的事迹。其中最著名的一個團體，名叫「靈魂研究學會」，會員有一千多人，都是在科學上有卓越成就的知名之士。會所設於維吉尼亞（Virginia）州，由史蒂文生博士主持。另據民國五十一年七月二十八日，臺北「中央日報」載：陳裕清「紐約新聞信」報導：美國達克大學一位專門研究鬼的魯爾博士說：他數年來悉心研究鬼的結果，所得的結論是：『不能證明有鬼，也不能證明無鬼；但類似鬼活動的證據，却可以獲得』。

（註十一）拉發格著「思想起源論」，八八頁，劉鳴初譯。上海辛墾書店初版。

（註十二）梯利著「西洋哲學史」第一編，第一篇，第六章，第一節。

（註十三）前書，第三節。

（註十四）前書，第一編，第四篇，第二章，第四節。

（註十五）前書，第三編，第一篇，第二章，第二節。

（註十六）「墨子閒詁」卷八，明鬼下第三十一。

（註十七）「荀子集解」卷十一，天論篇第十七。

（註十八）前書，卷十六，正名篇第二十二。

（註十九）「孟子」告子章句上。

（註二十）引語見梯利著「西洋哲學史」第二編，第二篇，第一章，第六節。

（註二十一）「大學」右傳之七章。

（註二十二）「孟子」告子章句上。

（註二十三）「六祖壇經箋註」行由品第一，六祖「金剛經」註。

（註二十四）前書，般若品第二。

（註廿五）張益弘著「哲學概論」，第二章，第三節三。民國二十五年四月，上海辛墾書店初版。

（註廿六）亞里士多德在「範疇論」中，列舉十範疇如下：㈠實體：如人、馬、石，㈡分量：如二尺長、三尺長，㈢性質：如白、硬、粗，㈣關係：如二倍、更大，㈤空間：如在市場，㈥時間：如昨日、去年，㈦狀態：如坐、臥，㈧附屬：如穿靴、戴甲，㈨能動：如打、燒，㈩被動：如被打、被燒等。在「分析學後論」內，他又把狀態、附屬二項省略，保留八種範疇。其運用方式，可舉一例如下：『一個小孩（實體），高約三尺（分量），皮膚白晰（性質），與另一較大的孩子（關係），戴著帽子（附屬），昨天（時間），在街邊（空間），作打架的遊戲（能動），被人打哭了（被動）』。諸如此類，亞氏以爲他所設的範疇，能說明一切事物。

（註廿七）梯利著「西洋哲學史」，第二編，第九篇，第一章，第六節。

（註廿八）「國父全集」孫文學說，第四章。

（註廿九）「新約全書」馬太福音，第六章，第二十二節。

（註三十）「論語」陽貨第十七。

（註卅一）前書，里仁第四。

（註卅二）「商君書」農戰第三。

（註卅三）「國父全集」孫文學說，第五章。

（註卅四）前書，演講，民國十年十二月，「知難行易」一文。

（註卅五）前書，「孫文學說」第七章。

（註卅六）馬克斯撰「費爾巴哈論綱」，第二條。

（註卅七）前書，第一條。

第四章　認識的結果是甚麼？

——認識的本質問題——

我們無論用甚麼方法去認識事物，所得到的結果，究竟是甚麼呢？換言之：我們所求得的知識，是自己（主觀）想出來的？還是合於外面（客觀）的事實？其內容爲何？這是「認識的本質問題」。對這個問題，可以從下列幾方面來敍述。

第一節　神學方面的意見

宗教認爲人類的知識是由神而來，故所得的結果，不外乎神的啓示。所謂「啓示」，亦名「天啓」，就是說：天上的神，把它的智慧和意志默示於人間，使人領悟之意。例如基督教的「聖經」(Bible)，便是記載上帝啓示的典籍。孟子說：『堯荐舜於天，而天受之，暴之於民，而民受之。故曰：天不言，以行與事示之而已矣』（註一），也是對天啓的解釋。這種意見，可名之爲「**啓示論**」(Revelationism)。

從前許多民族，常說神藉巫覡的口，鳥獸的聲音，或託天象災異，如日月蝕、地震、水旱等，表示它的喜怒，予人以禍福。「舊約全書」出埃及記裏面，有許多故事，都是『耶和華對摩西說：你回到埃及的時候要留意，將我指示你的一切奇事，行在法老面前』（註二），像蛙災、虱災、蠅災、畜疫、雹災等；『但法老必不聽你們，我要伸手重重的刑罰埃及，將我的軍隊以色列民，從埃及地領出來』(註三)。「書經」湯誥曰：『天道福善禍淫，降災於夏，以彰厥罪。肆（故也—弘）台小子，將天命明威，不敢赦』！武王伐紂時，也說他是秉承上帝的意旨，說：『商罪貫盈，天命誅之，予弗順天，厥罪惟鈞』(註四)。這表示他們的行為，完全合於神的啟示。

古代的民族領袖或先知，都自認他可與神接近，有代表神的能力。「詩經」大雅篇說：『文王陟降，在帝左右』；箋謂：『文王能觀知天意，順其所為，從而行之』。這好像「聖經」中說：摩西和耶穌能與上帝在一起，常常領受它的誡命一樣。文王既在上帝左右，故也能得到它的訓示：

『帝謂文王：「予懷明德，不大聲以色，不長夏以革，不識不知，順帝之則」。

帝謂文王：「詢爾仇方，同爾兄弟，以爾鉤援，與爾臨衝，以伐崇墉」』(註五)。

這雖沒有「聖經」中所述故事的神怪彩色，也有其宗教意味，同為神的啟示。

「周易」繫辭說：『天生神物，聖人則之；天地變化，聖人效之。天垂象，見吉凶，聖人象之；河出圖，洛出書，聖人則之。易有四象，所以示也』(註六)。這說明天地間的一切事物，都有神奇之處，可表現出一種神意。後來，到了秦、漢時代，便推衍而成讖緯之學，預言王者的興亡。其中「讖」源於河圖、洛書，「緯」則是假託經義，以言符籙瑞應。從前皇帝即位，必以讖語、圖籙、符命作為根據，顯示他是神命當興，並非倖致。唐章懷太子在「後漢書」注中說：『圖，河圖也；讖，符命之書。讖，驗也，言為王者受命之徵驗也』。「北史」李渾傳載：『渾嘗告李敏云：「汝應圖籙，當為天子」』。圖籙就是有關讖語、符命的圖書，記天神言語，以告王者。故皇帝即位，叫「膺圖受籙」。「漢書」

王莽傳謂：『道士西門君惠好天文讖記，言劉氏當復興』。「後漢書」光武紀也載：『讖記曰：「劉秀發兵捕不道，卯金修德爲天子」』。胡應麟在「四部正譌」中云：

『讖緯之說，蓋起於河、洛圖書。當西漢末，符命盛行，俗儒增益，舛譌日繁。其學自隋文二主禁絕，世不復傳，稍可見者，惟類書一一援引，及諸家書目具名而已』。

於此可見由周易以至讖緯，都代表一種啓示，有類於「聖經」和「吠陀」（Veda）的意義。

道教稱天神爲「天尊」，相傳其經典是元始天尊所述，名叫「天書」。「隋書」經籍誌載：『道經者，云有元始天尊，生於太元之先。所說之經，天地不壞，則蘊而莫傳；刧運若開，其文自見。凡八字，盡道體之奧，謂之「天書」』，也是一種神的啓示，有神秘的意味。

從公元一世紀起，歐洲的哲學，便轉入宗教時期，發生希臘思想與猶太教的結合。其代表人物，是非諾（Philo, 30 B.C.—A.D. 50）和柏羅提挪（Plotinus, 204—269）。他們認爲神是萬物的根源，其本身是超越的、無限的、普遍的、完善的，人依天啓而知其存在，加以信仰，却不能用任何言語形容。因爲說神是甚麼形態，或有甚麼性質，都限制了它，不合於神的本質。中世紀的哲學，就在調和信仰與理性，使神的啓示與人類思想之間不相衝突。神的意志如何？是不能由經驗的分析得知，只能依啓示發現的。奧古斯丁（Aurelius Augustinus, 353—430）說：『信仰神的啓示，是認識神的法門』。理性必須首先決定天啓曾否實現？若依信仰領悟了天啓，則要用理性來說明，而求其一致。

所以，神學對認識的本質問題，都離不了天啓，以神意爲內容。

第二節　玄學方面的意見

一　實在論

玄學方面，對認識的本質問題，第一種意見叫「**實在論**」（Realism）。所謂「實在論」，就是說：**我們所認識的東西，爲離開主觀意識而獨立的實在**；換言之：客觀存在的事物，被我們知覺以後，反映到觀念中來，纔成爲認識。這認識的內容，究竟能否代表客觀事物？其關係如何？有下列幾種不同的意見：

一、**素樸的實在論**（Naive realism）　它以爲人類所感覺到的，就是客觀事物的眞相；換句話說：我們眼所見，耳所聽，口所嚐，鼻所嗅者，都由外物而來，是外物的原樣，絲毫沒有改變。外物是獨立的，它被感覺以後，好比人影之在鏡中，完全一致。我們由一件東西的大小、輕重、軟硬，以及顏色、聲音、氣味等，而知其爲何物，正同照相一樣，是千眞萬確的。不僅今天如此，甚至明天、後天也還相同。這種見解，近於常識，甚爲天眞。英文 Naive 一字，即有天眞、質樸之意。希臘古代唯物論和感覺論的意見，便屬於此派。

近代蘇格蘭學派（Scottish school）的黎德（Thomas Ried, 1710—1796），因爲反對休謨的懷疑論，而主張「常識哲學」（Common sense philosophy），說我們要憑直接的認識，注重「人所不得不承認」的事實，即藉可靠的常識，以爲學問的基礎。感覺不會騙人，我們所知客觀的東西，一定是實際存在的。他這種意見，與素樸的實在論相同，名爲「自然的實在論」（Natural realism）。英人哈米爾頓（Sir William Hamilton, 1788—1856）的思想，也是一樣。

二、表象的實在論（Representative realism） 所謂「表象」（Representation），即由感覺事物而得的外表印象。依此來看，人類的知覺，不過是事物的模寫而已，並非事物的本身。我們認識一件東西，先要經過表象，知道它的性質。譬如笛卡爾說：精神和物體是不同的，我們根據它主要的性質（屬性），就能分辨出來。物體的屬性，是有體積和被動的；精神的屬性，是能思維而自由的。霍布士也認爲無論何人，都不能離開體積和形狀的變化，而想像出什麼是物體來。我們用感官所知的外物形態，只是由運動而生出的聲、色，並不即爲其物。洛克也說感覺所生的觀念，大都不是外物本來的面貌。外物有一種能力，影響到我們心中，使人發生意象，叫做「性質」（Quality）。他把性質分爲「初性」與「次性」兩種，說一切思想（觀念）都是由性質所生的意象構成，雖然實在，却非事物的原本。這種由表象而得知外物的意見，故稱「表象的實在論」。

一件事物，因爲感官的表象不同，顯得有許多性質。例如一個蘋果，用眼去看是紅的、圓的，用手去摸是硬的，用鼻子去聞是香的，用口去嚐是甜的，爲什麼同一個東西會有不同的性質呢？感覺論者以爲它是不同的實在，偶爾結合起來，成爲一體。德國的哲學家赫爾巴特（Johann Friedrich Herbart, 1776—1841）却不然，他說：一個東西的本身，是單純的、不變的，絕不可分，其所以表現爲各種性質，實因若干「實在」（Realis）依不同結合而生的現象。被感覺的東西，有多少性質，即有多少實在包涵在內。這是一種與表象有關的「**多元的實在論**」（Pluralistic realism）。

三、新實在論（Neo-realism） 這是二十世紀初期英、美產生的一種哲學。原於一九一二年，美國學者何爾特（Edwin B. Holt）、馬爾文（Walter T. Marvin）、孟泰苟（William P. Montague）、蒲黎（Ralph Barton Perry）等六人，合著一書，名曰「新實在論」（The New Realism），而英國的羅素、穆爾（G. E. Moore）、亞歷山大（Samuel Alexander）等，也有相同的主張，故列爲一派，叫做「新實在論」。

依他們的意見：認識是「能知」（生物）與「所知」（物體）間的一種關係。這種關係是實在的，潛存於事物中，非常普遍。他把關係者（Relatedness）叫做非心非物的「事端」（Event-point），關係則爲非心非物的「形式」（Form）。因爲任何事物，隨時隨地都有相互的關係存在，故感覺所及，便成認識。認識作用（Consciousness）是「事端」之間所生的關係，我看紅花，也同槐樹看紅花一樣，不是心與物的關係，而是非心非物的。我們要知道某一物的性質爲何，必須辨明其與它物所生的關係。例如「白馬」這個東西，就是「馬」與「白」色二者的結合。馬可以是白的，也可以是黑的或黃的，全看牠的關係而定，殊非一成不變。我看見桌子，卽我與桌子發生關係，成爲認識；若我不去看它，桌子依然存在，我也還是獨立的。所以，關係者並不是離了關係就不實在，像柏克萊所謂「存在卽被知覺」一樣，而是獨立不倚的（Independence）。

然則，認識的內容究竟爲何？羅素認爲我們所知的對象雖屬實在，却非實物，只是一些感覺印象綜合而成的「邏輯存在」（Logical Being）。譬如一個東西，我說它是桌子，原因是我看過、摸過、或抬過，知道它的形狀、大小和顏色。由此許多「觀相」（Perspectives）推定出來，而知其爲桌子。故認識的本質，並不是實體（Substance），只是論理的構造。且所謂「觀相」，亦不限於人類，如果照相機能攝取桌子的形象，也可算是觀相。因此，論理構造是非心非物的「中性體」(Neutral entity)。這種意見，也可稱爲「**論理的實在論**」(Logical realism)。

四、批判的實在論(Critical realism) 其說發生於一九二一年，較新實在論稍晚。原於是年，有美國學者德銳克(Durant Drake)、洛夫左依(Arthur O. Lovejoy)、普拉特(James B. Pratt)、羅傑士(Arthur K. Rogers)、桑達耶那(George Santayana)等七人，合著「批判的實在論文集」(Essays in Critical Realism)一書，因而得名。他們認爲外物是獨立的，認識雖來於感覺，却不是外物的寫眞。我們(能知)要認識外物(所知)，須先通過知覺(Perception)。知覺是由感覺而來，兼含有記憶與領悟之意。譬如我們看見一道紅光，以爲它是起火，原因即在以前有過火光燭天的經驗，於今一見紅光，便想到起火。這親眼所見的「紅光」，不單是純粹感覺，而有領悟的成分在內，故稱「知覺內容」。它好比我們看書一樣，目光所及，不單見一行行的白紙黑字，並能了解其中的意義，是「即感覺即意謂」(Sensation as a meaning)的。他們把這知覺的內容叫做「要蘊」(Essence)或「性叢」(Quality-group)，說它是印象(Impression)與意謂(Meaning)的一個結合體；換言之：我們由實感所得的印象(紅光)，喚起記憶(火焰)，再發生意謂的觀念(起火)，便成「知覺內容」。

這個「知覺內容」，既不是外物的本身，也不是主觀的意識，而是主客二者之間非實有的東西(Non-existent)。例如我們看見的紅光，當初以爲是起火，其實是小孩子放花炮。這是出於主觀意料之外，而又不合外物實際的。爲什麼說是「非實有的」？因爲「起火」的意義非常「普遍」(Universal)

，並不限於一時一地。例如我們看書，白紙黑字是實有的，字裏行間的意義則非實有。知覺內容—卽「要蘊」或「性叢」既非實有，可普遍應用，故有論理的性質，因名之曰「邏輯實體」（Logical entity）。由此「邏輯實體」進一步去認識外物，以求確知眞相，是間接的理會。可見認識的本質，雖不是外物的原樣，却來自外界，爲實物與知覺的合一，故仍屬於實在論。

五、存在論（Existentialism）　通稱爲「存在主義」，是第二次世界大戰以後，歐美流行的哲學。它導源於十九世紀丹麥的哲學家祁克果（Soren Haby Kierkegard, 1813-1855），繼之而起的，有天主教的雅斯培（Karl Jaspers, 1883-）、馬色爾（Marcel, 1889-），及無神論的海德格（Martin Heidegger, 1889-）、沙特（Jean Paul Sartre, 1905-）等。他們自稱爲實在論者（Realist），說「存在先於本質」（Existance precedes essence）。其意蓋指在任何反省（Reflection）之前，世界卽已存在，爲一客觀事實。不過這種存在（Being），是不自覺的。例如桌子、椅子等，它不知道自己的存在，而却是存在的。沙特說這種存在，完全在它自身之內（Being in itself），是被思維的現象，無不可知的本體或本質，故可名曰「他在」。另一種存在，是自覺的，卽爲人的意識（Consciousness）。它是爲自己而存在的（Being for itself），能知自己的存在，故叫做「自在」。人的意識，除有時反省自己以外，總是超越（Transcend）本身，去想（point to 指向）外界的東西。它之能認識外物，是用「否定」（Negation）的方法。譬如我知道「我不是桌子」，又知道「桌子不是椅子」，這樣不是那樣……等，把各種事物分辨清楚，便能得到一定的知識。因此，知識實際上是目前所存在的事實。這種事實，藉「自在」而顯現（Revelation），必是外在的客體，而非意識的本身。我們日常所想的，都是關於某物的知識，決非毫無內容。外物藉意識（「自在」）顯現出來，便賦予「他在」以意義。可見認識的內容，仍是實在的。

至於所謂「本質」（Essence），存在論者認爲通常是指概念、理型（Idea）等抽象的「形式」（理則）而言。譬如說上帝創造萬物，要按照它自己的形相造人。這就是在上帝的心中，先有了「萬物」和「人」的本質（觀念）。本質在萬物和人類之前卽已發生，爲某種東西完全顯示出來時的理想形態。例如綠樹要以「綠」的本質作形態，纔能考其實際。從來的哲學家，都把人性作爲人的本質，說一切人都有此共同的概念，要受它的規範。存在論者說人在發生之初，並沒有一定的本質，他是個人自由活動，自己把自己創造出來，成爲他所想的形象（Animage），由主觀出發，一切對自己負責。故「存在先於本質」，是說人有活動（行動）的自由，不受規約的限定。這纔是眞實（眞人）的存在。

二 觀念論

與實在論相反的意見，叫「**觀念論**」（Idealism）。觀念論在認識方面，可譯爲「**意象論**」——「意象」卽由心意得知的景象。它以爲我們所認識的東西，離不開人的知覺，並非獨立自存的實在，只是觀念（Idea 意象）的表現。譬如我們看見一匹馬，其所以知道牠是馬，而不說是牛，原因卽在牠具有馬的特徵，合於「馬」的概念。這概念是由思維而來，爲馬之所以爲馬的道理，由人想出來的。觀念論卽以此抽象的概念（意象），作認識的內容。其說可分爲下列兩種：

一、主觀的觀念論（Subjective idealism）　它以爲外物不能離開人的心意而存在。一切東西，如果我們感覺不到，則它不在心中，是否存在，不得而知，雖有亦等於無。所以柏克萊（G. Berkiey）

說：「存在卽被知覺」。一件事物，如果不在我的心中，則必爲他人所知覺，假如別人都不知道，至少上帝應該知道，纔算存在。若說沒有任何人感覺的東西而能存在，那便不知所云。他這種見解，與王陽明（一四七二——一五二九年）的思想相同。陽明「傳習錄」下載：

『先生遊南鎭，一友指岩中花樹問曰：「天下無心外之物，如此花樹，在深山中自開自落，於我心亦何相關」？

先生曰：「你未看此花時，此花與汝心同歸於寂；你來看此花時，則此花顏色一時明白起來，便知此花不在你的心外」』。

這可見花雖客觀存在，自開自落，若未被人看到，與心意相接，其顏色亦無從明白。所以，『心外無物，心外無事，心外無理，心外無義，心外無善』（註七），一切都離不了心。心是甚麼？就是良知。『其良知之體，皦如明鏡，略無纖翳，妍媸之來，隨物見形，而明鏡曾無留染，……一照而皆眞』（註八）。故認識的內容，可說是外物在心理上的反映。

佛家的唯識宗，也把外界的一切存在，歸於內在的心識，說除了心識以外，並無外物存在。什麼理由？「厚嚴經」頌云：『如愚所分別，外境實皆無，習氣擾濁心，故似彼而轉』（註九）。這話就是說：我們通常所看到的山河大地、日月星辰等外境，實際是不存在的，其所以把它當成實在，原因是心理上的習慣（習氣）使然。這些東西，隨時轉變，好像幻影一樣。因爲人看慣了，便說它是眞的，其實不過鏡中的情形。假如離開心識，不是一切都不知道了麼？故認識的本質，爲心識所變現。

這種主觀的觀念論，推到極端，便會成爲「唯我論」，卽離我以外，別無存在。

二、客觀的觀念論（Objective idealism）它以爲外物的存在，雖與觀念（意象）有關，却不是靠個人知覺與否，而是寄託於客觀的觀念之上。一個東西，說它要被人看到纔能存在，是不通的。因爲天地間的事物，沒有被人看到而存在的很多；如果說沒有看到卽不存在，則世界不是隨時都可化爲烏有麼？柏克萊曉得這個道理講不通，所以說如果不被人知道，至少應該爲上帝所知道。上帝是甚麼？就是一個普遍的觀念。於此可見主觀的觀念論，不能不求助於上帝，走向客觀化的道路。

柏拉圖是客觀的觀念論者，他把世界分成兩大部分：說我們所見的一切，是「感覺世界」，變化無常，有生有死，像幻影一樣；其所以還能存在，原因是有一個「觀念世界」，作它的基礎。觀念是不變的、永久的，超越一切，各種個別的事物，都是以它爲範本（Form）表現出來。譬如每個人有生有死，有胖有瘦，而「人」的概念，却永久存在，始終不變。一個實際的人，無論其膚色、狀貌、性別等如何不同，其能大體相似，具有「人」的共同特質，也就是觀念（概念）一致使然。觀念是普遍的、抽象的，爲各種事物依存的「共相」（Universals）。人、馬、草、木、蟲、魚……等實際事物（Things）都是依照它的共相發生。共相爲一種實體，先於萬物而有，爲客觀的實在，並非虛構。黑格爾的「絕對精神」（Absolute idea），也同柏拉圖的觀念一樣，說萬物是它依照辯證法的形式表現而成，爲「客觀的觀念論」。

由於對「共相」的內容意見不同，柏拉圖和亞里士多德各執一說：柏氏認爲「共相」是實際存在的，先於萬物而有；亞氏則說它只是代表實物的一個名稱（Term），不能離開萬物而存在，我們所見的共相，不過是思維作用，從事物中抽出其共同之點，爲主觀的觀念，而非客觀的實體。因爲有此不同，所以後來中世紀的哲學家，分成「唯名論」(Nominalism)與「唯實論」(Realism)兩派：**唯名論**者說共相不過是虛名而已，如無個體，何能有共相發生？**唯實論**者則說共相是實在的，雖無個體，亦能成立。現象世界是神的思想之表現，不能離共相而獨存，故唯實論實際上是一種「客觀的觀念論」。有人把它列入實在論的範圍，很不適當！

孟子說：『口之於味也，有同耆焉；耳之於聲也，有同聽焉；目之於色也，有同美焉。至於心，獨無所同然乎？心之所同然者，何也？謂理也、義也。聖人先得我心之所同然耳』(註十)！這也是「客觀的觀念論」，說人心之「理」與「義」是相同的。

三　現象論與現象學

現象論(Phenomenalism)是康德的主張，爲調和實在論與觀念論的意見。他認爲客觀事物被我們認識時，要通過主觀的先驗格式—感性的「空、時」和悟性的「範疇」兩重門戶，經過兩次改造。好比戴着有色眼鏡去看東西一樣，只能見到鏡中的情景，無法得知外物實際的眞相。我們感覺外物，並非照對象的原樣，全部採用過來，而是把它當成材料，放進感性的格式中去，加以剪裁配製，用得着的就採用，用不着的便删棄了；然後進入理性的範圍，由悟性再來加以綜合，變成各種知識。因此，認識所得的結果，只及於事物的表面—現象。至於事物的本身—「物自體」(Ding an Sich)究竟如何？則無從獲悉。這便叫做「**現象論**」。

現象論在康德之前，已由休謨開其端。他說：我們不知道究竟有無「物自體」(Things in themselves)存在？所有我們認識的對象，全是自己印象的觀念。我們把這些觀念拿來比較，指出其關係，並加以推論，得到一種論證的知識。至於這些觀念究竟從何而來？是來於外界的物象，抑或有不可知的本體？則不能證實。我們由感覺的習慣作用，認爲這一物象與那一物象有關，而叫做「因果」，完全是表面上的。故認識的本質，只及於現象。

講現象論的人很多，如實證論者（Positivist）孔德、約翰・彌爾，進化論者斯賓塞、赫克爾與實用論的詹姆士等都是。他們的哲學思想雖有不同，在認識的本質上，却一致認爲我們只能知經驗界事物的現象，不能知經驗以外的本體，爲現象論的一種，與康德的主張相似。

在現象論之外，還有一種**現象學**（Phenomenology），是胡塞爾（Edmund Husserl, 1859-1936）發明的。胡氏原生於舊奧國，後歸捷克，在德國就學，屬「德奧學派」。他同笛卡爾一樣，認爲一切雖可疑，而自我（Self）却不可疑。他由人的自覺意識出發，來分析周圍的一切事物，說呈現在我們意識之前的一切，便是所謂「現象」（Phenomenom）。它依其自己顯示（Manifest）的方式，而表現出來。諸如物體、感情、欲望、政治、文化等，凡能以不同的方式顯示其本質者，都是眞實的存在。譬如內心的感情雖不可見，而其顯示於人，也同顏色一樣的確實，並不亞於外在的現象。人之認識它，不止依靠感覺，而且憑藉直觀。人用自覺的意識，可說是「心眼」，以識事物的本質，用肉眼則見其個體。胡氏所謂「本質」（Essence），卽指事物共同的形式（理），如馬羣的「馬」，白玉的「白」，乃至數、點、線等邏輯構造而言。它是自己存在的「共相」（Universal 共理），與個別事物（Particulars）合而爲一，並不是先有個別事物，然後抽象得來。一切個體，只是共相的例證；個體可見，而共相不可見。因此他說：『無物，不得而見；無理，不得而直觀』。本質只能由體驗而知，在直觀中是很明確的。

現象論認爲在事物之內，有不可知的本體（物自體）存在。現象學對本體問題，却存而不論。胡塞爾說：『認識論的存而不論，是把一切外在的東西放入括弧中，或對它採取漠不關心的態度。……於它們是否存在，亦不作任何判斷』（註十一），而只就現象以論現象。甚至就是意識，胡氏也只把它看作一種認識作用，說在這認識作用的後面，有無一個「自我」的主體存在，不敢肯定。他這種態度，與笛卡爾斷言「我思故我在」，是不同的。

佛家認爲宇宙萬物，都是彼此相依、因緣和合而成。『當有人問起有關第一因或第一原理的問題時，佛陀總是保持緘默。至於生命原理，他否定了自我、靈魂或任何可被稱爲「眞實自我」之物的存在』（註十二）。這與胡塞爾的現象學相似。所不同的，是天臺（法華）宗以現象與本體（「如如」）爲不可分離，經過現象的顯現，我們可以看到本體。『「如如」意指着物自身的實相，現象世界是萬物顯現在我們面前的相狀。萬物的實相，不能直接或立刻見到，必須在經常變動或轉化的現象上去看它。因此，實相是動態的，現象本身等於萬物的實相』（註十三）。這好比波浪與止水的關係一樣，動與靜都不過是水的顯現而已，兩者並無區別。天臺宗的意見，與現象論和現象學均不相同。

第三節　科學方面的意見

科學在認識方面，是注重事實。皮爾生（Karl Pearson）說：『現代科學是一種特別適宜於培養健全公民的教育。因爲它能訓練人的頭腦，對事實作精確而公正的分析。……你必須先澈底認識一些彼此有關的事實，然後認淸事實與事實之間的關係，及那些科學的說明其因果關係的公式或法則。這樣，你的思想就逐漸趨於科學化，對事物能作無個人偏見的判斷』（註十四）。康南特（James B. Conant）在其所著「科學與常識」一書中，『不僅要大膽用「事實」（Facts）這個難以捉摸的名詞來指過去的實驗，並且要用它指在某些情形下，必可產生某些現象的通則』（註十五）。故**事實是科學認識的對象**。

孫中山先生說：『宇宙間的道理，都是先有事實，然後才有言論；並不是先有言論，然後才發生事實』（註十六）。『我們要拿事實做材料，才能夠定出方法；如果單拿學理來定方法，這個方法是靠不住的。……好像科學上發明一種學理，究竟是對與不對，一定要做成事實，能夠實行，才可以說是眞學理』（註十七）一樣。

然則，什麼叫做「**事實**」呢？通常所謂事實，是指**經驗的客觀事物**（Things）而言。舉凡外界一切變化的現象，有其前因後果，能夠感覺得到的，都可稱爲「事實」。科學注重眞憑實據，凡是大家共同經驗得到，而普獲承認的東西，決不懷疑其存在。英國的丁格爾博士（Dr. Herbert Dingls）說：

『「存在」一詞，在科學中的意義，即是「共同經驗」。巴黎鐵塔是存在的，因爲數百年來，它都是站在一個地點，只要有一個嚮導引路或一本「遊覽指南」，任何常人都能經驗到它。……上帝不像鐵塔一樣的存在，它只是一種個人經驗，不是共同經驗』（註十八）。

『我們所謂「共同經驗」，即指幾個人敍述同一件事的任何片斷，都互相符合。這樣的經驗，便適合科學的處理。……描述共同經驗時，總有一個普遍贊同存在。這使我們可將該經驗歸到外在世界的物體上去』（註十九）。

由此可見科學所研究的，是客觀存在的事實。

這樣，所謂事實，豈不與唯物論的「物質」相同了麼？須知唯物論者以爲世界上，只有物質和物種（植物、動物）等有形的東西，才可稱爲「事實」，無形的精神，却不包括在內。俄國的普列罕諾夫（Geogre Plechhanoff, 1857-1922）說：『在唯物論者看來，感覺和思想、意識，乃是運動的物質之內心狀態。……爲要解釋心理現象，是無須設想一種特殊本質—卽精神的』（註二十）。一切精神或心理現象，都不能離開物質而存在。像國家政治、道德文明、學術思想等，由精神所產生的現象，他們都用物質去解釋，說是立足於經濟基礎上的「上層建築」。因此，精神不是獨立的，不被稱爲客觀事實。

但在科學上，『心理學分明是一種科學，只要它所研究的，是可以公諸共同經驗的行爲。記載與聯繫這些行爲，無論是限於心理學的範圍，抑或一切共同經驗都可引用，大體都是科學的進程』（同註十九）。丁格爾認爲『研究心理學的步驟，與物理學頗爲相似。「心靈」是一個抽象觀念，也同物質或運動等一樣有普遍性。心有個別的心，一如物有一塊塊的物；並且有一種特性，如意志普遍附着於心靈上，亦如質量之於物質。不過質量的特性可以度量，能用數學去研究，而意志一類的特性不可度量，致數學不能應用。……實際上，從事研究的心是主觀的，被研究的心，則是由觀察行爲而得的抽象觀念，與物質觀念同樣客觀。所以，它也同物質一樣，目的只在用以合理的聯繫和觀察事實，而不含有不能觀察的成分』（同前）。精神之爲客觀現象，其事甚爲明顯。

孫中山先生是主張科學的人，說：『凡眞知特識，必從科學而來』（註廿二）。人爲萬物之靈，不能否認精神的存在。**舉凡一切政治制度，道德行為，及學術文化等，都是精神的表現。因此，他說：**『夫國者，人之積也；人者，心之器也；而國事者，一人羣心理之現象也。是故政治之隆汚，係乎人心之振靡。吾心信其可行，則移山塡海之難，終有成功之日；吾心信其不可行，則反掌折枝之易，亦無收效之期也。心之為用大矣哉』（註廿二）！唯物論只重物質而忽視精神，決不能了解其作用。**科學以事實為研究的對象，是包括物質、物種和精神在內的。**把物質與精神看成客觀存在的東西，可說是**實在論與觀念論的統一**。

實在論肯定外物的存在，固然不錯，但如果把感覺得來的印象，看成外物的原樣，則不合於事實。因為外物是運動變化的，空間的障蔽，時間的限制，使我們不能盡知其眞象，無可否認。月亮距地球約二十四萬英里（註廿三），由於相隔太遠，看它小得像磁盤一樣。若說月球眞的只有那樣大，豈不錯誤？

新實在論把認識化為一種「事端」相遇的「形式」（關係），說我們所知的對象，只是由許多「觀相」綜合而成的「邏輯存在」，並非實有其物。批判的實在論也以「要蘊」或「性叢」為「邏輯實體」，是非實有的。這與觀念論的意見，可說是殊途同歸，有變成「唯我論」的危險！

現象論和現象學，以為我們認識事物，只限於表面的現象，無法深入內部，探求其眞相，也是不合事實的。因為哲學研究的進步，已使人類的認識，能由表面進入內部，由近似走向眞切，由現象得知本體。如巴涅特（Lincoln Barnett）所說：『像重力、電磁力、能、電流、動量、原子、中子這些概念，全都是理論的基礎、發明和譬喻，為人類用智力設計出來，幫助他認識隱藏在事物表面下眞正的客觀實在。因此，科學提出各種不同以象徵符號說明的方法，來代替感官提供紊亂不實的解釋』（註廿四）。這纔是認識的本質，可被稱為「事實論」（Theory of Fact）。

（註一）「孟子」萬章章句上載：萬章曰：『敢問薦之於天，而天受之；暴之於民，而民受之，如何？（孟子）曰：使之主祭，而百神享之，是天受之；使之主事而事治，百姓安之，是民受之也』。這是孟子說上帝表現「天啓」的方法。

（註二）「舊約全書」出埃及記，第四章，第二十一節。

（註三）前書，第七章，第四節。

（註四）「書經」周書，泰誓上。

（註五）「詩經」大雅，文王，皇矣。這兩段話，可語譯如下：

『上帝對文王說：我念你有明德，既不疾言厲色，也不妄肆興革。好像不識不知，順乎神的法則。上帝又告文王：咨詢你的與國，和你同姓之邦。大家使用雲梯，加上你的臨衝，去伐崇國都城』。

（註六）「周易」繫辭上傳，右第十一章。

（註七）「王陽明全書」書錄，卷一，與王純甫書二（癸酉）。

（註八）前書，語錄，卷二，傳習錄中。

（註九）法舫法師著「唯識史觀及其哲學」，第二編，第三章，第二節。香港大乘法寶出版社印。

（註十）「孟子」告子章句上。

（註十一）E.Husserl:The Ideas of Phenomenology。

（註十二）高楠順次郎著「佛教哲學要義」，第三章㈣，藍吉富譯。正文書局出版。

（註十三）前書，第九章㈢。

（註十四）引語見 James B.Conant:Science and Common Sense(1962), Ch.1, section 1。

（註十五）前書，第二章，第四節。

（註十六）「民權主義」第一講。

（註十七）「民生主義」第二講。

（註十八）丁格爾著「科學與經驗」，第十一章，蕭立坤譯。商務版。

（註十九）前書，緒論。

（註二十）恩格斯著「費爾巴哈與德國古典哲學之終結」，俄文本第二版，普列罕諾夫序。

（註廿一）「國父全集」心理建設，第五章。

（註廿二）前書，自序。

（註廿三）月球距地球最近時，爲二二一、四六〇英里（三五六、五五〇公里），最遠時爲二五二、七一〇英里（四〇六、八六三公里），平均約二三九、〇〇〇英里（三八四、七九〇公里）。

（註廿四）Lincoln Barnett: The Universe and Dr. Einstein(1965)，Section 15。

第五章　憑甚麼來斷定是非？

——認識的標準問題——

我們認識事物，求得知識以後，究竟對與不對，憑什麼來斷定是非？要斷定是非，須有一個標準，作爲衡量的準則，纔能知道孰眞孰僞？這眞僞問題，就是探求眞理（Truth）的所在。

何謂「眞理」？哲學家各有不同的意見。如希臘辯士派的哲學家普洛太哥拉（Protagoras, 480-411 B. C.）說：『人爲萬物的尺度』，即以個人作眞理的標準。凡我認爲「是」者即是「眞」，我認爲「非」者便是「僞」。這樣，『各是其所非，而非其所是』（莊子），將黑白混淆，沒有一定！蘇格拉底說眞理是一定的，有客觀的標準，不能任人各言其是，爲天下之所「同然」（註一）。羅馬學者西塞羅（Marcus Tullius Cicero, 106-43 B. C.），也認爲『人類自然所公認者，必然是眞的』，建立於普遍信念之上。

哲學上對眞理的標準很多，有以本能、風俗、傳統、感情等立說者，並無定論。我們現在將主要的幾種意見分述如後：

第一節　神學方面的意見

宗教認爲認識起源於神，知識不外乎神的啓示，已如前章所述。

自原始民族以來，宗教的信仰，爲風俗習慣所養成，注重傳統，尊重權威，以爲經典所述，就是天啓，代表神的意志，爲眞理之所在。「新約」希伯來書云：

『神既在古時，藉着衆先知多次多方的曉諭列祖，就在這末世，藉着他兒子（指耶穌—弘）曉諭我們』（註二）。

『起先是主（指上帝—弘）親自講的，後來是聽見的人給我證實了。神又按自己的旨意，用神蹟奇事和百般的異能，並聖靈的恩賜，用他們作見證』（註三）。

由此可見**神學是以「神意」作眞理的來源**。

斯多噶派的哲學，也相信有神，說：『因爲宇宙的法則和理性，是由神意而來，故一切事物，皆聽命於神的意志』。歐洲中世紀的神學，以基督教爲主。護教者（Apologist）以爲基督教的眞理，是發生於超自然的天啓，只能以神通的方法求得了解。哈勒克（Harnack）說：『因其是天啓的眞理，有超自然的神聖根基，爲其教義之惟一根據』（註四），無可懷疑。奧古斯丁受柏拉圖的影響，以眞理爲眞實的存在，是客觀的。其本源來於上帝，非主觀的製造品。人心具有眞理的本能（Instinct），故可直悟神的觀念。其後教權建立，以教會爲上帝的代表，把天示的眞理傳授大衆，指導人的行爲。經院哲學說：服從神的意志，是「是非」的標準。上帝的意志如何？固不能由經驗得知，却可依啓示看出。宇宙的合理性，即爲神的啓示之表現。譬如「創世記」所說的事情，雖拿不出證據來，然其中並無不合理之處，由信仰即可明瞭。宗教的信仰，是最高眞理的基礎。這是聖・湯瑪斯與鄧・司科特斯（John Duns Scotus, 1265-1308）等一致的意見，可稱爲**「神意說」**（Divine theory）。

佛教雖屬無神論，不以神啓爲眞理的來源，却尊重佛陀的教義。在佛陀去世以前，他們親炙訓誡，依人而不依法；迨佛陀去世之後，便以法爲重心，依法而不依人。相傳佛陀臨終之前，對他的弟子說：

『你們不要悲傷，說：「我們老師已經去世了，今後將無人可以遵從」。我所傳授的法、戒，在我滅度之後，將是你們的師長。你們如果遵守我的教訓，努力實踐，不就是我的「法身」永遠存在嗎』（註五）？

這所謂「法身」，卽指佛陀遺下來的經典，好比他的身體一樣，可作爲式法。故佛家傳道，以佛、法、僧三寶，叫人皈依，竭誠信守，作爲眞理的標準。這可名爲「**教義說**」（Dogna theory），與神意論相同。

第二節　玄學方面的意見

一　符合說

關於認識的標準問題，玄學方面第一種意見，叫做「符合說」（Correspondence theory）。

符合說由感覺論和經驗論出發，認爲知識是由感覺得來，若不信任感覺，便無知識可言。我們的感官，好比照相機一樣，能把外界的事物，照原樣攝取下來。它所知覺的，雖不是外物的本身，實爲其模本，是感覺所得的影像。這種影像發生的觀念，若與其對象相符，便是眞理；假如不符，卽爲錯誤。故**眞僞是非，是看感覺得來的概念，與其原物是否一致以爲斷**，故又叫做「**摹本說**」（Copy theory）。

符合說最早是由柏拉圖和亞里士多德開始，他們認爲思想要與實體相符合，眞理爲思想與實體之一致。斯多噶派說：感覺影像若爲其對象的確切模版，便是眞實。我們的一切知識，都是從感覺得來。它是否正確，須與所知的對象相符；欲求相符，應有三個條件：㈠感官處於常態的情況下，沒有毛病；㈡感覺是淸晰明白的；㈢自己與他人重複觀察的結果，所得的印象仍同從前一致，才不致誤（註六）。伊壁鳩魯也認爲普通觀念或影像是否眞確，要與其所依據的感覺相同。若有錯誤，須重複觀察，並與他人的經驗對正（註七）。可見感覺所得的印象，實爲眞理的標準。

有人不以爲然，說我們第一次的認識，與第二次的比較，都是各人主觀的感覺，爲自己所承認的。這樣去與原物對照，不啻用「先前的感覺」就正於「以後的感覺」。從前由見馬而形成「馬」的概念，現在又用概念去同眞馬對照，還不是以概念比概念麼？故認識者（馬）並不能給我以何種證明。卡尼亞底（Carneades）認爲『我們不能說一個感覺，是否卽爲眞實對象的寫眞。因爲我們決無對象可與之相比』（註八）。觀念是事物的反映—卽事物的樣本，而不就是事物的本身，兩者並不一致。根據觀念，如何能認知事物？故認識只是一造官司。

符合說對這種非難的答覆是：我們第一次認知實物（如馬），而形成概念；這個概念（「馬」），當然來自實物，與牠相合；以後第二次再去認知時，則是以概念同實物對照，而認識者（人）自處於評判地位。以同樣的實物爲對象，必然形成相同的感覺和概念；如果實物不同，而能有和它一致的表象麼？認識是主觀與客觀交互作用的關係，決不是一造官司。觀念既來自實物，爲實物的樣本，便好比照片一樣，縱不卽是實物，也是一致的，決無疑問。

中世紀的經院哲學家阿柏拉德（Abelard, 1079-1141）說：『語言的目的，在表達思想，而思想不可不與實物相合』（註九）。及至近代，洛克認爲『只當我們的觀念與實物相符時，知識方算眞確』（註十）。如何知道相符與否？『例如見火的人，倘若發生疑問：究竟他所見者，是實物還是幻影？那他儘可用觸覺去試。假如他把手放去，感覺到痛，便信以爲眞。因爲幻想的火，決沒有這種力量』（同前）。黎德（T. Ried）從常識出發，也說『哲學不能與人類共同的意識相反。感覺可使人直接相信對象（Objects）的實在，而此對象的信仰，即是眞理的標準』（註十一）。這都是符合說的主張。

二　直覺說

與符合說意見相反的，是直覺說（Intuition theory）。直覺說是由理性論出發，以爲知識是由理性而來，其眞僞是非，既不以啓示或教義作標準，也不以感覺和經驗爲依歸，而要用理性來判斷。理性是普遍的、必然的，不含任何矛盾，故其決定眞理，非常清晰，不待證而自明。『例如數學的判斷，只要假定是根據已知的數學法則，就能確信其決能證實；並且深信只須明白這種判斷意義的人，即能承認其判斷。因爲有此共同的信任，於是很多學者說：某些判斷是眞實無疑的，先乎經驗，無須經驗予以證明』（註十二）。這種不待經驗證明的判斷，就是直覺（Intuition）。斯賓洛沙說：直覺是由神產生，能使我們辨別眞僞，與理性很難區別。**直覺說即以「直覺」作爲眞理的標準**。

然則，什麼叫做「直覺」？即直接領悟事理的能力，有不辨而自明之意。如幾何的公理、數學的命題，以及黑白、方圓、大小等，一望而知，即可斷定其眞僞。佛家把知識分爲現量、比量、非量三種：其中「現量」就是直覺，指當前實證的知識，如眼見色，耳聽聲，內心自明，毫無可疑；「比量」則爲推理的知識，如見煙而知有火，由已知推比未知；「非量」是不正確的知識，似是而非。照洛克的說法：

『我們心裡，知道兩個觀念之一致與不一致，是直接由兩種觀念的本身得知，無須有別的觀念介入。這就是直覺的知識。例如我們不假思索而知白的不是黑的，圓形不是三角形，兩個少於三個，都是明白確實，毋須證明，也不能證明，爲自明的眞理。……有時候，我們不能直接知道兩個觀念之間，一致與不一致，必須與其它一個或一個以上的觀念比較，然後纔能發現。這便是推論，爲間接的知識』（註十三）。

所以，間接的知識，與直覺不同。它雖也明白確實，却不如直覺的知識容易辨別。

這種直覺的知識，就是儒家所說的良知、良能。孟子說：『人之所不學而能者，其良能也；所不慮而知者，其良知也』（註十四）。王陽明的解釋：『良知者，孟子所謂「是非之心，人皆有之」者也。是非之心，不待慮而知，不待學而能，是故謂之「良知」（良能）。……凡意念之發，吾心之良知無有不自知者，其善歟？惟吾心之良知自知之；其不善歟？亦惟吾心之良知自知之』（註十五）。故**良知是辨別是非眞僞的標準**。

三　貫通說

貫通說（Coherence theory）也同直覺說一樣，是由理性論出發，以「**系統的一貫**」（Systematic coherence）爲眞理的標準。它認爲要了解某一個別事物或概念是否正確，須視其與周圍的環境或整個體系能否「一致」（Consistency），纔可決定。因爲天地間的東西，都是互相連貫，有系統的。甲物不能與乙物矛盾，甲事必須與乙事配合，方能成立。例如一篇文章中，某一句的意思，須看上下文纔能明白，而不可斷章取義。四直角的圓周是三百六十度，其中一直角，必爲九十度；否則，便有錯誤。若甲大於乙，乙大於丙，則丙決不能大於甲，致相矛盾。貫通說是以形式論理學（Formal logic）的三大思維法則（註十六）爲基礎，必須內容一致，才不錯誤。

韓非子說：『人有鬻矛與楯者，譽其楯之堅，物莫能陷也；俄而，又譽其矛曰：「吾矛之利，物無不陷也」。人應之曰：「以子之矛，陷子之楯，何如」？其人弗能應也。以爲不可陷之楯，與無不陷之矛爲名，不可兩立也』（註十七）。這人所說的話，前後不能一致，發生牴觸，卽不合貫通說的標準。

貫通說用全般的事物來論證特殊，以「普遍」（General）推知「個別」（Particular），不僅在理論上合乎邏輯，事實上也能適用。天文學家發現天王星（Uranus）和女穀神（Ceres）小行星的存在，卽根據德人波德（Bode）於一七七二年發表行星距日的定律（Bode's law）（註十八），計算其軌道、距離和日心經度等觀察而得。因爲水、金、火、木、土和地球六個行星，與太陽的距離，同波德定律頗相符合，而天王星也相去無幾。他們斷定在火、木二星之間，距太陽二．八處，必有行星存在，後來發現爲女穀神小行星。惟海王星（Neptune）的位置，與定律相差甚遠，其所佔的比例，却與冥王星(Pluto)接近，不得其解。雖然波德定律有此缺點，仍證明星球與星球之間，有一定的系統，其距離遠近，可依數值大略推知。將來天文學進步，也許可以找出更精確的定律。

在物理學方面，一八六九年俄國門德列夫(Dmitri Ivanovitch Mendeléeff, 1834-1907)與德人梅耶（Lothar Meyer, 1830-1895），同時發現「元素週期律」（Periodic law of Elements），按原子量的大小，順次排列，每隔七種（氫除外），卽有一元素，其性質與前者相似，很有規律；換言之

：元素的性質，與原子量有週期性的關係。他把它列成一表，凡已發現的元素，都塡在表內，未發現的則留出空格，以待將來發現時塡入。後來，該元素發現，其性質果與門氏當初所預料的相合。在週期表中，同一行的各元素爲一族，化學性質也相類似，只要知道其中一、二元素的性質，其他便不難推知。從前門氏只知道四十多種元素，現已增加到一〇四種。可見宇宙間的事物，很有系統的規律。週期表啓示新元素的發現，證明一件事物若與其整個體系或四週環境配合，沒有矛盾，卽爲眞理；否則，便有錯誤。**貫通說用配合與否來衡量是非**，故又叫做「**配合說**」(Consistence theory)。

希臘的斯多噶派，在眞理的標準方面，雖是主張符合說，却也認爲眞知識來自推理。推理是根據論理的必然性，由此一命題推得其它命題。因爲知識是有系統的，故正確的推論，爲獲得眞理的另一手段，與感覺並行不悖。

德國的哲學家非希特（Johann Gottlieb Fichte, 1762-1814）說：各種學問如欲成爲科學，必須其全部立論是連貫的，爲一個有機的整體。其中每一論點，各有適當的位置，而於全體，則互相關聯。這好比時鐘一樣，我們若知其全部構造，便可瞭解局部零件。赫爾巴特以爲哲學研究經驗中的一切事物，必須借助於形式論理學，指出其矛盾之處，以求清晰明白。因爲凡有矛盾的東西，都不是眞的。眞知識必須內部一致，沒有矛盾，纔成爲系統。如果經驗給我們一個矛盾的宇宙觀，那就不能成立，須用玄學來加以調和，求其一致，纔算眞理。這都是貫通說的主張。

四　效用說

效用說（Pragmatism）通譯爲「實用主義」，是美國學者皮耳士、杜威等所提倡。本篇第三章第三節，業已述及。

希臘學者伊壁鳩魯，雖然主張符合說，以感覺為依歸，却認為『在實用上，苦樂是眞理的標準。發生快樂者，謂之「善」；發生痛苦者，謂之「惡」』（同註七），為效用說的開端。中古索爾巴立的約翰，批評當時的經院哲學，對唯名與唯實問題的辯駁，為一種無益的論爭，而主張改革邏輯。他說實際的教育，一切知識必須是實用的。凡於我們的行為無所裨益者，均屬無用，應予摒棄。這是歐洲最早的效用說。我國學者黃黎洲（名宗羲，公元一六一〇——九五年人）云：『學問之道，以自己用得着者為眞』，也是以「實用」作眞理的標準。

美國的實用論者，認為理論的作用，是要指導人類的行為，使生活豐富，發生實際的效果，纔有益處。如果思想沒有益處，無論如何精密，只不過是言詞的結合，徒為空論。我們的一切思想，都是工具，目的在求人羣的進步，以社會幸福為依歸；若不能見諸實用，則任何理論均無價值，都是假的。他們主張眞理要以「有用的結果」（Useful Consequence）為標準；換言之：知識能發生有用的效果者為眞理，如其效果有害，便是假的。例如哲學上的問題，像唯物與唯心之爭，實用論者認為要把它們應用到實際生活上去，看其所發生的結果如何？纔能決定眞偽。唯物論主張人的生活，偏重於機械的物質方面，忽視道德的自由與責任，不及唯心論之注重精神活動，講究人倫道德為有益，故他們說唯心論是眞理，唯物論非眞理。無神論與有神論也是一樣，詹姆士說：『據實用主義的原理，若神之假設能滿足人意，它就是眞的』（註十九）；無神論無裨於世道人心，便是假的。依此而論，樹上的桃子可吃，是眞的；桌上的磁桃不能吃，同樣也是假的了。

這樣，把事物的眞僞是非，決定於人能應用與否？是以價值判斷來代替事實判斷。實際上，**眞理問題是一個客觀存在的本質問題**，有用無用則是以人的立場，去考察其對人生有何價值。一件事物，必先決定其存在是否眞實，纔能知道它有無用處。樹上的桃子可吃，固然是眞的，桌上的磁桃不能吃，焉能說是假的？況且一件東西，用處各有不同，磁桃雖不能吃，却可作爲陳設，以增加美觀。因此，你說它無用，我說它有用；你說它是假，我說它是眞。客觀的眞理，豈不變成了主觀的麼？**實用論憑效用來決定是非，顯然尚有缺點**。

莊子講一個故事，說：『宋人有善爲不龜手之藥者，世世以洴澼絖爲事，客聞之，請買其方百金；聚族而謀曰：「我世世爲洴澼絖，不過數金，今一朝而鬻技百金，請與之」。客得之，以說吳王，越有難，吳王使之將，多與越人水戰，大敗越人，裂地而封之，能不龜手一也。或以封，或不免爲洴澼絖，則所用之異也』（註二十）。不龜手之藥的作用一樣，而所得的結果，竟大不相同。這表明**眞理不能以效果來衡量**。因爲效果的本身，還沒有一定的標準，使人能够確定。

第三節　科學方面的意見

科學對於眞理的問題，要依事實來解決。因爲它所研究的對象，是客觀存在的事實，已如前面第四章第三節所述。

科學要把事實研究淸楚：首先要**蒐集資料，找尋有關的證據**。例如他研究天文，就必須把過去關於天象的記載，及日、月、星辰運行的資料搜集起來，作爲參考。其次**再加以觀察，研究其新的變化**。看各種星體如何運轉？星與星之間，關係、距離怎樣？作精密的計算。又次**提出若干假設**，**以爲推理的依據**。譬如天王星發現後，天文學家計算其軌道，每有誤差，推想必係另有一新星在擾動，而提出假設，繼續追尋，後來果然發現海王星的存在。最後**要進行實驗**，**判斷推理的眞僞**。又如天文學家，曾經推論月球的來源，說是由地球上太平洋分離出去的；果眞如此，則地球的土壤應較月球爲老，或至少應該同時。現在太空人幾次登陸月球探險，取回岩石化驗的結果，證明其年代比地球還老些（註廿一）。足見由地球分離成月之說，尚待研究，並不可靠。因此，試驗的結果，足以推翻假設，評定眞僞。

科學經過這樣反覆的觀察、假設、實驗程序之後，其所得出的法則，若正確無誤，能夠說明事物的眞相，便是眞理；否則，還要繼續修正，以求精確。瓊斯爵士（Sir James Hopwood, Jeans, 1877-1946）說：『一種現象的最後眞理，將包括於其數學的敍述裡面，只要其中沒有缺點，我們對此現象的知識，便算完全』（註廿二）。故**數學的推理**，**也是很重要的**。

巴涅特認爲『量子物理學的方程式，比任何機械的方法，能更準確的說明我們目不能見的基本現象；簡言之：就是這些方程式能行得通。原子彈用它計算出來，足見有輝煌的效果。所以重實際的物理學家，便想用更準確的數學符號來說明自然律』（註廿三）。愛因斯坦的相對論，便是用數學的方程式算出，而以它來表達，經過觀察和實驗證明，完全正確無誤。可見**科學評定是非**，**認識眞理**，**是多方面的**，**目的在於符合事實**，**求得眞確的法則**。

孫中山先生說：『科學就是十七、八世紀以後，培根、牛頓那些大學問家所主張用觀察和實驗研究萬事萬物的學問』（註廿四）。『科學的知識，不服從迷信，對於一件事，須用觀察和實驗的方法，過細去研究，研究屢次不錯，始認定爲知識』（註廿五）。因此，『科學上發明一種學理，究竟是對與不對，一定要做成事實，能够實行，才可以說是眞學理』（註廿六）。『這個理由，就是因爲學理有眞的、有假的，要經過試驗，才曉得對與不對』（同前）。試驗和觀察，便是評判眞僞、是非的標準。

我們要知道牛的存在，單靠感覺還不够，必須役使牠，甚至宰殺牠，纔可證明。這就是說：**人在實踐中，去求得事物的眞象**。恩格斯認爲『布丁（Pudding 食物名—弘）的味道，食時便可曉得。當我們根據感覺的事物性質而使用此物時，即以確切的考驗，證明感官所感覺者，究竟眞實與否？如果感覺是錯誤的，則我們根據它去使用那些事物，亦不免錯誤，而遭受失敗。……我們行動的結果，證明感覺能適合於所感事物的客觀性』（註廿七）。這與孫先生所說：『不去行，便無法可以證明所求的學問是對與不對；不去行，於是所求的學問沒有用處』（註廿八），意義完全相同，都可稱爲「**實踐說**」。

人在實踐中，不僅要用感覺，尤其要用思維，乃至全身去作實際的體察，認識纔能眞切！**實踐**既是直接感覺和領會事物，則**直覺說**的優點便被保存，而無玄虛幻覺之失。人由實踐發現客觀事物的法則以後，經過思維的推理，再用已知去預測未知，探求個別的事物，**貫通說**亦能適用。這樣，理論既由事實而來，自必合於事實。**符合說**向只注重感覺，今用思維和實踐印證，更能眞確。道理是眞確的，對人生當可發生實際的效果，有其益處。故**效用說**也可包含於實踐說中，無偏頗之弊。

由此看來，**實踐說是一種綜合性的思想，可取各家之長，爲科學的眞理標準**。

（註一）「柏拉圖對話集」斐德羅（Phaedrus）篇，蘇格拉底說：『世間事物，吾人對之，有同然者，有不同然者，此人人所知也』。

（註二）「新約全書」希伯來書，第一章，第一—二節。

（註三）前書，第二章，第三—四節。

（註四）Harnack,Outlines of History of Dagma —— 引語見梯利著「西洋哲學史」第二編，第一篇，第二章，第三節。

（註五）高楠順次郎著「佛教哲學要義」，藍吉富譯，第三章㈥。正文書局出版。

（註六）梯利著「西洋哲學史」第一編，第四篇，第三章，第二節。

（註七）前書，第二章，第二節。

（註八）前書，第四章，第二節。

（註九）前書，第二編，第三篇，第二章，第一節。

（註十）Alfred Weber and R.B.Perry:History of philosophy, ，中譯本：「西洋哲學史」三二四—五頁。

（註十一）梯利著「西洋哲學史」第三編，第三篇，第五章，第二節。

（註十二）耶路撒冷著「西洋哲學概論」，第三章，第十二節。商務人人文庫版。

（註十三）梯利著「西洋哲學史」第三編，第三篇，第一章，第三節。

（註十四）「孟子」盡心章句上。

（註十五）「王陽明全書」文錄，卷一，大學問。

（註十六）這三大思維法則，卽㈠同一律（Law of identity）：凡物與其本身相同，如說「甲是甲」；㈡矛盾律（Law of contradiction）：一物不能同時爲正反兩面皆眞，如說「甲是甲，不能同時爲非甲」；㈢排中律（Law of excluded middle）：同一物在正反二者之間，不容有第三者存在，如說「甲是甲，或爲非甲」

，二者必居其一。這三律的目的，都是要求一致，不容互相矛盾，故與貫通說相符。

(註十七)「韓非子集解」卷十七，難勢第四十。

(註十八) 這定律，初爲一七六六年梯刁斯（Titius）所創，計算太陽系各行星間距日的比例，後經波德改良，較爲完備，故稱「波德定律」。其法於 0, 3, 6, 12, 24, 48, 96, 192 等數，各加以4，所得結果，再除以10，其値卽與水、金、地球諸行星平均距離的比例一致，可列如下表：

	0	3	6	12	24	48	96	192	384
	4	4	4	4	4	4	4	4	4
計算値	0.4	0.7	1.0	1.6	2.8	5.2	10.0	19.6	38.8
星　名	水星	金星	地球	火星	穀神星	木星	土星	天王星	海王星
實測値	0.39	0.72	1.00	1.52	2.77	5.20	9.54	19.19	30.07

（冥王星 39.50）

(註十九) 梯利著「西洋哲學史」第三編，第十篇，第二章，第一節。

(註二十)「莊子集解」內篇，逍遙遊第一。

(註廿一) 民國五十九年一月七日，臺北「中央日報」載：中央社休士敦五日美聯電：『加利福尼亞州工學院華賽柏格博士說：阿波羅十一號携回地球的東西，顯示同位元素的條件，「極不可能」支持月球是由太平洋分裂出來，進入軌道的理論。……他的實驗顯示：月球形成於四十六億年前，十億年後，月球表面，卽有熔岩流動。這與研究阿波羅十一號岩石，指出月球在形成後數百萬年，卽告靜止的初步說法相悖』。又中央社同日路透電：『數組科學家今天報導說：他們發現月球上的塵埃，比地球上年代最久的岩石，幾乎要老上十億年。科學家們今天在此間阿波羅十一號月球科學會議中報導說：月球塵埃約生存於四十六億年前，地球上最久的岩石是三十四億年」。而且與地球上的岩石和隕石比較起來，月球土壤含鈦的分量很高，亦與地球不同。

（註廿二）引語見丁格爾著「科學與經驗」第七章，蕭立坤譯。商務版。

（註廿三）Lincoln Barnett:The Universe and Dr.Einstein (1965) Ch. 4。

（註廿四）「民族主義」第四講。

（註廿五）「國父全集」演講，「國民要以人格救國」一文。

（註廿六）「民生主義」第二講。

（註廿七）恩格斯著「空想社會主義與科學社會主義」，一八九二年英文本自序。

（註廿八）「國父全集」演講，「知難行易」一文。

第六章　認識的範圍有多大？

——認識的界限問題——

眞理的標準既定，我們認識的能力，究竟能知世界到何種範圍呢？換句話說：我們所求得的知識，是絕對眞理？還是相對眞理？有無一定的止境？這就是「認識的界限問題」。

對這個問題，哲學上有下列的意見：

第一節　神學方面的意見

宗教所認識的對象是神，神為一種超絕的（Transcendent）主宰，存乎世界以外，先於世界而有，是超經驗的。新柏拉圖學派的柏羅提娜（Plotinus, 204-269），認為『神是超越的，非我們所能限量。因此，我們不能說神是美或善，或有思想、有意志。因為這些屬性，都有所限定，實使神不完美。我們不能說它是甚麼，只能說它不是甚麼；我們不能說它是「有」，因為「有」是可想的。凡可想的，皆含有主體與客體，所以是有限的』（註一）。中世紀的護教者，受了他的影響，也說：『基督教的眞理，是發生於超自然，而絕對正確』（註二）。這可見神學的認識範圍，超越於現實世界之上，以超自然為對象。

奧古斯丁的意見，以神為萬物的根源，由無中創造世界。他認為『上帝是全能、全智、全德之永久超絕的實體，有絕對的統一與絕對的自由。……我們不能說宇宙是在某一時間或某一空間造成的，因爲在上帝創造宇宙之前，既無時間，亦無空間。空間與時間都是上帝造的，它自己沒有時間性，也沒有空間性』（註三）。這如伊烈基那(John Scotus Erigena, 810-877?)所說：『神是在世界之內，而又超越於世界之上。……它不能用任何言語或詞句來形容，遠在思想範疇之外。說神是甚麼東西，便限制了神；確定了神的某一性質，便否定了其它性質。神是超本質的，超越於善、神明、眞理、永久和智慧之上，所以是不會失敗、不能了解、不可限定的原理，無法用任何東西來說明』（註四）。這是一種「**超越論**」(Transcendentalism)。

既然如此，我們又如何知道神的存在呢？中世紀的經院學者安瑟倫（Anselm），根據他有名的論證，推斷出神是存在的。他說：『無疑的，有這樣一種東西存在。它是最偉大的，比它更偉大的，我們不能想像。它不僅存於思想中，也存於實在界。所以，這個偉大者一定存在』。如果它不存在，便不是最完備的，而還有比它更完備的。故神是最完全的實體。

其後十二世紀到十四世紀之間，許多神秘論者，都以爲認識神的最高方法是冥想。「冥想」是超自然的——即超越於時間、空間之上，而與神合一。可見神學對認識的界限，是主張超越的、絕對的，非現實所能限定，也可稱爲「**超自然論**」(Supernaturalism)。

第二節　玄學方面的意見

一　絕對論

大凡在認識的可能問題上，持獨斷論見解的人，多肯定我們能達到絕對眞理的界限，認識客觀事物的眞象。**絕對論**（Absolutism）就是**肯定主觀能盡知客觀事物，獲得絕對眞理的學說。**

什麼叫做「**絕對眞理**」（Absolute truth）？以別於相對眞理而言，指那最完全的、不變的、永久的、必然的知識。古人說：『放之四海而皆準，行之永久而無弊』，超越時間空間，便是絕對眞理。故「絕對」（Absolute）是獨立自存，不依賴其它條件而成立的。

這樣的東西，必是宇宙最後的原理。哈米爾頓說：『絕對者卽完成者』；曼色（Henry Longueville Mansel, 1820-1871）也說：『凡與它物無關涉，而自己可存在的，叫做「絕對」』。斯賓塞雖不主張絕對論，却以爲我們所以能認識萬事萬物，就因其與「絕對」有關；否則，便無法認識。因爲若無「絕對」，「相對」的本身是不可設想的；有「相對」，卽假定了一個「絕對」。「絕對」雖不可知，却不能否認其存在。哈米爾頓也承認一切知識都是相對的，但簡單自明的道理—絕對確實的眞理，有普遍的必然性。黑格爾和馬克斯，雖然主張辯證法，說一切東西都是依照辯證的程序發展，沒有不變的東西；然而，辯證法的本身，却是不變的原則。黑格爾認爲它是一種思想上的邏輯程序，表現於客觀事物的發展中，成爲萬物的本質；馬克斯則說它是客觀事物變化法則的抽象，先存於宇宙萬物中。『只有運動的抽象，是不運動的—不死的死』（註五）！故成爲「絕對眞理」。於此可見絕對眞理是一種不變的死的原則。其與實際相矛盾之處，則如恩格斯所批評：

『黑格爾體系的基本前提，是他的歷史觀點，說人類歷史是一種發展過程。這過程，依照它的本性，是不能在人的知識上，被所謂「絕對眞理」發現完成的；然在另一方面，他的思想，又妄想自己就是這種「絕對眞理」的總結』（註六）。馬克斯自己，又何嘗不是這樣呢？

柏拉圖從前認爲感覺所知的世界，是變化無常的，捉摸不定，要想得到眞知識，必須從思想方面去尋找。我們的思維，能知千差萬別、變化不停中的實體。這實體，就是理念或法式（Form）。它是永久不變的原型，超越於萬物之上，先天地而存在；將來萬物縱然消滅，它仍可獨立自存，絲毫不受影響。人何以能知道這種實體？原因是在我們心中，早有普遍的概念（或觀念）存在，作爲一切知識的基礎。例如我們若無公道的概念，便不能說某人公道或不公道。「公道」的概念是絕對的，任何地方都可適用；至於某人處理事情公道與否，則看具體的情形而定，是相對的。柏拉圖主張眞知識爲絕對的實體——不變的理念，所以是「**絕對論**」。

老子說：『天下皆知美之爲美，斯惡已；皆知善之爲善，斯不善已』（註七）。這就是把「美」與「善」看成相對的，認爲天下所知的「美」與「善」，並不是眞美、眞善。眞美、眞善是絕對的概念，隱藏於相對的現象之後，不易爲人所瞭解。這與柏拉圖的意見相似，很可注意！

二　相對論

相對論與絕對論相反。它認爲我們所知的事物，是不完全的、部分的、變化的，受感覺限制，因時因地而異。故一切道理，只是各人主觀的意見，並非客觀的眞理。**相對論**（Relativism）就是**以主觀不能盡知客觀事物，只能求得相對眞理的學說**。這在認識的可能方面，是由懷疑論出發。從前的懷疑論者，多半是主張相對論的。像普洛太哥拉、哥爾期亞、休謨等人，便是例證。

普洛太哥拉說：社會上的公道是非，全看各人主觀的評判而定。我說是「是」便是「是」，我說是「非」便是「非」，並無客觀的標準。後來辯士派的許多人，都以爲法律、道德是强者對付弱者的工具，用來束縛弱者，保護他們自己權利的。好人和壞人比較起來，好人總是常常吃虧。做一件壞事的人，不是叫做「强盜」，便是稱爲「騙子」；君主則不然，他剝奪了人民的金錢，殘害了人民的生命，叫人替他當奴僕，不僅沒有人罵他，還說他有福氣。這像莊子說的：『彼竊鉤者誅，竊國者爲諸侯；諸侯之門，而仁義存焉』（註八）。一種道德規律，因時因地而有不同，是非、善惡全是相對的，沒有一定的界限。

休謨認爲我們的知識，決不能達到絕對的境界。因爲根據經驗，我們相信將來必與過去相同；但將來的事物，決非沒有變動，很難逆料。例如太陽以前雖然每天從東方出來，但它明天或不出來，也沒有一定。因爲我們說「這個東西」與「那個東西」有關係，這是「因」，那是「果」，只是憑感覺上的習慣推想得來，實際並無把握。我們所知的事物，是先有印象而產生觀念；但這種觀念，究竟是由外物得來，或由不可知的本體造出？無法加以證實。所以，知識是或然的（Probable），沒有絕對性。

從康德以後，無論是主張批判論、實證論或實用論的人，都認爲知識是相對的。我們只能知道事物的現象，無從認識它的本體——「物自體」，故絕對眞理永難求得。這樣，把認識的範圍，局限於經驗所及的現象界，說經驗以外的本體不可知，又叫做「**不可知論**」（Agnosticism）。

中國的莊子，也認爲本體是不可知的。他說：『道不可聞，聞而非也；道不可見，見而非也；道不可言，言而非也』（註九）。我們所知的一切事物，都只是現象；現象是相對的，從不同的觀點去看，是非也不一樣。他在「齊物論」裏，講了一個故事說：

『人睡在潮溼的地方，就腰痛半身不遂，泥鰍也是這樣的嗎？人登在樹上，就嚇得發抖，猴子也是這樣的嗎？人、泥鰍、猴子三者，誰知道正當的住處？人吃猪牛肉類，麋鹿吃草，蜈蚣吃蛇，貓頭鷹和烏鴉，則喜歡吃老鼠，這四者誰知眞正的美味？狗頭猿以雌猿做配偶，麋和鹿相交，泥鰍與魚同游，毛嬙、麗姬是世人認爲最美麗的，但魚見她便深入水底，鳥見她高飛遠揚，麋鹿見她趕快逃走。他們四者，誰知天下眞正的美色？照我看來，仁義的道理，是非的途徑，也是各執一樣，意見紛歧，我怎能分辯它的眞僞』（註十）？

由此可見眞理是相對的，是非原無一定。

舉例來說：『假如我和你辯論，你勝了我，我沒有勝你，你果然對嗎？我果然錯嗎？我勝了你，你沒有勝我，我果然對嗎？你果然錯呢？還是各有所對、有不對呢？或者大家都對、都不對呢？我和你自己都不知道，別人更弄不明白。我們請誰來評判是非？若請與你意見相同的人來評判，他旣與你相同，怎麼能够評判？若請意見和我相同的人來評判，他旣和我相同，怎麼能够評判？若請與你我意見都不同的人來評判，他旣和你我意見不同，又怎麼能够評判？若請與你我意見都同的人來評判，他旣和你我意見都同，又怎麼能够評判？這樣，我與你和別人都不能了解，還可待其他的人嗎』（註十一）？足見是非都不免滲入主觀的意見，很難求得客觀的眞理。

然則我們的知識，究竟有多大的範圍？能達到何種程度？莊子是很悲觀的！他說：『吾生也有涯，而知也无涯。以有涯隨无涯，殆已！已而爲知者，殆而已矣』（註十二）！人在世界上，因受種種條件的限制，所知的範圍甚小，不能以一得自豪。譬如『井鼃不可以語於海者，拘於虛也；夏蟲不可以語於冰者，篤於時也；曲士不可以語於道者，束於敎也。……吾在天地之間，猶小石、小木之在大山也，方存乎見少，又奚以自多？計四海之在天地之間也，不似礨空之在大澤乎？計中國之在海內，不似稊米之在大倉乎？號物之數謂之「萬」，人處一焉；人卒九州，穀食之所生，舟車之所通，人處一焉。此其比萬物也，不似毫末之在於馬體乎？五帝之所連，三王之所爭，仁人之所憂，任士之所勞，盡此矣』（註十三）！所以，知識是有限的，只能達於「止乎其所不能知」的程度，而安於無知。這與「不可知論」相似。

第三節　科學方面的意見

科學認爲知識是進步的，絕對論與相對論應該統一，纔能解決「認識的界限問題」。甚至超自然論所提出的意見，也可在科學的發展中求得解答。什麼理由？康南特博士（Dr. James B. Conant）說：

『當一種學說初次形成時，只能看做一個概括的暫定假說，不過人們可據以演繹出許多結果來。每一個結果，都可成爲連鎖推理的基礎，產生用實驗證明的推論。如果這些試驗能在許多實例中，證實那些推論正確，而其證據積累，又有助於證明此概括的暫定假設無誤時，則該假說，便立刻成爲一個公認的新學說了。——惟此學說，日後的壽命，可短可長。因爲新的推論，仍在不斷的產生。這些推論，可由精密的實驗，證明其正確或錯誤』（註十四）。

惟其如此，所以當我們認知了一些事物的關係時，我們便獲得了一些眞理，這是絕對的；然而，我們若是向前進步，認知了更多的事物關係時，便把握了更多的眞理，而以前所認定的絕對眞理，又變成相對的，爲現在的新的絕對眞理所代替了。這樣，新陳代謝的發展，造成了認識史不斷的進步。部分的相對眞理之積累，進於總的絕對眞理；而部分的絕對眞理之發展，又構成總的相對眞理——亦即是「絕對眞理」。**故眞理是絕對的，亦是相對的。當其時空，則爲絕對；失其時空，便成相對。眞理沒有絕對性，便不是實在的；而沒有相對性，也就成爲至上的、非進步的了。**

人類在有限的時間、空間以內，只近似的認識眞理，可說是相對的；然而，無限的歷史發展，又走向絕對眞理的認識道路。在另一方面，個人的認識，是部分的、有限的、相對的；社會的認識，則進於無限和絕對。從前牛頓的物理學，被視爲絕對眞理，自愛因斯坦的物理學——相對性原理（The Principle of relativity）出現後，便成爲相對的了。它如達爾文學說之代替林耐（Karl v. Linné）的生物觀，哥白尼之反對地球中心說（Ptolemaic System 天動說），都是例證。

巴涅特說：『現代的理論家，也像牛頓一樣，一方面深知自己所處的地位，比前人有利；另方面，也知道他們自己雖有特殊的見解，然而後之視今，亦難免不如今之視昔，成爲歪曲不當的意見』（註十五）。實際上，『眞理是隱藏在過程本身裏面，在科學的長期歷史進化之認識裡面——科學從低級的智識階段，進化到一天比一天高的智識階段，却永不會因爲發現一種所謂「絕對眞理」，而達到無以復加的頂點，使其在這個「絕對眞理」面前，感到英雄無用武之地。哲學方面是如此，在一切知識和實際行爲方面，也是如此。歷史也同人的智識一樣，不會因爲達到了人類理想的境界，而就確定的停止。完美的社會，完美的國家，只在想像中能够存在。還有一層，即歷史中一切連續而來的社會制度，也不過是人類歷史進化和進步過程中的一些階梯而已』（註十六），並無永久的極限。這可說是一種「**進步論**」(Theory of progress)。

雖然這樣，照巴涅特的意見：『也許將來還有新發現，但人類全面了解大自然的奮鬪，可能在若干方面，已經達到了最終的極限。從小宇宙（指原子、電子—弘）的探索來說，人類已經遭遇到不確定性、二重性和自相矛盾等障礙。它們似乎在警告人類：不可太追究根底；否則，難免會使他們想觀察的東西走樣受損，依舊得不到眞相。從大宇宙（指日月、星辰—弘）的探究來說，人類終於達到了空與時、質與能、物質與場的統一，至一個最後的、不變的、永久的範圍，再過去，似乎也無路可走了。……等到有一天，科學能對一切事物作完全配合的解釋，也就是科學理論與自然過程能够完全一致，每一可見的現象都有說明，毫無遺漏時，科學的知識，也許便到了力量可及的限度。到今天為止，科學正在走向這個目標的途程中』（同註十五），還有發展的餘地。

瞻望將來，情形正如哈里遜(George R. Harrison)所說：『一百萬年來，人在許多方面，超過了猿猴。其意義的重大，遠過於猿猴在十億年中，超越了變形蟲。然則，在今後一百萬年——且不說五十億年內，大自然會有什麼辦不到的事呢？我們的後代，會成為超人。今後的進步，會超越往昔進步的成績。因為高級生命形式的發展，是以幾何級數而非算術級數進行的。……天上、地下的事物，迄今比我們一切哲學所夢想的，還要多得多，而人不斷的往上爬，大自然的神奇性，却不因其往上爬而有所減損。人已看到神——即完美的本體。人心裡知道：若隨着自己內心的光亮，學習控制自己，控制宇宙中越來越大的範圍，就能成爲「神」那樣』（註十七）。因此，超自然論所追求的境界，在科學發達以後，並不是辦不到的。不過這種情形，只是人類進步的結果，並無神秘的意義。

孫中山先生說：『宗教的優點，是講到人同神的關係或同天的關係，古人所謂「天人一體」。依進化的道理推測起來，人是由動物進化而成，既成人形，當進化而入於神聖。是故欲造成人格，必當消滅獸性，發生神性，那麼才算是人類進步到了極點』（註十八）。可見神學所追求的境界，科學亦能達到。智識只有已知、未知之分，並無可知與不可知的界限，而認識的進步，也逐漸將未知變爲已知了。

（註一）梯利著「西洋哲學史」第一編，第五篇，第二章，第二節。
（註二）前書，第二編，第一篇，第二章，第三節。
（註三）前書，第三章，第三節。
（註四）前書，第二編，第二篇，第三章，第二節。
（註五）馬克斯著「哲學之貧乏」，第二章，第一節。
（註六）恩格斯著「反杜林論」引論一一。
（註七）「老子本義」道德經，第二章。
（註八）「莊子集解」外篇，胠篋第十。
（註九）前書，外篇，知北遊第二十二。
（註十）「齊物論」中的原文如下：『民濕寢則腰疾偏死，鰌然乎哉？木處則惴慄恂懼，猨猴然乎哉？三者孰知正處？民食芻豢，麋鹿食薦，蝍且甘帶，鴟鴉耆鼠，四者孰知正味？猨猵狙以爲雌，麋與鹿交，鰌與魚游，毛嬙、麗姬，人之所美也，魚見之深入，鳥見之高飛，麋鹿見之決驟，四者孰知天下之正色哉？自我觀之，仁義之端，是非之途，樊然殽亂，吾惡能知其辯」？

（註十一）這一段話，「齊物論」中的原文是：『既使我與若辯矣，若勝我，我不若勝，若果是也，我果非也邪？我勝若，若不吾勝，我果是也，而果非也邪？其或是也，其或非也邪？其俱是也，其俱非也邪？我與若不能相知也，則人固受其黮闇，吾誰使正之？使同乎若者正之，既與若同矣，惡能正之？使同乎我者正之，既同乎我矣，惡能正之？使異乎我與若者正之，既異乎我與若矣，惡能正之？使同乎我與若者正之？既同乎我與若矣，惡能正之？然則，我與若與人俱不能相知也，而待彼也邪』？

（註十二）「養生主」中的這段話，可譯成白話如下：『我們的生命有限，而知識是無限的，以有限的生命，去追求無限的知識，非常危險！不明白這種危險，反而再去求知，便更危險了』！

（註十三）莊子「秋水篇」中的這段話，可譯成白話如下：『井底蛙受空間的限制，不能和它說海的闊大；夏蟲受時間的限制，不能和牠講冬天結冰；鄉下人受教育的限制，不能和他談大的道理。（因為這些事情，他們都聽不懂）。……我們在天地間就像小石、小樹在大山上一樣，只覺得所見甚少，還敢說自己偉大嗎？估計四海在天地之間，不像蟻穴在大山澤中嗎？再說中國在四海以內，不像一粒米在大倉中嗎？通常說物類有一萬種，人不過是其中的一種。統括九州以內的人民，凡是五穀生長，舟車所能到達的地方，人不過是其中的一分子。拿他來和萬物相比，不好像馬身上的一根毫毛嗎？（從古至今），五帝揖讓相連，三王興師爭奪，仁人殷憂啓聖，官吏勤勞盡職，一切活動，都不出這個範圍之外』。

（註十四）James B.Conant:Science and Common Sense(1951) Ch. 3，Section 2。

（註十五）Lincoln Barnett:The Universe and Dr.Einstein(1965) Ch.15。

（註十六）恩格斯著「費爾巴哈與德國古典哲學的末日」，第一章。

（註十七）George Russell Harrison:What man may be—The human side of science (1962), Ch.12, Section 5。

（註十八）「國父全集」演講，「國民要以人格救國」一文。

第三篇 自然哲學

認識哲學講明之後，我們現在來研究自然哲學的問題。在講認識哲學時，我們知道認識哲學的發生，是起於「能知」與「所知」的關係，即認識者與被認識者相對立。認識者是人類的意識，被認識的對象，則是指外在的事物而言。這外在的事物爲何？究竟如何發生？便是自然哲學所要研究的問題。

第一章 何謂自然哲學？

第一節 幾個名詞的解釋

談到自然哲學，名詞就有不同：有說它是研究「實在」（Reality）或「有」（Being）的問題，有說它研究「自然」（Nature）或「宇宙」（Cosmos）問題，通常叫做「形上學」（Metaphysics）。「形上學」的來源和意義，我在第一篇、第三章、第五節內，已有說明。

朱熹說：『天地之間，有理、有氣。理也者，形而上之道也，生物之本也；氣也者，形而下之器也，生物之具也。是以人物之生，必稟此理，然後有性；必稟此氣，然後有形』（答黃道夫書）。這段話，是對「形而上」一詞很好的解釋。可見「形而上學」（或稱「形上學」），就是研究事物產生的根本原理之學。然則，『所謂「根本原理」者，果爲何物耶？曰：無他，凡事物之本質，現象之本體，宇宙之根源等實在問題，皆爲形而上學研究之對象也。古來哲學者，對此諸問題，所見不一，各是其所是，而非其所非』（註一），有不同的意見。

「實在」的意義爲何？英文常將 Reality 與 Being 二字混用，譯 Reality 爲眞在、實在，譯 Being 爲實有或有，含義略有不同。因爲「實在」卽眞實的「存在」（Existence），有現實性和獨立性，與「虛無」（Nihility）相對，凡在某一時間、空間及因果關係中的事物皆是。故它不是「無」而是「有」；惟「有」的意義，甚爲廣泛：凡人可思考的一切東西，不論它是物質的、精神的、現實的或虛幻的，都可叫做「有」。譬如「無」雖是虛幻的，然它能爲我們所想到，便也就是「有」了。至於確實存在的事物，當然更不必說，可算是實有的。

黑格爾說：「有」是極抽象的概念。『我們講到純粹抽象觀念的「有」，凡是所有的特性，諸如桌子的方形、黃色、硬度，都被一一抽掉。它僅是這種完全空虛而同於「無」的思想之「有」』（註二）。『像這樣的「有」，它裏面沒有任何特定的東西。因爲我們已經把它從一切特定的東西中抽出來了。故它是絕對無限而無內容的，完全空洞和冲虛的——一種純粹的眞空。……像這種一切定性都缺乏的「有」，簡直就是「無」（Nothing）。其空洞，其冲虛，和「無」是相同的。因此，「有」和「無」也是相同的。純粹概念的「有」，就這樣被看作包含一「無」的觀念在內』（同前）。他這種見解，與佛家三論宗的思想相通。

三論宗認爲「有」與「無」是同一的，也是相對的。「存在」同時是「非存在」，「非存在」同時也是「存在」。這就是說：質料或形式是空，空也同時是質料或形式—『色卽是空，空卽是色』。爲什麼呢？因爲「空」的消極意義是虛無，積極意義則是相對。它沒有獨立的實體，也沒有特殊的相狀，只是一種緣起關係，而相對的存在，無名、無相的（註三）。這像黑格爾所說的「有」，也是他所說的「無」。

有人認爲「有」的觀念，雖然是最空洞、最貧乏的，沒有確定性，却不如黑格爾所說是與「無」相等。因爲在「有」的觀念裡，確實具有實際的內容，而「無」只是「有」的反面，沒有實際內容可言，兩者並不一樣。殊不知黑格爾的意見，是由唯心的辯證法出發，把「有」看成第一範疇，與「無」相對統一；而一般人的意見，則是由歸納法出發，把一切特殊的「有」加以抽象，概括而爲最普遍的共同之「有」——萬有。「形上學」以萬有爲研究的對象，即『人利用其理智的「抽象能力」，從各具體及個別物中，抽出其最超物質、最超感覺的部分——萬有之「有」，而後加以研究。故此部分是一切物所共同確有的，絕非憑空捏造出來的』（註四）。其它一切學問，只研究「萬有」中的某一部分，故可說是以「形上學」的對象爲基礎。

笛卡爾說：『我思維，因此我存在』；柏克萊也認爲『存在即被知覺』。這可見凡是被知者或思維的主體，都是實在的。人之所以能認識事物，即由感覺的經驗而來。

柏克萊說：『感覺或反省所了解的事物，我不否認其存在。如眼所見、手所觸者，其爲眞實存在，我絕無懷疑』（註五）。此眞實存在，即心所知覺的對象，其全部又可名曰「自然」。英國哲學家懷黑德（A. N. Whitehead, 1861-1949）說：『自然是我們由感官在知覺中所觀察的』。它是自己存在，自己表現，自己變化，而包羅萬有的東西。佛家統名之曰「法」，其範圍與宇宙相同。故研究自然的哲學，又叫做「宇宙論」(Cosmology)。

英文「宇宙」一詞是 Cosmos，它與 Chaos 相對，意義各有不同。Chaos 爲「混沌」之象，指宇宙未開的情形；Cosmos 則是統一、調和，井然有其秩序之意，爲宇宙開闢以後的狀態。因此，「宇宙開闢說」叫 Cosmogony，「宇宙論」則叫 Cosmology，都指整個有秩序而互相關聯的現象。

第二節　它所研究的問題

然則，自然哲學所研究的問題，究竟是什麼呢？

梯利教授說：『希臘哲學開始是研究客觀世界的本質，其始大半注意於外界的自然；迨後漸漸轉移其目光於人類本身，所謂人本主義的（Humanistic）是也。他們開首的大問題是：自然是什麼？因而人類是什麼？其次，……就引起人類精神問題的研究，即人類心理和人類行爲的研究』（註六）。西洋哲學史通常分爲宇宙論時期、人事論時期及認識論時期。希臘在紀元前『第六世紀和第五世紀的前半期，專注於自然科學及自然哲學之研究，探究的心理，趨向於外面的物質世界，全副精神在了解宇宙的意義。前後各種思想，全在想解決宇宙之謎，最大興趣的對象，是宇宙及其法則』（註七），屬於宇宙論時期。**自然哲學以研究宇宙論問題爲主，故簡稱「宇宙論」**。

美國顧西曼（Herbert E. Cushman）教授說：『宇宙論時期，起於希臘之有哲學思想（原註紀元前六二五年—弘），迄波斯戰爭（紀元前四八〇年）。……宇宙論就是研究物質的宇宙實體（Reality）的。這時期，占有希臘人思想的宇宙特殊問題，**就是在物質世界的各種變易中，什麼是不變的呢？這是哲學**

問題，而不是自然科學的問題』（註八），故屬於自然哲學。

懷黑德把「自然」分爲兩部分：一是可知覺的自然，一是作知覺原因的自然。前者就是哲學上所指的「現象」（Appearance），後者名叫「實在」（Reality）。這「實在」，既可作知覺的原因，便有「本體」和「本質」的意義，與康德的「物自體」相同。從來認爲研究宇宙現象和本體問題，是屬於形而上學的範圍。李石岑教授說：『形上學的問題，大抵不出二種：㈠實在的本質問題，㈡實在的生成問題。本體論則屬於實在的本質問題的部分，……宇宙論則屬於第二種生成問題的部分。所以，本體論與宇宙論相對稱，爲形上學中二大部門』（同註七）。**自然哲學既是研究這兩部門的學問，則與「形上學」同義。**

然則，形而上學與自然哲學，究竟有無區別呢？范錡教授說：『西歐古代，自然哲學幾乎包括了一切學問；但人智逐漸發達後，自然之研究，分門別類，多移入於特殊科學範圍。玆所謂「自然哲學」，是關於自然一切認識對象作根本的研究；但此所謂「自然」，不限於物質，亦不限於精神，是包括心物而有之。說明此一切現象之原理，則爲自然哲學之任務；所謂「形上學」，亦是關於自然根本的研究。故二者可以說是名異而實同』（註九）。

雖然如此，但實際上，形上學的意義，通常是指玄想的哲學而言，亦稱「玄學」。其廣義的範圍，包括本體論、宇宙論、論理學、認識論等在內（同註七）。例如『培根列形上學於宇宙論之中，馮德（Wilhelm Max Wundt, 1832-1920）及文德爾班（Wilhelm Windelband, 1848-1915）則列形上學於宇宙論之外，鮑爾遜（F. Paulsen）則以形上學包括本體論、宇宙論及神學，耶路撒冷（W. Jerusalem）則視形上學與本體論爲同一。其說紛紜，莫由辨晰』（同前）。故不如用自然哲學來說明本體論和宇宙論兩大問題，較形上學尤爲適切！

所謂**本體論，就是研究宇宙本體的性質及其產生的學說**，爲宇宙中的究極部分。故本體論可包括於宇宙論中，不必分開。什麼叫做「本體」（Noumenon）？其意就是指在現象（Phenomenon）之內，有一種常住不變的東西，能够支配其變動。這種東西，雖然感覺不到，却可推想出來，一定存在。「本體」這個名詞，爲柏拉圖所創用。

本體通常又稱「實體」（Substance），是從拉丁語 Substantia 一字而來。其語源爲 Substare，有「立於下」或「在下」之意，一般解作居於現象和事物之奧底者，與現象有以下的區別：㈠現象是生滅的假象，它則爲實在的本質（Essence）；㈡現象是能動的作用，它則爲固定的基體（Substratum）；㈢現象是感覺的對象，它則爲思辨的範疇（Category）。因爲兩者不同，而本體隱藏在現象之內，又不容易看出，故近代有些哲學家，想不講本體，只講實在。例如霍布士說：『實體與物體，同是一個東西。若說有無形的實體，就等於說有無形的物體。這是不通之論』（註十）。但**本體的存在，是不可否認的。**

（註一）范錡著「哲學概論」，第六章，三。臺灣商務印書館十一版。
（註二）W. T. Stace: The Philosophy of Hegel (1923), Vol.1, Ch. 3, Section v.
（註三）高楠順次郎著「佛教哲學要義」，第七章㈢。藍吉富譯。正文書局初版。
（註四）曾仰如編著「形上學」，第一篇，第一章。臺灣商務初版。
（註五）柏克萊著「人類知識原理」，第三十五節。

（註六）梯利著「西洋哲學史」第一編，第一篇，第一章，第七節。
（註七）李石岑著「哲學概論」第二編，第一章。民國二十二年九月，上海世界書局出版。
（註八）美國顧西曼著「西洋哲學史」上册，卷一，第一章，瞿世英譯。民國十一年八月，上海商務初版。
（註九）范錡著「哲學大全」第一篇，第三章，第一節。臺灣商務三版。
（註十）梯利著「西洋哲學史」第三編，第一篇，第二章，第三節。

第二章　宇宙是甚麽東西造成的？

——宇宙構成的本體問題——

自然哲學中的頭一個問題是：宇宙爲甚麽東西所造成？這就是說：構成它的本體，是什麽性質？本體在宇宙裡面，是獨立自存，不依賴他物而存在的。如老子所說：『天下有始，以爲天下母』。它有三種作用：㈠作爲本質，能够產生現象；㈡作爲根源，是萬物的起點；㈢作爲原理，可說明事物的變化。依此來看，哲學上有那些關於宇宙本體的意見呢？

第一節　神學方面的意見

宗教是最早的哲學，首先追問世界的成因：說在一切變化的事物中，誰是最初的不變者，而能製造萬物？它的答覆：是「神」。神爲什麽發生？原因已於第一篇、第二章、二——三兩節中，說得非常清楚。它是哲學的本體，殆無疑問。

梯利敎授說：『希臘宗敎的發展，是與政治和文學走相同的路線：始而原是一種自然崇拜(Nature-worship)，繼而演進爲多神敎（Polytheism），並由詩人的想像，創出一種神的社會，其中住有很多的神仙。……後因文化進步，衆神本身都變成道德的，而宙斯（Zeus）神成爲神的社會中之領袖，天上地下正義的保護者』（註一）。其他各國神的起源，也大都相似。穆萊（Gilsbert Murray）說：『大多數國家的神，都以爲曾經創造世界』（註二）。以色列（Israel）的耶和華（Jehovah），便是一例。「新約全書」的約翰福音說：『太初有道，道與神同在。道就是神，這道太初與神同在。萬物是藉着他造的，凡被造的，沒有一樣不是藉着他造的』（註三）。故神爲宇宙的本體，非常明顯！

在神學中，凡以「神」爲萬物的本體和根源，說他能創造世界，並主宰世界者，叫做「**有神論**」（Theism）。由於神在宇宙中的地位和性質不同，又可分爲下列三種：

一、人格神論（Personal theism）說「**神**」**超乎世界之外，有人格的**（Personal）**性質**。什麼叫做「**人格的**」？卽同人一樣，有智慧、感情、道德等性格。因爲如此，所以神能創造世界，主宰萬物，而用他的自由意志，干涉自然界的進行，改變自然法則，有奇蹟、天啓、預言出現，發生超自然的作用。猶太教與基督教的耶和華，回教的阿拉（Allah），便是有人格的神。基督教講「三位一體」（Trinity），說上帝有三種人格：卽聖父、聖子、聖靈——父爲耶和華，子是耶穌，聖靈爲父子共同的神性。三者表現雖有不同，本質上却是一體的。這就是人格的證明。

從前希臘的哲學家德謨克利特（Democritus），雖是原子論者（Atomist），却也主張有神。他說：『神是有的，惟與人相仿，有生有死，生命較長而已』（註四）。伊壁鳩魯的意見，也同他一樣，說神有男女兩性，比人更美麗。他們是由荷馬（Homer）史詩中相傳下來，『在荷馬中的宗教，……所有的神，都完全是人。其與人不同之處，不過是不死，並有超人的能力而已』（註五）。我國從前的神，如三皇、五帝等，也都是有生命和人格的。孔子雖不講怪力亂神，亦非不信神的存在。他說：『鬼神之爲德，其盛矣乎？視之而弗見，聽之而弗聞，體物而不可遺，使天下之人，齊（齋）明盛服，以承祭祀。洋洋乎，如在其上，如在其左右』（註六）。這是顯明的例證。他們把神看成在世界以外，先於世界而有的，故又稱為「超絕神論」（Transcendental theism）。

二、泛神論（Pan-theism） 說**「神」遍在於世界之內，與自然合為一體，是內在的，而非外在的**。希臘最早的泛神論者（Pantheist）是芝諾芬尼（Xenophanes），他反對把神看成同人一樣有四肢百體，說『它是無所不見，無所不思，無所不聞，即無所不包的。……（與）宇宙萬物同屬一體』；換言之：神就是宇宙，不是一個純粹的神靈』（註七）。其後斯多噶學派，也認為神與世界的關係，好像人的靈魂和肉體一樣，世界是神的肉體，神是宇宙的靈魂。中古經院哲學家伊烈基那（John S. Erigena），也是泛神論者，他說：『萬物並不與神分離，不過是神活動的裝束而已。神和他的創造物，是一而二、二而一的。因為它在創造物中，創造物也在它之中』（註八），兩者渾然為一。

及至近代，斯賓洛沙的意見，也與伊烈基那相同。他認為神不是離開世界，超自然的作用於其上，而是在世界之內，為萬物永久的實體（Substance）。『神是一切事物內在的，而非外在的原因。……一切都在神之中生存，在神之中活動』（註九）。他用經院哲學的術語，把自然分成兩面：一是「能產的自然」（Natura naturins）；二是「所產的自然」（Natura naturata）。前者指神和實體，後者指世界萬物。這兩方面，雖然有積極和消極的意義不同，實同為自然的表現；換句話說：實體、自然和神，都是同一的事物，而無人格和意志。**這與人格神論不同**。

德國的詩來馬哈（Schleiermacher, 1768-1834），也發揮斯賓洛沙的思想，說神與世界是一而不分的。『神離開世界不能存在，世界離開神亦不能存在；惟神與世界之間，也有它的區別：神是無空間、時間的統一體，世界是有空間、時間的複合物』（註十）。我們不可給神以人格，說它有無限的思想和意志。因爲這樣，它反而被限制，成爲有限的了。

泛神論把神還元於萬有，說「神卽是自然」（Deus sive natura），故又稱爲「**萬有神論**」。在哲學上，它已與無神論（Atheism）接近。

三、理神論（Deism） 是介乎泛神論與有神論之間，亦名「**自然神論**」，說「**神」是合理的，它爲宇宙的本體，超乎世界之外，却無人格的性質**。它與泛神論不同，認爲神不就是自然；而與人格神論相近，承認神的超絕。自然界的變化，雖出於神意，但神之支配世界，則是順自然法則而行，不能離開法則自由行動。這好比立憲國家的君主一樣，憲法雖由他訂定，他自己亦非遵守不可，與專制君主高高在上、獨行其是者不同。

這種思想，可遠溯於斯多噶派。至中世紀的聖・湯瑪斯，認爲神之支配世界，是依永恆法（Eternal Law）和自然法（Natural Law）而行。永恆法代表神的全部意志，爲神支配萬物的法則，由天啓可以得見；自然法是永恆法的一部分，表現神的局部意思，人可用理性窺知。因爲神意表現在宇宙（自然）中，人能領會它的意思，便認識了自然法則。這自然法則，卽傑斐遜（Thomas Jefferson, 1743-1826）所稱之「自然神的法則」，與我國『天生烝民，有物有則，民之秉彝，好是懿德』（註十一）的古訓相通。

十七、八世紀的思想家，斯賓洛沙、牛頓等，繼承哥白尼以來的一種理論，說人對神所造的宇宙，愈是作精密的科學研究，愈能了解神的意思。科學發明的原理，是神的啓示，也是自然的法則。故研究自然現象，就是研究神的創造工作。由此所得的道理，合於理性，即是天理（眞理）。所以合理的道德，被認爲「自然道德」，合理的宗教是「自然宗教」，合理的法律也是「自然法」。由「自然法」而產生「自然權利」的觀念，即天賦人權。這是人類生存的基本權利，爲神依自然法則所賦予，乃天理之當然，絕對不能剝奪。

理神論對十七、八世紀歐美的民權革命，有很大的影響。它發端於英國，以赫爾伯特（Herbert of Cherbury）爲首創。繼起的人，在英國有托蘭（John Toland, 1667-1722）、柯林斯（Anthony Collins, 1676-1729）、徹布（Thomas Chubb, 1676-1747）、德國有孟德遜（Moses Mendelssohn, 1720-1786）等。他們不僅是神學家，也算是自由思想家。

此外，還有德國的神學家克勞西（Karl Christian Friedrich Krause, 1781-1832），提倡「**萬有在神論**」（Panentheism），也是調和泛神論與超絕神論的一種意見。他說：『泛神論者謂「神即世界，世界即神」，其理固不必眞，而超絕神論者說神超出世界以外，也未必對。其實世界是在神之中，神則包含於世界以外，而統攝萬象』（註十二）。所以，**神不就是世界，而只包容世界**。

第二節　玄學方面的意見

一　唯物論

玄學中最先講到本體的思想，是**唯物論**（Materialism）。德國哲學家朗格（Friedrich Albert

Lange, 1828-1875）說：『唯物論和哲學一樣古老』。什麼叫做「**唯物論**」？即以「**物質**」（Matter）**爲現象的本體和宇宙的根源，說明萬物變化的道理**。

然則，「**物質**」又是什麼呢？孫中山先生說：『曠觀六合之內，一切現象，釐然畢陳，種類至爲繁夥。今就其近者、小者言之：一室之內，一案之上，茶杯也，木頭也，手錶也，奔赴吾之眼中者，吾皆能僂指其名，以其有質象可求也』（註十四）。這就是說：**凡能影響我們感官，發生感覺的東西，便是「物質」**。它要能發生感覺，必須是獨立存在，有客觀性，而能變化的事物。因爲對「物質」的具體解釋不同，又可分爲下列三說：

一、素樸的物質論（Naive Materialism）即指古代的唯物論而言。例如希臘的哲學家泰利斯（Thales）說「水」是萬物的本體，萬物生於水，而返於水。什麼理由？他雖沒有說明，但也許是看到水的作用很大。在地球上，凡『有生之物，得水則生，失水則死：冷結爲冰，熱化爲氣，沈澱爲土。變化萬千，惟水有然』（註十五）。由經驗的結果，而推論出水是萬物變化的原因，並無神秘的意味。

赫拉克里特（Heraclitus）說：萬物的根源是「火」。『萬物變爲火，火又變爲萬物。好像貨物換成黃金，黃金又換成貨物一樣』（註十六），遷流不息。熊熊的火，正是變動不停的象徵。其後恩披多克立，則以水、火、氣、土四種元素，爲「萬物之根」。其聚散離合，全由「愛」與「憎」兩種相對的力量，吸引或排拒所致。安納散哥拉（Anaxagoras, 500-428 B. C.）却認爲元素不止四種，而是像我們感覺所見的，種類甚多，性質複雜，爲極小的分子，他叫做「種子」（Seed, Sperm）。萬物的生成毁滅，也都是這些種子聚散離合所致。梯利教授說：『古代希臘的思想家，皆默認實在是活的。他們用這種見解，說明變化事實的本身』（註十七），故被稱爲「萬物有生論」（Hylozoism）。

中國古代的唯物論，與希臘相似，發生最早的，有「周易」的八卦說。所謂「八卦」，即以乾（☰）、坤（☷）、震（☳）、艮（☶）、離（☲）、坎（☵）、兌（☱）、巽（☴）八種形象，代表天、地、雷、山、火、水、澤、風八種物質，因其配合不同，說明萬物的生成演變。這八種物質，其中以天（乾）、地（坤）二者爲最根本，其他六種，則因天、地變化衍生而出。八卦之外，還有「洪範」的五行說，以水、火、木、金、土五種元素，說明事物的變化。這五種元素的性質和作用，是各不相同的。到秦、漢時代，講五行的人，便不僅用金、木、水、火、土五者代表方位、色澤、聲音、人物、事象等，而且認爲其性質有相生相尅的關係，比以前更爲系統。

管子在「水地篇」內，也把「地」與「水」看得非常重要。他說：『地者，萬物之本原，諸生之根苑也，美惡、賢不肖、愚俊之所生也。水者，地之血氣，如筋脈之流通者也。……集於天地，而藏於萬物，產於金石，集於諸生，故曰「水地」』（註十八）。這與泰利斯的意見相似。他們以純樸的、自然的物質元素作根本，說明宇宙和人事的變遷，所以叫做「素樸的物質論」。

二、機械的唯物論（Mechanical Materialism）

是十七、八世紀歐洲哲學家對唯物論的意見。它受近代物理學的影響，認爲一切物質都是有體積（Extension）和形狀（Figure）的，佔有空間，而能運動。因爲離了體積，不能想像什麼是形狀；沒有空間，物體也無法運動。物質的變化和形式的差異，都由運動而生；運動是位置的轉移，完全爲機械的作用。它爲什麼發生？是「神」所賦予。霍布士說：『關於運動的起源問題，非哲學家所能解答，惟宗教家才能說明。宗教家說上帝創造天地時，把他所認爲完美的自然與特別的運動，賦予一切事物』（註十九）。笛卡爾也說：『神是運動的第一個原因。最初神造物質時，就賦予運動和靜止；迄至現在，則由其聚合的能力，保持原來的運動量於全部物質中』（註二十）。故物體的運動不增不減，始終如一。牛頓和伽利略的見解，也同他一樣。

機械唯物論的思想，可遠溯於希臘的原子論者（Atomist）。魯息帕斯（Leucippus 約公元前四六〇年時人，生卒不詳）及其弟子德謨克利特，主張萬物是由微小不可分的原子（Atom）構成。它們性質相同，而形狀、大小、輕重有別。由於位置和排列的關係，變成各種不同的事物。它們在空間上下不停的運動，完全是機械的、必然的。靈魂是由有火性的原子造成，最精細、最光滑、最靈敏，散布在全身各處，支配身體的活動。這樣，**用物質的原子來說明精神，是唯物論的濫觴**。

霍布士說：人類的心理，是腦中的運動，爲精細的物體所造成。運動由腦而達於心，便產生意識或觀念。笛卡爾和洛克，也用極端微小的物體—原子，解釋物質的變化，說：『這看不見的微分子，是物質活動的部分』（註廿一）。笛卡爾把有機體看成一種機械，與動物的軀體相同。他們各部分的機能，正同鐘錶的機件一樣，完全是機械的運動。其後十八世紀的哲學家，受了他的影響，也說：『如果動物是一個機器，人爲什麼不是機器呢』（註廿二）？德國的荷爾巴赫（Baron d' Holbach, 1723-1789），著「自然之體系」（Systéme de la Nature, 1770）一書，把萬事萬物都用物質和運動去解釋，沒有靈魂存在，思想只是腦髓的作用。英國的哈特烈（David Hartley, 1704-1757）、托蘭（J. Toland）、法國的狄德羅（Denis Diderot, 1713-1784）、克巴尼斯（Cabanis, 1757-1808）等，都以思想爲腦髓運動的結果，附屬於物質。克巴尼斯說：『思想之爲腦髓的作用，恰如消化之爲胃的機能，分泌膽汁是腦的機能一樣』（同前），遵循機械的法則。所以，**機械唯物論是用物質的運動，去說明一切事物和精神現象**。

三、辯證的唯物論（Dialectic Materialism）是馬克斯和恩格斯所創立。他把黑格爾的辯證法（Dialectics）與唯物論結合起來，說一切物質的運動和社會的變化，都是依照黑格爾所說的「正」、「反」、「合」的三聯式（Triad）向前發展，有相反相爭、相反相生的作用，而非機械的運動。故稱**「辯證法的唯物論」**。

「辯證法」一詞，起源於古代希臘，是由Dialegomai（對話或論爭）一字而來，爲用辯難論證，揭穿事物的矛盾，發現眞理的意思，由蘇格拉底開其端。惟辯證法本身的實際內容，則非蘇氏所首創。在希臘時代，最先發明辯證法的道理，而且可說是唯物辯證法（Materialistic Dialectic）的，爲赫拉克里特（Heraclitus）。他說宇宙萬物的根源是火，其所以變化不居，生成毀滅，原因是有相反的性質存在。譬如音樂的和諧，就是高音與低音的綜合，爲相反相成的結果。一切變動的東西，都是新舊交替，推陳出新的。「新」與「舊」是相反的，而能相生，對立可以統一。因此，他說：『戰爭是萬物之父，萬有之王。它使許多人爲神，爲人，爲奴隸，爲自由』（註廿三）。『萬物經由鬪爭而生滅』（同前）。這種意見，對黑格爾和馬克斯都有影響，爲他們所繼承。黑格爾主張「正」與「反」的矛盾，馬克斯主張階級鬪爭，便是例證。馬克斯的辯證唯物論，是得自赫拉克里特的。

赫氏雖然主張鬪爭，却也看重統一。他說：『對立統一起來，由分離而產生最美麗的和諧』（同前）。『你應該統一**全體與非全體的事物，統一趨於結合與分離的事物，統一和諧與非和諧的事物。由萬物**

而產生一，由一而產生萬物』，兩者是一致的。馬克斯則不然，他高揚鬭爭，强調對立，說：『沒有對立，便沒有進步，這是文明發展直到如今所遵循的法則』（註廿四）。恩格斯也說：『這些對立，就是在不斷的鬭爭中，經過互相轉化，或向高級形態的轉化』（註廿五），由「否定」（Negation）以至於「否定之否定」（Negation of negative）。其後列寧更進一步，把『對立物統一（一致、同一、均勢），看成是有條件的、暫時的、過渡的、相對的，而互相排斥的對立物鬭爭，則是絕對的，正如發展與運動之爲絕對的一樣』（註廿六），便更偏激了。

中國從前雖無「辯證法」的術語，却有一種「易理」存在。**「易理」就是變易的道理**。「周易」繫辭上傳說：『生生之謂「易」』；孔頴達的解釋：『夫易者，變化之總名，改換之殊稱。自天地開闢，陰陽運行，日月更出，孚萌庶類，亭毒品彙，新新不停，生生相續，莫非資變化之力，換代之功』（註廿七）。這也可說是一種「辯證唯物論」，與赫拉克里特的意見相似。惟它（易理）**看重相反相成、相反相生的作用，而不注重相反相爭，則與馬克斯派絕不相同**。

二　唯心論

與唯物論意見相反的是**唯心論**（Spiritualism），它以**「精神」**（Spirit）**爲宇宙的本體，說明萬物的變化**。何謂「**精神**」？孫中山先生說：『欲求精確之界限，固亦非易；然簡括言之：第知凡非物質者，卽爲精神可矣』（同註十四）。物質是有形體、有質象可求，能被人感覺的東西；精神和它相對，便是沒有體積，沒有形態，沒有質料，而非客觀的實在。它雖看不見，却可表現於形體之上。『譬如人之一身，五官百骸皆爲體，屬於物質，其能言語動作者，卽爲用，由人之精神爲之。二者相輔，不可分離。若猝然喪失精神，官骸雖具，不能言語，不能動作，用旣失，而體亦卽成爲死物矣』（同前）。可見**精神雖屬無形，却爲實有**。通常泛指**「心靈」（Mind）而言，亦簡稱爲「心」**。

「心」的性質究竟爲何？朱熹說：『心者，人之知覺，主於身而應於事者也』（註廿八）。**就其表現而言，『意者心之所發，**情者心之所動，志者心之所知，**比於情、意尤重』**（同前）。故心爲一身之主宰，是一種認識能力。因爲它認識的對象不同，範圍有別，致表現爲不同的名詞。如程伊川所說：『在天爲命，在義爲理，在人爲性，主於身爲心，其實一也』（註廿九）。由於解釋不同，唯心論可分爲下列三種：

一、**柏拉圖的理念論**（Platonic Idealism）柏拉圖是唯心論的創始者，他認爲我們所見的一切事物，都是變化不居的現象。在它裡面，有一個不變的本體存在。這個本體是什麼？就是「**理念**」（Idea）。所謂「**理念」，在他有三種含義**：㈠是「類」的觀念，如人、動物、昆蟲等，包括這類東西共有的性質；㈡是事物的「法則」，卽物理、人理等；㈢是「理想」，爲各種事物所追求或要實現的目標。理念雖然看不見，非常抽象，却遍存於一切事物之內，是實在的。何以知道它實在？因爲我們可以推想得到，世界非有「理念」不可。譬如這裡有一座鐵橋，感官所及，只見鋼樑架構，撐持不倒，其所以如此，無不合於數學原理和機械法則。如果沒有這種原理和法則隱藏在內，橋是撐持不住的。可見「**理念」非常重要，爲事物存在的根本**。

柏拉圖認爲「理念」在萬有之先，卽已存在，萬物消滅，仍能自存。譬如「人」的觀念，是在張三、李四每個人之前，早就有了；張三、李四雖死，而「人」的觀念却不會死。一切東西的形象，只是這

「理念」不完全的樣子。**最高的理念是「善」，爲一切理念之源**。它可名之爲「神」，又叫「**世界理性**」。他這種思想，好像宋儒理學家所講的一樣。朱熹說：

『理者，形而上之道，所以生萬物之原理也；氣者，形而下之器，牽理而具形之質料也』（註三十）。

『所謂「理」與「氣」，決是二物。但在物上看，則二物渾淪，不可分開各在一處，然仍不害二物之各爲一物也；若在理上看，則未有物，先有物之理，然亦但有其理，而未嘗實有此物也』（註卅一）。

朱熹把宇宙分爲「**現象界**」和「**本體界**」兩方面：**現象是「氣」，爲有形的質料或物體；本體是「理」，爲無形的法則**。兩者緊相關聯，不能各自獨立；但在現象界，當磚、瓦、舟、車的物尚未發生時，必先有磚、瓦、舟、車的理存在。可是其理雖然存在，也只有概念而無實例，『但有其理，而未嘗實有此物』（同前）。天地間最高的原理是「太極」。『周子（濂溪—弘）所謂「太極」，是天地、人物、萬善至好的表德』（註卅二）。『太極者，如屋之有極，天之有極，到這裡更沒去處，理之極至者也』（同前）。這些都與柏拉圖的意見相同，可爲印證。

二、主觀的唯心論（Subjective Spiritualism）　這是柏克萊所提倡。他雖是經驗論者，認爲事物離不開感覺的認識，因而推之至極，便說一切東西的存在，完全決定於主觀的知覺，如果不爲人所知，就不算是存在的。他說：『所謂存在，意卽被感覺了，是在心中，所以無心便無物。物體的存在，是被感覺着，被知道了。若它未被我們知道，或不在我們心中，也不在其他創造者的心中，那便完全烏有。……故說物體存在於心外，即是矛盾的話』（註卅三）。他這種意見，雖不否認有客觀存在的事物，但把一切看成離不開感覺的心靈，故被稱爲「**主觀的唯心論**」。

非希特認爲唯心論是由「我」去說明「物」，與唯物論之用「物」來說明「我」不同。我們知道外物的存在，是靠眼看、耳聽、手摸等感覺去認識，而這些感覺之能發生作用，就因人有意識的緣故。人若無意識支配，則看、聽、摸都不能知。可見**我們認識外物，是在體驗自己的感覺**。如何體驗？就是直觀。由直觀而使感覺印象表現出來，成爲客觀世界。所以，『客觀世界是自我爲它自己構成的。因爲心有意把意識的純粹主觀變化，施於空間之中，或把那些變化構成對象』（註卅四）。這就是說：外界完全是「我」的產物，先有能認識的主觀，而後有被認識的客觀。主觀是「自我」，客觀是「非我」。「非我」由「自我」而生，並非在「自我」之外，眞有「非我」的實在。**客觀**世界（非我）與「自我」（主觀）相對立，是「自我」給自己所加的限制。爲什麼要有限制？因爲不這樣，不足以顯示它（自我）的活動。活動是要遇着某種障礙（Anstoss），才可設想的。由此可知**一切皆由主觀出發，爲「自我」所生，故屬於「主觀的唯心論」**。不過他又說「自我」有普遍性，是超個人的、絕對的，同神一樣。

非希特的意見，與佛家所云：『心爲萬法之本，能生一切諸法』，頗相類似。王陽明說：『身之主宰便是心，心之所發便是意，意之本體便是知，意之所在便是物。如意在事親，即事親便是一物；意在事君，即事君便是一物。……意在視、聽、言、動，即視、聽、言、動便是一物。所以某說無心外之理，無心外之物』（註卅五）。這與非希特和柏克萊的意見相似，正可互相發明。

三、客觀的唯心論（Objective Spiritualism）　與主觀的唯心論相反。**它以爲事物的存在，並**

不是在各人的感覺中，非主觀心意的產物，而是超個人的、普遍的精神所產，爲客觀的、實在的。黑格爾說宇宙有一種精神的本體，好像中國所說的「太極」一樣，名之曰「絕對」（Absolute）。它與柏拉圖的「理念」相似，爲客觀存在的；所不同者：是柏拉圖的「理念」，超越於事物之外，而黑格爾的「絕對」，則隱藏於事物之中。天地間的一切事物，都是它表現出來的形態。它如何表現？即按照辯證法的方式，由「正」而「反」而「合」，向前演進不已。因此，「絕對」就是一種進化的歷程，而非靜止不動的。它與現實事物合而爲一，可說有其思想，必有其事物。『凡是合理的，都是現實的；凡是現實的，必是合理的』（註卅六）。這一方面，表明思想與現實一致；另方面，也說明其間爲一種必然的關係。因爲在黑格爾看來，「現實」與「必需」是相連的。一件事物，『在其發展過程中，現實表現成爲必需』（註卅七）；既屬必需，當然合理。但如果情形變了，以前是現實的事物，也可失去其必需性，成爲不合理的，而歸於淘汰，並非一成不變。宇宙萬物就這樣生生不息，由無機物、有機物、動物以至人類，向前演進不已，成爲「絕對」（理念）的表現。最後由客觀的領域，復歸於自己的精神——即「絕對精神」（Absolute idea）的境界。**這就是黑格爾哲學的體系。**

其後英國的格林（Thomas Hill Green, 1836-1882），繼承黑格爾的思想，也提倡「客觀的唯心論」。他說宇宙間有超越時間、空間的唯一精神原理存在，一切萬物都是這宇宙精神的顯現。此宇宙精神，可名之曰「神的自意識」（Devine Self-consciousness）。它是宇宙的統一者，自然界的現象，本是極複雜的，其所以能統一而有秩序，就是受這神的意識所支配。

南宋文天祥（公元一二三六—一二八二年）所作的「**正氣歌**」，是「**客觀唯心論**」最好的例證。他說：

『天地有正氣，雜然賦流形：下則爲河嶽，上則爲日星，於人曰浩然，沛乎塞蒼冥。皇路當淸夷，含和吐明庭；時窮節乃見，一一垂丹青。……是氣所磅礴，凜烈萬古存。當其貫日月，生死安足論？地維賴以立，天柱賴以尊，三綱實繫命，道義爲之根』（註卅八）。

所謂「正氣」，就是一種正義的精神，好像黑格爾所說的「絕對」一樣，混雜在宇宙間，變爲各種形態。下自山川草木，上至日月星辰，以及人事變遷，歷史軌跡，無不爲它所表現。宇宙的綱維，人羣的關係，道德的根本，都以它爲基礎，而它自己，却是超越時間、空間，永遠存在，恆久不息的。

朱熹說：『如果天地無心，則須牛生出馬，桃樹上發李花。天地以此心普及萬物，人得之遂爲人之心，物得之遂爲物之心，草木、禽獸得之，遂爲草木、禽獸之心，只是一個天地之心爾』。這也認爲有**一種普遍的精神存在，隨時表現於宇宙萬物之間，爲「客觀的唯心論」**。

三　調和論

如前所述，唯物論偏於物質，唯心論重在精神，兩者各執一端，皆有所偏，故發生調和的意見。如孫中山先生所說：『總括宇宙現象，要不外物質與精神兩者。精神雖爲物質之對，然實相輔爲用。……故全無物質亦不能表現精神，但專恃物質則不可也』（同註十四）。如何調和？卽使**「物質」與「精神」並存，認爲萬物有兩個本體，同爲宇宙的根源**。其說有下列三種：

一、並行論（Parallelism）　卽是**「二元論」**（Dualism）。它主張「物質」與「精神」並行存在，性質不同：「物質」的屬性是運動，「精神」的屬性是思維，兩者並無相生的因果關係。好像車子的**兩個輪盤一樣，並行前進，互不相干**，所以稱爲「並行論」。

笛卡爾說：精神與物體相反：物體的屬性是有體積，爲被動的；精神的屬性在能思維，是自動的。精神絕無體積，物體絕無思維，兩者完全不同。動物的軀體構造，好像鐘錶的機器一樣，沒有精神作用；惟人類才有精神。身與心之間，以腦中的松果腺（Pineal gland）爲交會處，也有其關係。雖然如此，但思維和體積的本性是不同的，故不能互相混合，仍然各自獨立。

二、中立論（Neutralism） 物質與精神既不相同，如何能發生關係？中立論者認爲「精神」和「物質」之間，雖然彼此獨立，沒有交互作用，但在它上面，却有一個「神」存在。這好像兩個輪盤的車子，原來並行前進，沒有聯繫，現在坐上一個「神」來操縱，比較方便。

斯賓洛沙的意見，就是這樣。他說宇宙只有一個本體（Substance），常住不變，那就是「神」。其他一切個別事物，都是神的外表形態。神（本體）與萬物（形態）合而爲一，好像水與波紋的關係一樣。它是原因，也是結果。因其爲宇宙唯一的本體，是無限的、絕對的，則物質與精神，便是它相對的屬性。笛卡爾說：物質的屬性是體積，精神的屬性是思維，「物質」和「精神」既各有屬性，便也是本體之一，而他又說神是唯一獨立的本體，顯然自相矛盾。斯賓洛沙有鑒及此，故說神是一切事物的本源，萬事萬物都依神而存在。『神者，一能思維，有體積之實體也』（斯氏語）。精神與物質雖是兩方面各自獨立，不相因果，究爲同一本體的部分。我們從精神方面看，本體能思維；從物質方面看，本體有體積。兩者合爲一體，不可分離。

物與心的關係，是相應的。如何相應？卽物理作用與精神作用，雖不相交，却彼此平行。『物體世界的各種過程，有其相應的精神世界的過程』（斯氏語）；換言之：凡有精神作用之處，必有物理作用存在，而有物理作用，亦有精神作用，兩者相符。故在人類，身體與精神，雖無交互關係，却能同時適應，並行不悖。他這種意見，又被稱爲「一元的並行論」(Monistic parallelism)。

三、同一論　亦名「**同一哲學**」(Identity philosophy)。它比前兩說更進一步，認爲宇宙是一個活的、進化的組織，恰如有機體中部分與全體之不可分離一樣。精神與自然，法式與物質，都是同一本體——「絕對」(Absolute)的表現：『自然是可見的精神，精神爲不可見的自然』(註卅九)，而不是並行的存在，有發展程度的高低。

德國的哲學家謝林(Friedrich Wilhelm Joseph Schelling, 1775-1854)，是有名的同一論者，他認爲「絕對」是太一(All-Eine)，是渾同的，自然與精神，存在與思維，起初都沒有差別(Indifference)；後來漸漸發展，纔成爲「絕對」的兩端。物與心的關係，並不像斯賓洛沙所說，是本體並行的兩面，而爲「絕對」的精神發展過程。「絕對」是進化的，它照辯證法的程序：由無意識狀態(正)，進到半意識狀態(反)，再進而至顯明的自我意識(合)，爲最高的目的。這就是說：物體由無生命的自然，進到人類，而有自我意識，便是精神的階段。精神與自然，本來是相同的，故自然法則可變爲思想和知覺的法則。自然界的各種事物，如光、熱、磁、電、無機體、有機體等，原理都是一樣，惟程度各有不同而已。

其後德國新唯心論(Neo-idealism)的哲學家，如陸宰(Hermann Rudolf Lotze, 1817-1881)、費希納爾(Gustav Theodor Fechner, 1801-1889)、馮德(Wilhelm Wundt, 1832-1920)等，都認爲宇宙中，無論是動物、植物、礦物，都有精神在內，惟程度高低不同。科學上的原子(Atom)，

並非物質的本質，而是同萊布尼玆所說的單子（Monad）一樣，是有精神的。整個宇宙都有生命，地球和其他星體亦皆有心靈。宇宙最高的心靈是神，它同世界的關係，與人的肉體和心靈相似。神是宇宙的靈魂，自然界則爲其外表。這也是一種「同一論」。

第三節　科學方面的意見

科學對宇宙的本體問題，起初雖不研究，後來漸漸發展下去，也達到這個境界。科學是注重事實的，它把天地間的東西，由山川草木以至日月星辰，統分爲植物、動物、礦物三種，先研究其表面大體，然後再深入內部，察其細微。譬如一塊石頭，初看外表，爲一團整體，打得粉碎，是許多分子（Mole-cule）組成；木頭也是一樣，鋸開便成無數的分子。這大小不同的東西，都被稱爲「物質」。**科學即以物質爲研究的對象，組成它的理論。**

從前科學家以爲分子很小，不能再分；後來，經過試驗，纔知道分子是由原子（Atom）構成。英國學者道爾頓（John Dalton, 1766-1844），把古代希臘的原子論（Atomism）引用到化學上去，說一切物質全由原子所組成，原子不能再分，是以整個的微粒相結合，這與德謨克利特的意見相似。其後再經許多科學家研究，繼續試驗和發明，纔曉得原子本身也不是不可分的。在它裡面，還有質子（Pro-ton）、中子（Neutron）、電子（Electron）等許多微粒，有一定的構造。

如何構造？卽由一原子核（Atomic nucleus）和若干電子組成。電子繞着原子核運行，好像太陽系的星球一樣。它運行的速度，視距原子核的遠近而定：距核最遠的，每秒鐘跑六百哩；靠核最近的，則跑九萬哩。原子雖然很小，裡面大部分還是空的，有許多軌道。原子核是原子的中心，它由質子和中子組成。質子帶陽（正）電荷，中子沒有電荷。因爲它是中性的，所以叫做「中子」。中子的質量或重量，與質子相同。它們在原子核內，也以不同的軌道作圓形運動，好像電子在原子核外的軌道上環繞一樣。電子是帶陰（負）電荷的，它與質子之間，由於電荷不同，發生一股强大的引力，彼此保持平衡，繼續繞核心而旋轉。

然則，中子有什麼用呢？因爲它是中性的，可以調和質子與質子間的關係，使它們不致同性相拒，發生排斥。譬如原子核內，若有兩個質子，而無中子調和，則這兩個質子便起衝突，會跑掉一個。中子性情溫和，可以把它們拉住，不致逃逸。原子中最小的是氫（H），它只有一個質子和一個電子，故沒有中子，也可保持平衡。比氫稍大一點的氦（He），它有兩個質子，兩個電子，故要有兩個中子，纔能使質子團結在原子的核心內。假如原子核不是兩個，而有三個質子，則它便有四個中子來調和，三個電子繞着它旋轉。這樣，原子的組織比較堅固，便不是氣體，而是固體—金屬鋰（Li）了。

原子結構最複雜的是鈾（U），它裡面有九十二個質子和一百四十六個中子，其原子核的重量爲二三八；繞着它旋轉的電子，也有九十二個，通稱爲 U-238。這就是鈾原子。在每一百四十個鈾原子中，大約有一個例外：它雖有九十二個質子，却只有一百四十三個中子。其原子量爲二三五，亦名 U-235，是鈾原子的同位素（Isotope）。他們的原子量與放射性（Radioactivity）雖然不同，而化學性質却是一樣。原子中有同位素的很多，不單止鈾這一種。因爲質子和中子的數目不同，原子結構互異，故有許多不同的元素（Elements）。例如鈹（Be）有四個質子，五個中子；硼（B）有五個質子，五個中子；碳

（C）有六個質子，六個中子；氮（N）有七個質子，七個中子；諸如此類，性質各不相同。我們如用人爲的方法，把原子內質子和中子的數目改變，便可造出不同的元素來。克魯斯（William H. Crouse）說：

『我們可以想見：未來一些特異的天才人物，會將質子、中子和電子，按照他所選擇的方法，製造鐵、氧、金或任何其他元素。我們目前雖然還未做到這步，但用質子或中子的「彈丸」轟擊，已能把一種元素變成另一種元素。在一定的條件下，這種轟擊，能產生自然界從未發現的元素。……人類製造了更複雜的原子，因而改造了自然』（註四十）。

由此可見**原子是科學中的本體**。『我們在自然界見到林林總總的物質，都是因化學元素的原子外部結構形式各有巧妙不同所造成』（註四一）。如果沒有原子，怎麼會有世界？

哈里遜說：『已知的一百來萬分子，全是由僅僅八十八種分子不同的排列方式組合而成；其實大多數的分子，只由十來種原子構成。這些原子，又是僅由三種基本粒子——質子、中子和電子，依各種不同的方式組成的。三種粒子，憑什麼力量結合成原子，目前還不完全清楚。我們整個物質世界，都是這三種粒子之間的電力、磁力和引力，加上某些至今還不明白的內在力量，相互作用的結果。……大部分的原子，恐怕至少已經存在了五十億年以上，或是在開天闢地之前不久就有了，而組成原子的粒子，可能早在這之前很久，便已存在』（註四二）。這樣，我們怎能說原子不是科學中的本體呢？

不僅如此，就其發展而言，『現代化學的故事，讓我們知道：物質怎樣進化，從簡單變爲複雜。……這些原子，集結爲無量數的分子。有些分子，複雜極了，能變成活東西，或作爲生命的傳送者。這些分子，若聯合而成細胞，細胞又聯合爲器官，器官再聯合爲能知覺、有意識、會思考的活生物，其所具有的本領就更大』（同註四二）。那是甚麼?就是動物中的人類。科學用原子的構成和發展，來說明人類及其思想的產生，正是哲學化的表現。**原子論（Atomic theory）就是科學的本體論**。

由於原子是一種可變的結構，『當更強有力的原子分裂器應用時，許多奇異的粒子被發現了。科學家現在提出包括電子、中子和質子在內的三十二種粒子，及其結合一起形成原子核和原子的某些方法』（同註四十）。其中有正子（Positron正電子）、介子（Meson）、微中子（Neutrin）等。柏格爾（Melvin Berger）說：『當正電子與電子互擊時，二者同時消失，放出能量。因此，正電子也稱爲反電子，意思是反對的電子。這得到一種認識：或許每一種質點，都有一種反質點存在』（註四三）。現已證明在前述三十二種粒子中，便有質點與反質點在內。可見原子並非不可分割的。

於此發生一個問題，卽原子是否還算「物質」?有人說：『「唯物論」（Materialism）一詞，在今後哲學上，已失去其應有之涵義。以此論謂「物質」（Matter）爲構成宇宙之最後材料，卽最後實體（最基礎材料），然據上面所述原子說之研究，最後實體並非籠統不可分之物質，必欲言之，毋寧謂「能」（Energy）爲原子所由構成之最後材料之爲愈。若是，則「動力論」（Dynamism）似較爲適切可用；然此等名詞，究不易表明所論之眞實意義。事實上，或竟無本體論（Ontology）一科（卽討論最後材料或最後實體之學問），未可知也』（註四四）。這不僅對「物質」的意義有了懷疑，於本體論的信念也動搖了。

實際上，唯物論所謂「物質」，從古至今，雖有各種不同的解釋，但認爲它是客觀存在，有質有象，而能運動變化的東西，則無二致。因爲它有質象可求，故能被人所感覺；至其形態如何？能否分割？却沒有一致的意見。現在科學證明原子愈分愈細，並能確知其數量、大小、輕重、性質、速率等，計算出來，適足表明其眞實存在，合於「物質」的條件，而且它是『構成宇宙之最後材料，即最後實體』（同前），已無疑問。如何能說它分得愈小，便不算是宇宙的本體？甚至竟連本體論的存在，也發生動搖了呢？

孟子說齊宣王『明足以察秋毫之末，而不見輿薪』（註四五）。現在科學家明足以察原子之末，難道也同齊宣王一樣，連「物質」也不見了嗎？前述發生疑問的人，說『最後實體並非籠統不分之物質，必欲言之，毋寧謂「能」爲原子所由構成之最後材料之爲愈』（同註四四）。然則，「能」是不是物質呢？巴涅特說：

『在「相對論」之前，科學家把宇宙描繪成一個含有物質與能這兩種性質不同元素之容器。物質有惰性，有實體，有稱爲質量的特性；能是活動的，肉眼不能見，而且沒有質量。但是愛因斯坦證明了「質」與「能」是一物。所謂「質量」這種特性，不過是濃縮的能量；換句話說：質就是能，能就是質，其間的區別，不過是一時的狀態罷了。……質和能可以互變：如果物質放出質量來，以光速運動，我們便叫它做「放射」（Radioactivity）或「能」；反過來，如果能凝結起來，呈現另一種形態，我們便叫它做「物質」』（註四六）。

於此可見**「物質」與「能」，是同一的東西**。我們假如不稱之爲「唯物論」，而叫做「動力論」，也是一樣，難逃「唯物」之嫌！

孫中山先生明白這個道理，所以他根據科學的材料，組成其宇宙觀時，並不諱言「物質」。他說世界進化有三個時期：『其一爲物質進化之時期，其二爲物種進化之時期，其三則爲人類進化之時期。元始之時，太極（此用以譯西名「伊太」Ether也）動而生電子，電子凝而成元素，元素合而成物質，物質聚而成地球。此世界進化之第一時期也。……由生元之始生而至於成人，則爲第二期之進化。……人類初出之時，亦與禽獸無異，再經幾許萬年之進化，而始長成人性，而人類之進化於是乎起源』（註四七）。由此可見世界最初是由「伊太」開始，以電子、原子爲本體。雖『因至鐳質發明之後，則知前之所謂元素者，更有元素以成之：元子（原子—弘）者，更有元子（此指粒子—弘）以成之』（同前），却都包括在物質時期以內，統名之曰「物質」。孫先生與唯物論不同的特點：是他不用原子、電子等物質本體，去解釋物種和人類的進化，而以「生元」（譯「細胞」Cell—弘）和「人性」，分別說明物種原始及人事的變遷。因爲物質、物種和人類不同，不能像玄學那樣，用同一（普遍）的本體去解釋。這是他的本體論所以爲科學之所在。我們根據他的本意，可名之爲「分期各殊論」（註四八），沒有唯物論的缺點。

（註一）梯利著「西洋哲學史」第一編，第一篇，第一章，第五節。
（註二）Gilsbert Murray:Five Stages of Greek Religion, P.67。
（註三）「約翰福音」第一章，一—三節。
（註四）梯利著「西洋哲學史」第一編，第一篇，第六章，第三節。
（註五）羅素著「西方哲學史」，第一卷，第一篇，第一章。
（註六）「中庸」右第十六章。
（註七）梯利著「西洋哲學史」第一編，第一篇，第五章，第六節。

（註八）前書，第二編，第二篇，第三章，第三節。

（註九）引語，見威爾•杜蘭著「西洋哲學史話」，第四章，第四節一。協志工業叢書三版。

（註十）梯利著「西洋哲學史」第三編，第七篇，第三章，第三節。

（註十一）「詩經」大雅，蕩之什，烝民篇。這幾句話，可譯成白話如下：『上天生了衆民，有物必有法則。人民順此常道，莫不愛其美德』。

（註十二）引語見樊炳清編「哲學辭典」三二六—七頁，「萬有在神論」條。

（註十三）朗格著「唯物論史」，上卷，第一篇，第一章。李石岑譯。臺灣中華書局一版。

（註十四）「國父全集」專論，「軍人精神教育」第一課㈡。

（註十五）張子高著「科學發達史略」，十四頁。民國十九年，上海中華書局第七版。

（註十六）引語見梯利著「西洋哲學史」第一編，第一篇，第五章，第二節。

（註十七）前書，第二章。

（註十八）「管子」卷十四，水地第三十九。這段話，可譯成白話如下：『水是萬物的本源，和一切生物的根結。人的美惡、好壞、智愚，都由它所生。水是地的血氣，好像在筋脈中流通一樣。……它集於天地之間，藏在萬物之內，從金石中發生，而分布於各種生物裡面，所以叫做「水地」』。

（註十九）梯利著「西洋哲學史」第三編，第一篇，第二章，第三節。

（註二十）前書，第二篇，第一章，第六節。

（註廿一）前書，第三篇，第一章，第五節。

（註廿二）法國哲學家拉•梅特里（La Mettrie,1709-1751）語。引見前書，第三編，第五篇，第一章，第五節。

（註廿三）此爲赫氏著述殘篇中語，引見謝幼偉著「西洋哲學史」，甲編，第五章。香港人生出版社出版。

（註廿四）馬克斯著「哲學之貧乏」，五二頁。許德珩譯。上海東亞初版。

（註廿五）恩格斯著「自然辯證法」，上海神州國光社印。

(註廿六) 列寧著「哲學筆記」中語。

(註廿七) 引語見吳康著「周易大綱」，第一章。上海商務印書館三版。

(註廿八) 黎靖德編「朱子語類」，性理門。

(註廿九) 「宋元學案」卷十，明道學案，程明道語錄。

(註三十) 引語見蔣伯潛著「諸子與理學」，第二十章，二一二頁。民國四十五年，世界書局初版。

(註卅一) 「朱子文集」卷四十六，答劉叔文書。

(註卅二) 前書，卷四十九。

(註卅三) 梯利著「西洋哲學史」第三編，第三篇，第三章，第三節。

(註卅四) 前書，第三編，第七篇，第一章，第五節。

(註卅五) 「王陽明全書」語錄，卷一，傳習錄上。

(註卅六) 黑格爾著「法律哲學」序。

(註卅七) 引語見恩格斯著「費爾巴哈與德國古典哲學的末日」，第一章。

(註卅八) 「正氣歌」中的這段話，可譯成白話如下：『天氣之間，有一種「正氣」的精神，混雜於萬物之內，變成各種形態。它顯露在下面是山川河嶽，顯露在上面是日月星辰；對人類而言，叫做「浩然之氣」。它充塞宇宙，在太平時代，表現爲一種清明的氣象，使朝延的政治修明；到了艱危困苦的時期，便出現許多忠臣烈士，把他的事蹟一一垂諸靑史。這種正氣充滿宇內（空間），萬古（時間）長存。當我們想到它貫通日月的永恆，生死有什麼可怕？地維靠它樹立，天柱靠它支撐，君臣、父子、夫婦的關係靠它維持，道德仁義也以它作爲根本』。

(註卅九) 梯利著「西洋哲學史」第三編，第七篇，第二章，第二節。

(註四十) William H. Crouse: Understanding Science (1967), Ch.3。

(註四一) George Russell Harrison: What man may be-The human side of science (1962), Ch. 2, section 5。

（註四二）前書，第四節。

（註四三）柏格爾著「現代科學的奇蹟」，第八章，田成俠譯。廣文書局出版。

（註四四）吳康著「哲學大綱」上冊，第二篇，第三章三。臺灣商務印書館初版。

（註四五）「孟子」梁惠王章句上。

（註四六）Lincoln Barnett:The Universe and Dr. Einstein (1965), Ch.8。

（註四七）「國父全集」孫文學說，第四章。

（註四八）詳見張益弘著「孫學體系新論」，上冊，第一篇，第四、五、六章。臺北恬然書舍印行（臺北三民書局、中央文物供應社代售）。

第三章　造成宇宙的根源有幾種？

──宇宙本體的數量問題──

前章我們講過造成宇宙的本體以後，現在再來研究它的數量問題。所謂數量問題，就是說：宇宙的根源有幾種？造成萬物的本體，是「一」還是「多」？

這與前述本體的性質問題，本來互有關係。因爲本體是什麼性質，也就是宇宙有幾個根源？例如說唯物論是一個根源，唯心論是一個根源，二元論便有兩個根源，即可證明其有連帶關係。但事實上，也不完全如此，故要單獨加以研究。

第一節　神學方面的意見

宗教是人類最初的哲學，談到宇宙的本體，不能不歸結於「神」。這是前章第一節所已說過的。

「神」的思想從何而來？是由「靈魂」開始。原始人相信一切事物，都有精靈（Spirits）或生氣（Anima），能够支配其活動，而人則有靈魂，隱藏於身體之內。英國著名的人類學家泰勒（Edward B. Tylor）說：

『（原始民族）所謂「靈魂」，可以形容如下：稀薄而無實質的人形，像烟霧或陰影；又如一層薄膜，能使其附着的有形物體生活及思想。他無論生前、死後，都具有獨立的意識，能够離開其所附的有形物體，一閃而至異地。通常是無形不可見的，然能發生物質的勢力，尤其以幻想的形態，在人的夢中或醒時出現。其所附的物體死後，他還可繼續存在，並偶爾出現，憑附於人和動物或其他東西的身上活動。……

這些信條，都是原始哲學由感覺所得證據而生的結論。原始的「萬物有靈論」，因這樣便於解釋自然，故能保持其地位至文明時代』（註一）。

由這段話，我們可知原始人所想像的「靈魂」，是與物體同時存在，而能獨立的。它雖不產生物體，却可操縱其活動；物體死了，又可轉移於別處。孫中山先生說：『考從前科學未發達時代，往往以精神與物質為絕對分離，而不知二者本合為一』（註二），就是指這種情形而言。**原始人以「靈魂」與物體同時並存，可說是宗教的二元論**(Dualism of Religion)。

「靈魂」發明之後，原始人用比擬的方法，把它推廣到一切事物上去，認為它們的靈魂，也同人一樣，有四肢百體、情感意志。為恐其太抽象，不實在，便造成偶像，加以崇拜。最初被崇拜的是「圖騰」(Totem)，人類學家佛萊則（Sir James George Frazer, 1854-1941）說：『圖騰為一種類的自然物，野蠻人以為其中的每一個，都與他們有特殊密切的關係，故加以迷信的崇敬』。法國的雷納克(Salomon Reinach, 1858-1932)，也說它是氏族的祖先和保護者。由氏族擴大成為半部族(Moieties)和部落（Tribe）以後，圖騰崇拜也變成了祖先崇拜。原來氏族和半部族的祖先，也演進為部落或民族共同的祖先。以前各民族都有它自己的神，專門保護他們自己，大大小小不等，而且都有神像，各顯威靈。這叫做「多神教」(Polytheism)。由於神有偶像，故亦稱為「偶像教」(Idolatry)。

希伯來人（Hebrews）的耶和華，最初也是一民族的祖先神。它雖無偶像，也住「約櫃」（神殿）。那時，巴力斯坦（Palestine）各國，都各有其神，後來被以色列滅了，連神也被毀掉。在「舊約全書」申命記裡，摩西對以色列人說：『在耶和華你們列祖的神所賜你們爲業的地上，……要將所趕出的國民事奉神的各地方，無論是在高山，在小山，在各青翠樹下，都毀了；也要拆毀他們的祭壇，打碎他們的柱像，用火焚燒他們的木偶，砍下他們雕刻的神像，並將其名從那地方除滅。你們不可照他們那樣事奉耶和華你們的神』（註三）。因爲以色列人戰勝，故耶和華也變成了『萬物之神，萬主之主，至大的神，大有能力，大而可畏』（註四），猶太教（Judaism）於是成了「一神教」（Monotheism）。自耶穌改革爲基督教（Christianism）以後，更成了世界性的一神教，而耶和華也是宇宙唯一的神，創造萬物了。

除一神教以外，有些民族還相信「二神教」（Religion of dualism），說天地間有善、惡二神，彼此對立，惡神盡做害人的事，善神專門救人。古埃及的善神名叫「奧息利斯」（Osiris），惡神則叫「沙特」（Sat）。埃及人因爲怕惡，所以對惡神的祭典更豐。波斯的祆教（Mazdeism），爲瑣羅斯德（Zoroaster 660-538 B. C.）所創。他立善、惡二神：善神名叫「亞甫拉．馬哲達」（Ahura Mazda），是「主」和「智慧」之意，代表光明，主持正義；惡神名叫「亞利曼」（Ahriman），表示黑暗，職掌罪惡。一切自然和人世間，其所以有光明與黑暗、幸福和災難等相反的事情發生，即由這善、惡二神鬪爭消長的結果。人爲善神所造，應該修善積德，信奉善神，纔能免除災禍。其教義詳載於「亞吠陀」（Avesta）經典中，說世界最終的結局，是善神戰勝，一片光明。猶太教和基督教中的撒但（Satan），也是同耶和華爲敵的魔鬼，常引誘人作惡，降災禍於人，而最終的結果，也是撒但戰敗，墮入地獄，人類有得救的希望。

宗教從「靈魂」與「物體」的二元論出發，演變爲「萬物有靈論」，乃至多神教、一神教和二神教的思想，都是對宇宙本體數量的說明。玄學後來所研究的問題，卽導源於此。

第二節　玄學方面的意見

一　單元論與一元論

造成宇宙萬物的本體，其數量有多少？這是玄學所研究的問題。關於這個問題，第一種意見是「單元論」(Singularism)。單元論卽主張宇宙萬物的本體爲單一的，與多元論（Pluralism）相對。什麼叫做「單一」？則是說**本體的性質相同，根本原理只有一個，而不限於各分子的數量**。例如泰利斯說「水」是萬物的根源，固然是單一的，而德謨克利特以「原子」爲宇宙的本體，其數雖多，形狀、大小、輕重也不一樣，然而性質相同，沒有差異，仍應屬於單元論。一般人把德謨克利特的原子論看成多元論，完全是重「量」不重「質」的緣故。須知他所謂「原子」，根本性質是一樣的，只因排列組合不同，而有萬物之別，何能說是多元論？

單元論是西洋哲學中最早的意見，希臘米里特斯學派（Milesian school）的三大哲學家，都是單元論者（Singularist）。與泰利斯同時的安納西曼德（Anaximander），說宇宙最初的本體或原理，不是「水」而是「無極」（Apeiron 通譯爲「無限」）。所謂「無極」，卽如文德爾班所說：是『從混沌(Chaos)中生一切物』的意思。安納西曼尼(Anaximenes)謂宇宙的本體是「氣」(Air)，因氣爲一切生命的來源。這都屬於單元論。

埃利亞學派(Eleatics)的巴門尼底(Parmenides, 540-515 B. C.)，說世界上唯有「有」(Being)是存在的，「非有」(Non-being)不能設想；既然只有「有」，而沒有「非有」，則一切變化和雜多，都只是幻象。所以，宇宙是統一的，並無矛盾的原理存在。

中國老子之所謂「道」，周濂溪之所謂「太極」，都是單一的本體，爲萬物發生的根源。老子說：『道生一，一生二，二生三，三生萬物。萬物負陰而抱陽，沖氣以爲和』(註五)。濂溪的「太極圖說」亦云：『太極動而生陽，動極而靜；靜而生陰，靜極復動。一動一靜，互爲其根。陽變陰合，而生水、火、木、金、土。五氣順布，四時行焉。……乾道成男，坤道成女，二氣交感，化生萬物。萬物生生，而變化無窮焉』。這也是單元論的意見。

單元論與一元論(Monism)，都以宇宙起源於唯一的本體，由一本而萬殊。萬物表面上雖異常複雜，實際最高的原理只有一個。例如唯物論以「物質」爲基本原理，唯心論以「精神」(觀念)爲基本原理，說一切皆由此演變而成。這是一元論，也是單元論，兩者名異而實同。

二　多元論與二元論

與單元論相反的，是多元論。多元論說宇宙是由多數性質不同的本體所構成，各本體互相獨立，有其分離結合的關係。例如恩披多克立說水、火、氣、土爲萬物之根，這四元素性質是不同的。安納散哥拉的種子，其數無量，各有特殊的性質。因爲它的形狀、顏色、氣味等不同，故能做血肉、毛髮、骨骼、金銀等構成的材料。人的身體靠食物來營養，由於食物中含有各種不同的種子，吃了以後，便可變成皮骨血肉；不然，肉怎能從非肉的東西來呢？中國的八卦、五行諸說，也與恩披多克立和安納散哥拉的意見相似，是一種「**物質的多元論**」(Materialistic pluralism)。

德國萊布尼兹的思想，則是一種「**精神的多元論**」(Spiritual pluralism)。他認爲宇宙是由無數的單子（Monad）所構成，單子有意識，能自己活動，它永遠存在，不可分割。因爲凡是可分割的，必有其體積，單子既非物質，自無體積可言，爲力（Force）的中心點。然則，它是什麼性質呢？萊氏說單子爲一種精神的本體，具有活動能力，每個都是獨立的，不互相影響，在其內部，便是一個小宇宙（Microcosm），爲全宇宙的縮影。以小喻大，部分與全體實息息相關，各個單子，依知覺不同，所顯示的精神程度，也有高低之別。可見萊氏的**單子論**（Monadology）**是精神的多元論**，與德謨克利特的物質原子不同。

還有赫爾巴特的意見，也是一種多元論。他說世界上的東西，性質各不相同，其所以有此現象，即因在它內部，有不同的「實在」(Realis) 存在。我們雖然看不見「實在」是什麼樣子，却不能否認它是眞的。因爲現象好比水上的浮萍，底下是有根的。肯定有無數性質的存在，即無異有無數「實在」存在。他以爲「實在」是一種「實素」(Real-element)，爲本原的、獨立的，由其相互的關係，說明萬有如何發生，故可說是多元論。

二元論（Dualism）**以宇宙是由兩種性質不同的本體所構成**。如「物質」與「精神」同時存在，各自獨立；物質不能產生精神，精神亦不能產生物質。兩者並行發展，同爲萬物的根源，這也是多元論的一種。

第三節 科學方面的意見

關於宇宙本體的數量問題，科學方面，雖不像玄學那樣，有人提出明白具體的意見；而其發展結果，已可獲得綜合的結論，調和單元與多元、一元與二元的對立。怎樣調和？即認宇宙本體是單元的，又是多元的；一元的，也是二元的，兩者必須統一。

什麼理由？因爲從原則上說：天地間的事物，一本可以萬殊，萬殊復歸一本。一元之內爲多元，一元之外亦爲多元；多元之內爲一元，多元之外亦爲一元。今天科學證明：宇宙萬物都是由分子而原子，以至電子、質子、中子等微粒所構成。這『三種基本粒子，秉着求秩序（我們可稱爲「合作」）的趨勢而結合，形成將近一百種原子。這些原子，又結合爲千千萬萬種分子，分子進一步聯合，形成我們物質世界中無數量的物體』（註六）。於此可見分子之內有原子，原子之內，有電子、質子等，一元與多元是統一的。

不僅小宇宙如此，大宇宙也是一樣。巴涅特說：『依照愛因斯坦質能互等的原理，我們很可想像在空間消散掉的輻射線，會再凝集爲物質的微粒——質子、中子和電子，然後結合起來，形成更大的單位。這些更大的單位，又再受本身重力的影響，集合爲星雲（Nebulae）、星球（Planets），最後成爲銀河系統。宇宙的生命循環，可能就這樣永遠不絕』（註七）。當『「統一場論」所解釋的廣大宇宙景象一旦完全明白時，大宇宙和小宇宙之間的懸隔，必定可以勾通。整個宇宙複雜的結合體，會成一單純的構造物：質與能不分，各種形式的運動，大自銀河外系的旋轉，小到電子的狂飛，都不過是這基本力場於結構和集中程度方面的變化而已』（註八）。這樣，由小宇宙以至大宇宙的發展，不是一元到多元的麼？

我們現在所住的地球，是太陽系中的一個小單位，而太陽系包括九大行星在內，又只是銀河系統中的一小部分。太空中的銀河，是龐大的星球集團，晚上用肉眼看去，可數出二千多顆星；如果用望遠鏡，可算到一百萬顆，事實上，它有數十億顆；而星與星之間的距離，至少有幾十億哩。就這樣龐大的星系，據美國天文臺赫布爾博士（Dr. Edwin Hubble）用望遠鏡窺探的結果，太空中有上千個銀河系統。格勒佐（Arthur S. Gregor）說：『二十世紀以後，我們才知道：我們龐大無比的銀河，不過是宇宙無數星系中的一個，無涯空間中的滄海一粟而已』（註九）。每個星系是獨立的，它們之間，又保持一定的關係。這不可見宇宙是多元的，也是一元的麼？

在一九二七年，美國的科學家，認爲世界上有一種「反質點」（Anti-particle）存在；一九三二年，安德生（Carl David Anderson, 1905-）於宇宙射線中，最先發現有「反電子」（Anti-electron），其質量與電子相等，而所負電荷相反，爲陽電，以後正名爲「陽電子」（Positive electron）。一九三三年，原子能之母費爾米（Enrico Fermi, 1901-1954），在意大利完成「電子」與「反電子」撞擊的試驗，證明二者的質量完全消滅（Annihilation），轉化爲放射能量的伽瑪射線（Gamma ray）。一九五五年，發現「反質子」（Anti-proton）後，次年又發現「反中子」（Anti-neutron）。於是在「反質點」中，有了反質子、反中子，可以組成「反原子核」（Anti-atomic nucleus），而有「反電子」圍繞，即可變成「反原子」(Anti-atom)，而成爲「反物質」(Anti-matter)。

美國的物理學家，利用巨大的分子加速器（亦稱「原子擊破器」），已能造出很複雜的「反物質」——「反重氫原子核」(Anti-deuteron)。這種「反重氫原子核」，是由反質子和反中子各一個組成，它們藉核子力量親和，也同重氫原子核中的質子和中子一樣，惟電荷及磁性相反。如果「質點」(Particle) 與「反質點」相遇，必然同歸於盡，同趨毀滅。這在前章第三節內，已有敘述。

自從「反質點」發現以後，科學家相信『在太空深處的某個地方，可能有一個和我們所住的宇宙相反的另一宇宙存在。如果這兩個宇宙發生撞擊時，那將是所有存在事物的末日。……我們所說的生命體，在另一個宇宙也可能存在；但我們稱他爲「反生命體」。這對人類來說，是無法想像的』（註十）。美國哥倫比亞大學的李德曼博士，認爲『現在已不再可能懷疑基本物理中，反物質世界存在的概念。他說：甚至反世界中，有反人類居住，也是可以想見的。這個「反世界」到底在那兒？則是一個未知的問題。我們有理由假定：在我們的宇宙中，有反物質構成的銀河、恆星及行星。當宇宙中物質產生的時候，可能有同量的反物質世界產生了』（註十一）。果眞如此，**則我們所知的宇宙，竟然有正、反兩個性質不同的存在，可說是二元論的。**

這兩種宇宙的正、反物質，如果相遇，是否會發生毀滅，同歸於盡？以前科學家的實驗，證明如此。但自一九六一至六二年間，美國和歐洲的科學家，用高度加速器實驗的結果，證明正、反質子或正、反原子相撞，其質量不會完全消滅，而產生一部分質量的新質點；惟有正、反電子相撞，纔是全部毀滅的。由此可見正、反物質相遇，也不致同歸於盡，而有共存的可能。

談到「物質」與「精神」的關係，則如孫中山先生所說，是由物質和物種進化而來。『人類初出之時，亦與禽獸無異，再經幾許萬年之進化，而始長成人性』（註十二）。所謂「人性」，就是精神。它介於「獸性」與「神性」之間，為人類獨具的特質。哈里遜說：

『精神方面的價值，慢慢從感覺、情緒和思想的交互作用中精煉出來，而這三者，又要藉着人的肉體纔能發生。肉體是由人的環境所形成，而環境追究到最後，則要看物質的特性而定』（同註六）。因此，『全無物質，亦不能表現精神；但專恃物質，則不可也』（同註二）。精神由物質發展而來，是一元的；惟一經產生之後，精神與物質相對，『第知凡非物質者，即為精神可矣』（同前），又有二元的性質。由一本而二殊，兩者終是一體的。

由此可見科學的思想，認為相反的東西也可以統一。

（註一）泰勒著「原始文化」(Primitive Culture)一書，引語見林惠祥著「文化人類學」，第五篇，第十五章。商務印書館台一版。

（註二）「國父全集」專論，「軍人精神教育」第一課(二)。

（註三）「舊約全書」申命記，第十二章，一—四節。

（註四）前書，第十章，十七節。

（註五）「老子本義」道德經，第三十六章。

（註六）George R. Harrison: What man may be-The human side of science, Ch.1, section 2,

（註七）Lincoln Barnett:The Universe and Dr.Einstein(1965), Ch.14。

（註八）前書，第一章。

（註九）Arthur S. Gregor:A Short History of The Universe。

（註十）民國四十七年五月十日，臺北「中央日報」載：美聯社阿肯色州小岩九日電。

（註十一）民國五十四年九月十五日，臺北「中央日報」載：中央社譯稿。

（註十二）「國父全集」孫文學說，第四章。

第四章　宇宙產生的方式如何？

—宇宙生成的形態問題—

造成宇宙的本體和它的數量明白之後，現在再來看它如何產生，變成今日的形態？這就是說：萬物是怎樣來的？本體如何構成宇宙？

關於這個問題，可分下列幾種意見：

第一節　神學方面的意見

一　創造說

神學對宇宙的產生，第一種意見是「**創造說**」（Creationism）。此說認爲**宇宙是由一個最高的神，依其自由意志創造出來**；換句話說：**神是宇宙的本原，萬物皆由神造**。這種思想，普及於古代各民族，爲宇宙最早的起源。

希伯萊人在「舊約」創世記裡，便說天地萬物是神造的。起初世界漆黑一團，『地是空虛混沌，淵面黑暗，神的靈運行在水面上』（註一）。它第一天造光明，『稱光爲晝，稱暗爲夜，有晚上，有早晨』；第二天造空氣，『將空氣以下的水，空氣以上的水分開了，……稱空氣爲天』；第三天造陸地，『說天下的水要聚在一處，使旱地露出來。……神稱旱地爲地，稱水的聚處爲海』，並在地上生出各種植物。第四天，造日月、星辰，『分晝夜，作記號，定節令、日子、年歲，並要發光在天空，普照在地上』。第五天，造生物，『說水要多多滋生有生命的物，要有雀鳥飛在地面以上，天空之中』，地上也有牲畜、昆蟲、野獸，各從其類。第六天，『神就照着自己的形像造人，……造男造女』，分別給他們所吃的東西，令其能够蕃殖。這可說是**很有系統的宇宙起源論**。

在這之前，許多原始民族的開闢神話（Myths of creation），對天地萬物和人類的開始，也有相似的意見，但沒有這樣系統。他們大都認爲地球是先存在的，那時天地未分，四面漆黑，天地所生的兒子忍耐不住，便强迫把它們分開，使光明出現，萬物才能繁殖。紐西蘭（New Zealand）毛利人（Maori）的神話，便是如此。美洲印第安人（Indians）邁都族（Maidu）的神話，也說世界最初沒有日月、星辰，完全是一片黑暗，有一隻筏浮在水面上。地創造者（Earth-Initiate）從天而降，落在筏上，叫鼈下水去取得泥土，造出陸地；後來又造了太陽、月亮和星辰，現出光明；最後才用紅色的泥土滲水，造成一男一女，像他自己。非洲布須曼人（Bushmen），說他們的祖先名叫「卡隱」（Cagn），是一隻蚱蜢神，萬物都爲它所喚出。北歐民族說：最初有巨人伊麥（Ymir），被神殺死，其血成爲海水，骨化爲山，牙齒變成岩石，毛髮變成草木。這都是**世界的由來**。

我國古代的神話，也有盤古開天地之說。三國時代徐整的「三五歷記」說：

『天地混沌如鷄子（鷄卵—弘），盤古生其中，萬八千歲。天地開闢，陽淸爲天，陰濁爲地。盤古在其中，一日九變，神於天，聖於地，天日高一丈，地日厚一丈。如此萬八千歲，天數極高，地數極深，盤古極長，後乃有三皇』。

在「五運歷年記」中，徐整又說：

『首生盤古，垂死化身：氣成風雲，聲爲雷霆，左眼爲日，右眼爲月，四肢五體爲四極五岳，血液爲江河，筋脈爲地里，肌肉爲田土，髮髭爲星辰，皮毛爲草木，齒骨爲金石，精髓爲珠玉，汗流爲雨澤。身之諸蟲，因風所感，化爲黎甿（人類—弘）』。

據說「盤古」本是南方蠻族猺、畲等人的祖先，並非漢族的始祖；後來，故事流傳到了北方，致淮安、西京等地也有盤古廟（註二）。任昉（南朝梁人）在「述異記」中說：『盤古氏，天地萬物之祖也；然則，生物始於盤古』。這就成了宇宙的起源。

柏拉圖說：在宇宙中，有一個造物主，名叫「德米爾」（Demiurge）。它好像藝術家一樣，按照理想世界的圖樣（Pattern），用水、火、氣、土四種原素作材料，構成完善的世界。它並不是無中生有的創造，而只利用現成的物質，與精神合併成爲東西而已。他這種思想，影響到了中世紀，神學家認爲神是照它心中的計劃創造世界。這「心」就是「邏各斯」（Logos），爲神的理性或智慧。它由神而來，規定宇宙的秩序，是被創造的「創造者」（Creator），萬物都以它爲原型造成。不過中世紀的神學家，與柏拉圖不同，說神之創造世界，是無中生有，沒有現成的東西可以利用。至於創造的方式，有說是二級創造：先造無機物，後造有機物；也有說是三級創造：即先造天，次造地球及生物，最後纔造人類的。奈特福（T. Lightoot）甚至說：紀元前四千零四年十二月二十六日早上九點鐘，上帝纔把人類造成功呢！

二　流出說

神學方面，與創造說不同的，第二種意見是「**流出說**」(Emanation theory)。流出說爲希臘新柏拉圖派的學者柏羅提挪(Plotinus)所提倡，他說世界雖由神而來，然神並不創造世界。因爲講到「創造」，便含有意志或意識在內，要作一番打算。柏氏認爲神是超越的，不能以任何性質來形容。我們不能說它有意志或意識，故不能斷定它想創造世界。

然則，世界從何而來呢？他說是由神的本質流出的。神是萬有的根源，爲宇宙的原動力，其本質無窮無盡，流溢出來，便成萬物。這好比太陽一樣，光芒四射，普照萬物，而毫無所損；也如無限的源泉，川流不息，永不枯竭。一切精神與物質、法式與質料，都由神而來，而神自己，却不是任何一物。例如說它是美的源頭，自己却不是美；它是善的起點，自己並不是善。萬物雖由神產生，既不是無中生有的創造，也不是與神分離的變化。

神的本質，是圓滿的、無限的，不增不減。由它流出成爲萬物，有下列三個階段：

第一、是「**精神**」(Nous 或譯「**努斯**」—弘)，即理性　它與神相近，屬於理念世界，爲純粹思想。我們感覺世界中的各種事物，都有一觀念在神的心中，故純粹思想爲現象世界的模型。

第二、是「**靈魂**」(Spiritus)　它由精神流出，爲純粹思想的模本或結果。它一方面，趨向於純粹思想，直觀理念世界；另方面，又趨向感覺世界，給物質以形狀。柏氏說它趨向前者，爲「宇宙靈魂」；趨向後者，便是「自然物」，高低各有不同。我們個人的靈魂，亦復如是：上則永遠不朽，死後還能存在；下則與身體結合，成爲活的生氣。個人若不歸依高尙的本性，而沈溺於肉體的生活，則死了以後，靈魂將墮入非人的肉體中，成爲犬、馬之類的靈魂。故靈魂是可上可下的。

第三、是「**物質**」　它由靈魂流出，離神最遠，爲萬物中的最低階段，故成空漠暗淡的空間。其與神的關係，正同光從太陽發出，漸漸減弱，而成黑暗一樣，沒有神的痕跡；然它並不是與神對立的，只是消極的「非有」。好比黑暗之爲罪惡的根源，是離神太遠之故。靈魂流出物質，又給物質以形狀，而自己活動於其中。因此，感覺的世界，爲物質與靈魂的結合。

這樣，從前一階段到後一階段，是神的本質之流出。它由光明趨向黑暗，由完全降到不完全，爲必然的結果；而後一階段，亦力圖回復原始，達到較高階段，返於原來的目的。故柏氏的學說，好像周濂溪所講的「太極」一樣，『是萬爲一，一實萬分』（註三），爲一元論的。

柏羅提挪的流出說，影響中世紀的神學思想甚大。十四世紀的神秘論者（Occultist）厄克哈特（Weister Eckhart, 1260-1327），便主張世界是由神的本質流出來的，但它包涵在神的本質中，與神並不是一個東西。神無萬物不彰，萬物無神不顯，兩者有親密的關係。

第二節　玄學方面的意見

一　變化論

玄學方面，對宇宙產生的意見，第一種是**變化論**（The Change theory）。**變化論**卽認宇宙是**本體變化而成，並不來於神造**。這種變化，多半是循環性的，不一定有創新的意義。因爲變化的方式不同，又可分成下列三種：

一、**物質循環說**　例如希臘的泰利斯說：「水」是萬物的根源，『**萬物不僅生於水，亦返於水**』

（註四）。安納西曼德說：萬物是由「無極」（無限）而來。「無極」爲渾然不可分的物質，因循環不息的運動，而致冷熱激盪，變成了氣，分化爲各種天體，繞着地球運行。地球本是圓柱的物體，充滿水氣，後因太陽蒸發，漸漸乾燥，便長出生物來。由水裡面的魚爬到地上，卽成動物和人類；但這一切東西，最後必回到它從來的物質，而重新再生，循環不已（註五）。畢達哥拉斯認爲宇宙的中心是一個火球，諸行星都繞著它旋轉，三萬六千年一週。這也是循環的運動。

埃利亞學派的芝諾芬尼（Xenophanes），從化石中貝殼的痕跡，推想出人與萬物，都是由泥土和水裡發生。陸地同海洋曾經合在一起，後因年代變遷，纔顯露出來，將來地仍要變成海，回復原來的形態，人類亦重新復生。赫拉克里特的變化論，恩披多克立的四元素說，都是變遷不已的循環。赫氏說：『火變成水，水變成土，土又變成水與火』（註六）。世界回到原來的狀態以後，一切又重新開始。恩氏的四種元素，與德謨克利特的原子一樣，其生成毀滅，聚散離合，是周而復始的。安納散哥拉的種子，亦復如此，因旋轉而構成天體，發生萬物。

中國的老子，認爲萬物是由「道」變化來的。『道之爲物，惟恍惟忽。忽兮恍，其中有象；恍兮忽，其中有物；窈兮冥，其中有精。其精甚眞，其中有信』（註七）。『繩繩（音泯）兮不可名，復歸於無物。是謂「無狀之狀，無象之象」，是謂「忽恍」』（註八）。這樣的東西，在天空中，『寂（無聲）兮寥（無形）兮，獨立而不改，周行而不殆，可以爲天下母』（註九），就好像星雲一樣，永遠不息。一切由它發生，『萬物並作，吾以觀其復。夫物芸芸，各歸其根。歸根曰靜，靜曰復命』（註十），又反於其原始的過程。這也是**循環論的**。

莊子從他的思想出發，也主張『道通爲一』。其分也，成也；其成也，毀也。凡物無成與毀，復通爲一，唯達者知通爲一』（註十一）。『萬物皆出於機，皆入於機』（註十二）。「機」與「幾」相通，是生機的意思；即言萬物由微生物變來，將來仍必變爲微生物。反本還原，生與死是一樣的。

二、陰陽變化說 此說由中國開始，以「周易」爲最早。易「繫辭上傳」云：『一陰一陽之謂道』（第五章）。所謂「陰陽」，據漢代劉熙的解釋：『陰，蔭也，氣在內奧蔭也；陽，揚也，氣在外發揚也』（註十三），爲兩種不同的氣體，代表相反的力量。「易經」講八卦，以天地、乾坤爲主。孔子說：『乾坤，其易之門邪？乾，陽物也；坤，陰物也。陰陽合德而剛柔有體，以體天地之撰』（註十四）。由此陰陽二氣的作用，遂致『天地絪縕，萬物化醇，男女構精，萬物化生』（註十五），形成整個世界。

老子講「道」，也說『萬物負陰而抱陽，冲氣以爲和』（註十六），與周易相近。其後把陰陽五行之說合併，由鄒衍開其端，董仲舒繼之，至周濂溪而集其大成。仲舒說：

『天地之氣，合而爲一；分爲陰陽，判爲四時，列爲五行。行者，行也。其行不同，故謂之「五行」。五行者，五官也，比相生而間相勝也』（註十七）。

按照木、火、土、金、水的次序：木生火，火生土，土生金，金生水，接連不斷，這叫「**比相生**」；木勝土，火勝金，土勝水，金勝木，水勝火，中間隔了一項，便叫「**間相勝**」。濂溪的「太極圖說」，由無極而太極，將陰陽、五行、乾坤、剛柔的道理，雜揉綜合而成系統，更使周易與儒家、道家的思想合流。前章第二節之一內，已有引述。

二程明道（顥）、伊川（頤）兄弟，**繼承濂溪的思想，研究道與器、理與氣的問題。他們所謂「道」與「理」，原是就形式（Form）而言**，同柏拉圖的「理念」（Idea）一樣；**「器」和「氣」，則是指的質料**（Matter），爲感覺世界中的物體。兩者雖有區別，却不能絕對分離。因爲「理」要藉「物體」來表現，而「物體」亦非有「道理」不可。譬如茶杯的理，要有茶杯之物，纔能知道。所以說：『器亦道，道亦器』（註十八），『有理則有氣，有氣則有理』（「會書」四十一），不能截然分開。陰陽由「道」而來，其本身爲「道」亦爲「器」（氣）。伊川說：『離了陰陽更無道。所以陰陽者，是道也；陰陽，氣也。「氣」是形而下者，「道」是形而上者；形而上者，是密也』（註十九）。由形而上的「道」，如何能產生萬物？則是陰陽二氣變化所致。明道說：『天地之大德曰生。天地絪緼，萬物化生』（註二十）。這所謂「絪緼」，卽陰陽二氣交感之意。伊川亦云：

『隕石無種，種於氣；麟亦無種，亦氣化。厥初生民亦如是。至於海濱露出沙灘，便有百種禽獸草木，無種而生。……若已有人類，則必無氣化之人』（同註十九）。

換言之：一切事物的成長，都由於氣化。下至山川草木，上至日月星辰，無不爲陰陽二氣交感所致。後來，朱熹繼承其說，更加以發揮。朱子對於道器、理氣和陰陽交感的關係，與二程都差不多。講到宇宙如何產生？他說：

『天地初開，只是陰陽之氣。這一個氣運行，磨來磨去，磨得急了，便拶去許多渣滓，裡面無處去，便結成個地在中央。氣之清者便爲天，爲日月，爲星辰，只在外常周環運轉，地便在中央不動，不是在下』（註廿一）。

這也是「地球中心說」，好像亞里士多德的意見一樣。他並認爲『天地始初，混沌未分時，想只有水、火二者。水之渣滓便成地，今登高而望，羣山皆爲波浪之狀，便是水泛如此，只不知因甚麼時凝了，初間極軟，後來方凝得硬。……水之極濁便成地，火之極清，便成風霆、雷電、日星之屬』(同前)，也與亞氏相近(註廿二)。其說雖不合於事實，可見古人心同理同。

朱子與二程意見所不同的，是他把「理」與「氣」、「道」與「器」兩個相對的東西，用周濂溪的「太極」來加以綜合，使「理氣二元」變成「太極一元」，以「太極」爲最高的本體。他說：『太極只是天地萬物之理。……未有天地之先，畢竟是先有此理。……有此理，便有此天地；若無此理，便亦無天地，無人無物，都無該載了。有理便有氣，流行發育萬物』(同註廿一)。理、氣二者相因而生，『本無先後之可言，然必欲推其所從來，則須說先有是理』(同前)。『有此理後，方有此氣；既有此氣，然後此理有安頓處。大而天地，細而螻蟻，其生皆是如此』(註廿三)。故朱子認爲濂溪所謂由『無極而太極，只是說無形而有理』(註廿四)，並不是另有一個與「太極」不同的東西存在，兩者是一致的。

三、因緣和合說　是佛家對宇宙產生的說明，又叫做「**緣起論**」。宇宙萬物從何而來?佛家並不說是神造的，而認爲各種事物(包括一切衆生)本來存在，彼此相依。它們各自活動，產生一種力量，名叫「業力」。彼此之間，互相牽制，互相促進，造成因果相連的關係。「楞伽經」說：『一切法，因緣生』。佛家所謂「法」，概指宇宙萬有而言，就是說一切特殊(個別)的事物，都是在因緣的關係中產生，並無單一的實體存在，如神學所講的創世主一樣。

日本的高楠博士說：『佛教爲無神論，這是不必懷疑的。當有人問起第一因或第一原理的問題時，佛陀總是保持緘默』（註廿五）。『根據佛教教義，人類和所有衆生，都是自我造成，或正在自我創造中。宇宙並不以人類爲中心，它是所有存在物共同創造的。佛教不相信萬物是從某一原因而來，而主張萬物必由二個以上的原因所造成。前因的創造或生成，在過去、現在、未來的時間系列中，就像一條鏈子般的持續着』（註廿六），故被稱爲「緣起論」。

何謂「**緣起**」？卽**由因緣而起**。所謂「**因緣**」，就是**造成事物的力量**。一件事物，其直接給以强力，促其發生者爲「**因**」；間接與以弱力，助其成長者爲「**緣**」。譬如農夫種田，優良的種子爲因，雨露、陽光、肥料等爲緣，兩者配合適當，卽可得豐富的收成（果）。故五穀是因緣和合而生。華嚴宗的三祖法藏（公元六四三——七一二年），以金師（獅）子爲例，說明緣起的關係：『謂金無自性，隨工巧匠緣，遂有師子相起。起但是緣，故名「緣起」』（註廿七）；換句話說：金是因，工匠製作是緣，由之而造成金師子，便是因緣和合所生，其初並無自性。一切現象世界中的事物，無不如此。這便叫做「**依他起**」。

在佛教看來，天地間的東西，都是彼此連結，互相依存的：『此有故彼有，此生故彼生；此無故彼無，此滅故彼滅』（「阿含經」語）；反過來，也是一樣。它們之間的關係，是互爲因緣的。惟有因緣存在，才有事物存在；假如沒有因緣，不會有任何存在的事物。一切都是動的、變的，並無永恆的實體，故也是假的、空的，佛家叫做「**因緣所生法**」。「中道論」偈云：『因緣所生法，我說卽是空，亦名爲假名，亦是中道義』。它好比房子一樣，是由木材、磚瓦、泥土等湊合（建築）而成，如果拿掉這些東西，房子也不存在。佛家這種理論，就好像新實在論者（Neo-realist）所說的「關係」一樣。新實在論用「關係」來說明事物的性質和形態，即因宇宙間的一切事物，都不是獨立的，要和其他事物發生關係，認識事物須在關係中去求了解。明白這點，便知佛家所謂「**因緣和合**」，**即是從關係中去了解事物**。

事物既在關係中存在，則『佛學是否定神權造物的。故解釋宇宙萬法之生起，不外乎根據萬法自身間的因果律，而又因考察與說明的方法不同，遂有種種的緣起說』（註廿八）。有那幾種緣起說呢？在**人生方面**，它『把萬物生起的因由，求諸於我人的作業力的，名爲「**業感緣起論**」』（同前），俱舍宗即是。在**認識方面**，從主觀考察，『認爲一切萬法，都是我人的第八阿賴耶識所變現的，名爲「**賴耶緣起論**」』，唯識（法相）宗即是。在**自然方面**，『建立實在的本體，以之說明一切現象由此顯現的，名爲「**眞如緣起論**」』（同前），天臺宗和法相宗即是。在**宇宙方面**，『從本體即現象，現象即本體的理論出發。謂一切現象皆是本體的活動，現象與現象互爲因緣，法界諸法無盡緣起，圓融無礙的，名爲「**法界緣起論**」』（同前），華嚴宗即是。此外，『又擧法界爲地、水、火、風、空、識的六大，以宇宙萬法爲一大日法身之靈動的，名爲「**六大緣起論**」』（同前），眞言（密）宗即是。這些都是佛家所說萬物產生的理論，爲玄學中之一種。

二　進化論

玄學對宇宙產生的第二種意見，是**進化論**（Evolutionism）。**進化論**與變化論不同，認爲**萬物的變化，是前進的、發展的，有推陳出新的作用，不限於往復的循環，而且也不是神造**。因爲進化的方式不同，可分爲下列四種：

一、物質進化說（Material evolution）　這是斯賓塞和赫克爾所提倡。他們一方面受拉馬克（Lamarck）和達爾文的影響，主張進化；另方面，十八世紀以來，物理學的進步，也使他們注意。他們認爲宇宙萬物都是進化的，從無機物到有機物，以至植物、動物、人類，皆由進化而來。有了人類以後，再繼續進步，便發生精神現象，有社會生活及倫理道德出現。所謂「進化」，就是物質與能力的聚散離合。斯賓塞說：『物質由不確定的、散漫的單純狀態，變爲確定的、嚴密的複雜狀態』（註廿九）；即由簡而繁，由粗而精，變成很有秩序。事物最初是凝聚的，後來逐漸分化，最後又復歸於有機的統一，一次比一次進步。

斯賓塞認爲天地間的東西，分析到最後，不外乎是「力」。力有兩種：一是用物質表示其爲存在的力；一是物質用以表現其爲活動的力，通常又叫「能力」（Energy）。所謂「物質不滅」，即物質用以感觸我們的力不滅，而「能力」則是物質和分子運動的公名。舉凡一切無機物的變化，植物、動物的活動，以及人類的思想、感情等，都是「力」的表現。物理和心理的現象，皆爲「力」所產生。它連續發展，表現爲各種不同的形態，便是宇宙的進化。

赫克爾也同斯賓塞一樣，說宇宙本質上有兩個屬性：其一是「物質」，充塞空間，而佔有體積，造成各種不同的事物；其二是「能力」，包括生命、精神和自覺的意志在內，都爲勢能的表現。大自天上的星球，小至細微的生物——原形質（Protoplasm），無不是這兩者所變成。他『宣稱全宇宙內，均由此「偉大與永久的鐵則」統治一切；而於此項宣稱中，同時即推翻了二元論哲學的三大中心教條——即人格化的神、不朽的靈魂，及自由意志』（註三十），把一切歸之於宇宙本質——「質能合一」的變化。他認爲世界萬物，都是繼續不斷的變遷，這一部分的毀滅分散，卽那一部分的生成發展。由星雲到星球，便是例證。故進化與退化，完全是相對的。『我們由上往下看，可將靈魂賦予原子；由下往上看，也承認心靈只是一種力，此外卽無他物』(同前)。這樣一貫的道理，他名叫「宇宙的一元論」。

二、創造進化說 (Creative evolution)　爲法國的柏格森 (Henri Bergson, 1859-1941) 所倡導。他認爲進化不能老是聚散離合，重新構造，而應有所創新。假如沒有創新，則只是機械的變遷，談不上進化。進化好像流水一樣，是綿延不斷的。因其綿延不斷，滾滾向前，故表現爲一種時間 (Time)。我們通常以爲時間是連續的過程，如幾年、幾月、幾日，由過去、現在，以至將來。這是用理智分析的結果，拿符號(如鐘錶、數字)作代表，不能算是眞時。眞時是前後融貫，無法劃分的。譬如我們說友誼要時間來培養，與人相交，初見則生，再見較熟，以後多次往來，便成莫逆；但這種友誼，並不是把見面的次數加起來卽可成功，而有積累的因素在內。**眞時是割不斷的**，所以叫做「**綿延**」(Duration)。對這種綿延，只能由直覺去領會，非理智所能表達。

如果沒有變化，絕對看不出時間。時間旣在變中，爲變遷的表現。然則，是什麼東西在變呢？柏格森認爲**是生命力** (Élan vital) **在變**。生命力如源泉滾滾，由無機物、有機物而來，不絕的向前變去。在變的當中，把過去舊有的東西積累，融化而成新物，好像滾雪球一樣，愈滾愈大。他說：『生命是不可見的從過去滾向未來的進程』。因爲它向前衝去，並無目的，故產生新物也不能預計。這好比小孩子過年所放的花炮一樣，衝力由內發出，結果不得而知。

因爲生命力不斷的向前衝進，故表現爲時間、爲意識、爲自由，一切都是活的、動的；而其衰落，則表現爲空間、爲物質、不自由，是生命力的硬化（Sodification）。以放花炮爲例：前者有如上衝，後者好比下墜。當生命力活動緊張時，便有精神，能活動自如；於其衰弛，即凝結爲物質，變成固定的形態。再舉一例：精神有如河流，物質類似平地。河流不斷向平地衝進，在鬆軟的地上分支，**繼續綿延**下去，而有植物、動物以至人類發生，突破物質的障礙，達到自由活動的境界。人與動、植、礦物之不同，是因物質性的多寡，及受空間限制的程度而異，雖其性質各殊，分途發展，却同爲宇宙生命的進程。自其內部而言，也是變化活動的連續，爲生命力的表現。所以柏格森的哲學，與斯賓塞不同。斯氏是用物理學的眼光來看世界，把一切說成機械的變化，爲質能聚散的結果；柏氏則以心理學的眼光來看生命，說萬物都是生命之流的發展，一切是動的、變的。其動與變即自己創造，因陳出新，並無外在的創造者或變動的實體存在，所以稱爲「**創造進化**」。

三、層創進化說（Emergent evolution）爲英國的穆爾根（Conwy Lloyd Morgan）所創。穆氏是生物學家，於一九二三年出版「突創的進化」一書。按其內容，Emergent 一字，爲**層層突然創出之意，故可稱爲「層創進化論」**。穆氏雖然是一個生物學家，而其立說，却以化學爲基礎。因爲在化學上，我們常常看到的現象，如氫與氧化合而成水，便可說是一個「突創品」（Emergent）。又如原子的結構（Structure），其電子和質子的數目相同，只因排列的位置（方式）不同，可發生同質異體（Allotropy）或「同質異性」（Isomerism）的現象（註卅二）。生物學的構造，也是一樣。器官雖由細胞（Cell）所組成，因其關聯不同，機能亦異。所以，穆氏認爲**進化是結構和性質不斷的改變，繼續創造新物**。

如何創造？他與斯賓塞和柏格森的意見不同。他說斯賓塞主張進化必以物質微粒作宇宙的基礎（底本），其說固然可取，然如只就原有的材料聚散離合，重新編配，縱有精微，亦不足以言進化。故柏格森主張於原有的以外，另有創新，非常重要；惟他所謂「創新」，完全不可預測，沒有既定的目的，也太渺茫了。穆爾根一面繼承柏格森的「創新」，一面接受斯賓塞的「基礎」，構成自己的學說。他把世界進化分爲許多階層：第一層是「物質」，第二層是「生命」，第三層是「心靈」。每一階層又分許多層級，依次層層增加，因名之曰「進化」。例如在「物質」這一大層中，最初一層是電子，其次是原子，再上是分子，更上便是結晶體和有機物；至於細胞，則可說是「物質」中的最高一層，因爲它已接近「生命」了。不僅物質如是，「生命」和「心靈」兩層，也是這樣。整個宇宙都是在不斷的建造中，並沒有完成。他的學說，歸納起來，有下列五個要點：

(一)是「突創」(Emergence)　由舊的事物中，突然生出一種新性質的東西來。他叫這種東西爲「突創品」(The emergent)。譬如氫和氧化合而成水，水的性質，與氫、氧都不相同，便是一個「突創品」。白人和黃人結婚，生出來的嬰兒，既不像父，也不像母，即有突創的性質。惟所謂「突創」，雖是一種躍進，卻不是漫無規律，隨便亂跳的，而有一定的程序。

(二)是「層次」(Levels)　在舊的東西以外，生出新的。這好像原有一層之上，又增加了一層，故名「層次」。以氫爲例：一個質子和一個電子是第一層；兩者結合而成原子，是第二層；再由原子構成分子，便是第三層。分子以上，還有各種不同的元素、細胞，乃至植物、動物、人類等，更是一層層的往上疊，好像砌寶塔一樣。

(三)是「包底」(Involution) 所謂「包底」，就是說每一上層，必以其下層爲基礎，而包涵到底。例如質子、電子是第一層，原子包含它們在內，分子又將全部容納；至於細胞，則連分子、原子，以至質子、電子都包入其中。從上到下，層層包涵，這叫做「涵基關係」。

(四)是「上屬」(Dependence) 所謂「上屬」，卽下層雖隸屬於上層，却爲上層所支配，受它的控制。例如動物雖由植物而來，却不受植物限制，而可支配植物；人類雖是物質進化的結果，並不爲物質所決定。這與唯物論的意見大不相同。由「物質」而「生命」(物種)而「心靈」(精神)，一層高過一層，下層爲上層所左右，可名曰「仰賴關係」。

(五)是「因緣」(Relatedness) 「因緣」就是關係，指結構變化影響事物的性質。穆氏認爲事物的產生，是內部分子發生關係，因緣湊合而成。好比造房子一樣，是由木材、磚石等拼湊起來，成爲一個結構。如果拼湊的方式不同，所造成的房屋也不一樣。佛家說一切都是因緣所生，物無自性，便是這個意思。所謂「因緣」，卽指結構而言。任何事物，都是一個結構；結構不同，才有新舊的變化。化學上的各種原子、元素，是這樣造成的；物質、生命、心靈，亦爲結構不同所致。他說：「關係」是關係者在關係中凝合而成的「全境」(Integral Situation)，關係者由關係織入其中。譬如氫與氧凝合爲水，水便是一個「全境」。在這全境中，關係者與關係不能相離，固然是實性的 (Intrinsic 內附的)；但關係者卽使離開關係，仍能各自獨立，又是虛性的 (Extrinsic 外附的)。水分解以後，氫和氧不是依然存在，各自獨立嗎？因緣說爲穆氏的中心思想。

由上五點，可知層創進化論是有系統的宇宙觀。然而，宇宙層層疊進，由最低層以至最高層，不斷創出新的，究竟是什麼原因呢？穆爾根認爲有一種奮力（Nisus）存在，加以推動，受神（Deity）的導引。無論在礦物、植物、動物或人類中，都有神意（Divine Purpose）支配，惟其顯現的形態和程度，各有不同而已。

在穆爾根之外，英國還有亞歷山大（Samuel Alexander）、斯墨次（J. C. Smuts）和美國的布丁（J. E. Boodin）等，意見大體與穆氏相似，屬於層創進化論派。

四、辯證進化說（Dialectic evolution）　辯證法起於古代希臘的赫拉克里特及中國的周易，其初爲一種變化論。到黑格爾和馬克斯，特別注重發展（Development），便成進化的思想。黑氏的意見，和馬克斯不同。他由唯心論出發，認爲辯證法可以促進思想的進展，打破概念的固定性。什麼理由？他說：我們人類思想的範疇，爲語言、文字所限，並不能表達實在。譬如「桌子」這個概念，是抽象的、永遠不變的，而實際上的桌子，却隨歲月變化，不會一樣。桌子有大有小，有長有短，形式各不相同，而桌子的概念爲一共名，總是一樣。它忽略桌子的異點，與實際大有出入。故概念不能形容實在，表達事物的眞相。

不僅如此，人類用語言所陳述的概念，也不完全，而有遺漏。例如我們看見一朵花，說它是紅的，表面上固然不錯，實際却不完全。因爲那花不只是紅的，還是香的，花蕊有白有黃，綠葉扶疏，今單說它是紅的，顯有遺漏，未能充分表達實在。然則怎樣辦呢？黑格爾認爲要打破概念的固定性，使其由抽象、不完全而達於完全，自行超越前進，惟有照辯證法的形式來思維，由「肯定」（Position）到「否定」（Negation）。因爲「肯定」是靜的，「否定」是動的。譬如我們說「這花是紅的」，即有肯定的意義，將思想安置其上，不作進一步的發展；若說「這花不是紅的」，便屬於否定，發生疑問，要繼續研究下去。因爲它既不是紅的，則必有其他的顏色或香味，與紅的不同（相矛盾），要繼續研究。辯證法以「否定」爲中心，便可促進思想的發展，擴大邏輯的範疇。

黑格爾說：第一個「肯定」是「正」，與「正」不同的「否定」是「反」；「反」同「正」相矛盾，而生出第三個概念——卽「合」來。「合」對「正」來說，是「肯定」；就「反」而言，又有「否定」的意義，可說是「否定之否定」。其式如次：

正（肯定）——**反**（否定）——**合**（否定之否定）

依照這個公式：「反」由「正」來，又生出「合」；「合」是「反」的否定，再復歸於「正」。在「合」裡面，包含了「正」、「反」二者的因素，同時被修正（改變），而加以發展。

舉例來說：一粒麥子存在，是肯定的「**正**」；把它種在地下，腐爛了，長成麥苗，否定了它，是「**反**」；由麥苗而麥桿，開花結實之後，又新生出許多麥子來，是「**合**」。這許多麥子，對一粒麥種而言，不僅保存了它的本質，恢復了它的原樣，而且發展很多。它結實以後，麥桿枯萎，是再被否定，卽「否定之否定」。這是馬克斯派所常用的例證，於黑格爾的哲學亦無不合。

黑格爾認爲思想與實在是一致的，思想的發展，卽實在的發展。思想依照辯證法的形式，從邏輯上推演出來，是由最抽象、最普遍的範疇開始。這最抽象、最普遍的範疇是什麼？就是「有」(Being)。因爲「有」是把一切東西的特殊性都抽掉了，成爲最概括的原理，如荀子所說的「大共名」，到了『推而共之，共則有共，至於**無共然後止**』（註卅二）的境界。這就是「絕對」(Absolute) 或「實在」

(-Reality)，爲一切事物或範疇的根本。任何事物，必先是「有」；任何範疇，亦由「有」推演而得。所以，「有」是宇宙的第一原理，沒有比它再抽象、再普遍的。

然則，「有」是什麼呢？它沒有什麼，只是純粹的有（純有），毫無內容——即不是此物，也不是彼物，同「沒有」（無）一樣。因此，引出「無」（Nothing）的概念，成爲「有」與「無」的正反對立。「有」是「正」，「無」是「反」。當我們想到任何事物爲「純有」時，並沒有具體的東西存在，心自中只等於「無」；但「無」雖是空的，我們能夠想到，證明它還是「有」。故「有」與「無」可以相通：由「有」到「無」，或由「無」到「有」，這就是「變」（Becoming）。「變」不是「有」，也不是「無」，而是兩者的統一，即成爲「合」。黑格爾的辯證法，就這樣推演出來，成爲「正、反、合」的過程。他由「存在」推到「自然」，再推到「精神」（理性）；又由「主觀精神」、「客觀精神」，以至「絕對精神」，一層層的向上推進。這就是辯證法發展的形態，可用圖表示如次：

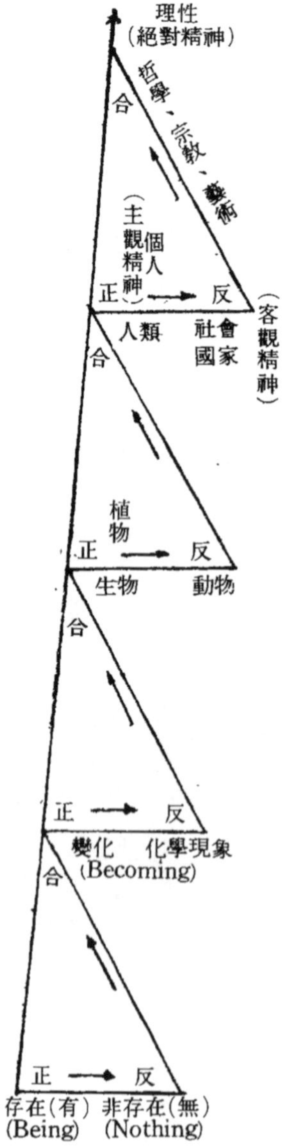

理性
（絕對精神）
哲學、宗教、藝術
合
個人
（主觀精神）
正 → 反
（客觀精神）
人類　社會國家
合
植物
正 → 反
生物　動物
合
正 → 反
變化　化學現象
(Becoming)
合
正 → 反
存在（有）　非存在（無）
(Being)　(Nothing)

馬克斯所講的辯證法，與黑格爾所講的，形式上並沒有什麼不同。其不同的，是黑格爾從唯心論出發，以辯證法爲思想演進的形態，由「純有」開始，一切客觀的實在，都是思想的表現；思想按照辯證法的形式發展，所以實在也是辯證法的運動。馬克斯則不然，他的思想是唯物論的，以爲辯證法的運動，不是由「純有」開始，從邏輯上推演出來，而是事實的反映。客觀事物（萬物）本來是辯證法的，由它抽象的結果，便成思想運動的形態。因此，他說：『所謂「絕對的方法」（辯證法——弘）是什麼呢？運動的抽象；運動的抽象是什麼？運動在抽象狀態中；運動在抽象狀態中是什麼？運動的純邏輯公式或純理性的運動』（註卅三）。這種純邏輯公式或理性的運動，就是辯證法的正、反、合，由「肯定」到「否定」，以至「否定其否定」。

在馬克斯看來，黑格爾把辯證法解釋爲「純有」的發展，說是由邏輯的範疇開始，是弄得很神秘的。他要把「神秘的外衣」去掉，恢復其本來面貌，就得從物質上來加以說明，認爲辯證法根本存在於客觀事物中，邏輯思想是抽象的結果，爲客觀事物歸納得來，並不是思想本身原來如此；換句話說：馬克斯把辯證法看成物質運動的形態，黑格爾則以爲它是思想的發展。至於辯證法的內容，兩人的意見相似，並沒有大的出入。

恩格斯說：『近代的唯物論（指辯證唯物論——弘），則將自然科學新近進步的知識綜合起來。根據這些知識，人們明白自然界也有其時間上的歷史，星球以及其中在良好條件下能够生存的有機物種，都是一樣生長和消滅的，而宇宙的範圍，也比較大得多。無論在那種情形之下，近代的唯物論，根本是辯證法的』（註卅四）。所以說馬克斯把黑格爾的辯證法，由玄想變爲實際，從天上移到地下來，就是這個意思。

第三節　科學方面的意見

科學對於宇宙的產生，究竟是什麼意見呢？科學家研究問題，雖然力求眞實，要有證據，可是像宇宙這樣渺茫龐大的東西，不僅摸不着邊際，也很難求得一定的結論。古人說：『寄蜉蝣於天地，渺蒼海之一粟』。以宇宙的廣濶悠久，人生於其間，比蜉蝣和一粟還不如，何能知道它的來歷？

不過科學家爲哲學的好奇心所驅使，也要盡力去追求，明白宇宙的究竟。所謂「宇宙」，是指物質和空間、時間而言，其中包括各種星球、星系和星雲等在內。我們所住的地球和太陽系，是銀河中的一部分。它在銀河的邊緣，以每小時五十萬英里的速度，跟着銀河在轉。銀河每轉動一次，要花二億五千萬年的時間。地球所在的銀河，除太陽系以外，還有天狼星、北極星、大杓星等許多星座，連同它的行星、衞星等，共有一千二百五十億個以上的星體。美國威爾遜山天文台(Mount Wilson Observatory)，用一百英寸的望遠鏡，可發現上千個的銀河系統。巴勒馬天文台，用二百英寸的望遠鏡，可看到四兆光年遠的地方，還有新的銀河系。那麼宇宙究竟有多大呢？

在天文學上，距離都按光年（Light year）計算。光一秒鐘可走十八萬六千英里，一年要跑五兆八千七百八十億英里。光經過重力場（Gravitional field）時，不依直線進行，而有彎曲。重力場是由天空中的物體，如恆星、行星等的質量和速度造成。宇宙中的物質運動，都會產生空時的屈曲，其聚集的質量愈大，所產生的曲率也愈大。如果知道物質密度的平均數值，算出它的曲率，卽可測定宇宙的半徑，明白它的大小。

美國天文學家赫布爾博士，費了好幾年的功夫，悉心研究天空中一些有代表性的區域，求得它所含物質的平均量。他『把這個數量應用到愛因斯坦關於場的方程式，算出一個宇宙曲率的確實數值，從而得知宇宙的半徑爲三百五十億光年，或二一〇、〇〇〇、〇〇〇、〇〇〇、〇〇〇、〇〇〇、〇〇〇、〇〇〇英里。愛因斯坦的宇宙雖非無限大，但仍舊大到足以包含以億計的銀河系統；而每一銀河系統，又有以億計燃燒着的星和無法計算的稀薄氣體，及冷却的鐵、石和宇宙塵。日光以每秒十八萬六千英里的速度出發，要經過二千多億地球年的時間，才能在這宇宙內環遊一周，再回到原來的出發點』（註卅五）。宇宙之大，眞令人難以想像！

一　宇宙形成的理論

這樣大的宇宙，究竟怎樣形成？科學家很難相信其爲神所創造。他們推測整個宇宙的產生，有下列不同的意見：

第一、是巨爆說（Big bang theory）　這是四十年前，比利時的一位天文物理學家萊麥特（Abbé Georges Édouard Lemaitre, 1894-）所提出。他認爲我們這個廣大的宇宙，當初是聚集在一處，爲一種原始物質的超原子，其溫度極高，可能達到攝氏一百億度。後來，這龐大的超原子爆炸了，四散飛奔，產生各種化學分子、星球和銀河系，成爲今日的宇宙。萊麥特說：『宇宙初造時，物質在無比的壓力下，擠成一團，然後一陣轟然，大爆炸發生了，物質裂開，飛奔到太空去了。今天我們看到宇宙正在擴展（膨脹）中，其實我們所看到的，乃是七十億年前發生的那次大爆炸』（註卅六），仍在進行不已。

大爆炸的力量，勝過龐大無比的引力，所以才會如此。

美國華盛頓大學的物理學家甘茂博士（Dr. George Gamow），對萊麥特的學說，有詳細的解釋。他說：在宇宙產生之前，這個壓縮物中所有的原子，擠成漿狀，不是以原子的狀態存在，而是分裂成中子和電子，混雜在一起。這時，沒有物質，只是一大團能量，故名「超原子」。由於擠壓力很大，溫度上升到攝氏一百四十億度左右時，大團能量爆炸，宇宙便開始發生；爆炸以後，溫度降到攝氏三百萬度左右，纔形成物質。物質中的元素，如氫、氧、鐵、矽、金、銀等，卽由此而來。爆炸後的氣體，擴散到太空中，溫度繼續下降，由於物質間的引力作用，形成許多雲氣（或名「氣體雲」）。在雲氣內，又集結成許多星體。星星一經誕生，受引力作用而開始收縮；收縮愈小，溫度愈高；高到某一程度，熱核子反應不斷進行，氫原子融合而成氦——後來，又由氦變成碳、氧、氖，再由氖變成鎂、矽、磷、鈣、鐵等各種元素，放出大量的能來，成爲光和熱。這就是恒星的由來。

起初每團雲氣，形成一個星系。除恒星以外，有一部分變成行星。行星很小，冷却較快。因爲溫度低，熱核反應不能進行，所以就靠附近的恒星供給熱能。這種熱能，在適當的條件下，產生一些奇怪的變化，於是某些行星，便生出植物、動物。地球上更有人類出現，回過頭來，追問宇宙是如何發生的？這種由巨爆而產生星球的思想，可說是「演化論」(Theory of evolution) 的。

第二、是不變說 (Steady state theory)　這是英國天文學家霍爾 (Fred Hoyle) 等二十年前提出的理論。他們根據數理和觀察，認爲宇宙沒有起始，也不會有末日，自始迄今，永遠如此。霍爾說人類有一個習慣，老以爲一切東西都有開始，從何時何地發生；其實這種看法，並沒有科學的根據。宇宙是一直存在，並無多大的改變。要說它有生日，是無時無刻不在發生。依巨爆說的意見，宇宙繼續擴張，星系間的距離，愈來愈大。如果照目前星系飛奔的速度，過不了幾十億年，在地球上，很難看到別的星系；但這種現象不會發生，因為在天空中，每有一個星系離去，便有另一星系塡補它原來的位置。這些星系，又從那裡來的呢？

霍爾說：製造星系的材料是氫氣，宇宙無時無刻不在產生新的氫氣，這大量的氫氣集合起來，便成氣雲，由氣雲而結成星星。宇宙之所以擴展，並不是大爆炸的原故，而是新添的氫氣使然。氫氣變成星星，星星因為物質的引力作用，而收縮、旋轉，溫度上升，發生熱核子反應，造成其他不同的元素，以至成為恆星。這種過程，與巨爆說的意見是相同的。

星體產生以後，活了幾十億年，然後衰老、死亡、消失，又變成新的氫氣，補充原來的材料。所以，氫氣的供應，源源不絕。宇宙中每天都有星體老死，變成氫氣，也有氫氣凝聚成為新星，永遠不停的進行。故亦稱為「**連續不斷說**」。

霍爾認為太陽起初是個雙星，即有一伴星繞它而轉，兩星相距，等於現在木星或土星到太陽那麼遠。後來，因為伴星爆炸，內部物質向外噴射；冷却後，凝結而成行星和地球，繞日旋轉。這種假說，對行星何以能自轉？衞星如何造成？還沒有詳盡的解釋。

第三、是波動說（Undulate theory） 這是由巨爆說推演而來，承認宇宙在若干億年以前，曾有大爆炸發生，形成各種星系；但引起大爆炸的那個高熱能團，又是從那裏來的呢？可能是由以前的宇宙收縮得來。美國陶爾曼（Tolman）博士『認為宇宙的膨脹（擴張——弘），也許只是暫時的現象，將來經過一大段時間後，會來一個收縮的時期。宇宙在這個設想中，好像是一張一縮的氣球，永遠循環不已』（註卅七）。他們用二百英寸望遠鏡觀察的結果，看到宇宙擴張的速度，於今正在減緩，四散飛奔的各銀河，因相互的引力作用，彼此牽動，已不如從前迅速，將來逐漸停止，又倒飛回來，再聚集一處，變成原始狀態，擠壓而生高熱，爆炸成一新的宇宙。這一張一縮的情形，據目前猜測：要七百億年；一說只需一百五十億年。整個宇宙就維持這種爆炸、擴大、凝結與再爆炸的循環活動，爲週期性的過程。

這三種理論，意見雖然不同，對宇宙的擴張與收縮却不否認，惟解釋相異而已。

二　太陽系產生的原因

在整個大宇宙內，太陽系是如何產生的？則有下列數說：

一、**星雲說**（Nebular hypothesis）　爲天文學上解釋太陽系構成的一種假說，由康德和拉普拉斯所提倡。他們認爲太陽系在沒有形成之前，最初是一種物質的雲氣，熱度極高，自西向東，旋轉不息，名叫「星雲」（Nebulae）。它受內部重力的支配，略成球形，而繞軸自轉，便是「太陽」。這自轉運動，隨其體積縮小，愈來愈急，腰部的離心力，超過向心的重力，有一圈星雲物質，脫去中心，遠離環繞，像土星的光環（Rings of Saturn）一樣。其初是整環，後經破裂，凝結成球形，繞日旋轉，便是地球及其它行星。行星的一部分，又因離心力分離而爲環形，環破亦凝結成球，繞行星運轉，即是衞星。太陽在天上看起來很小，其實它的質量，比地球大三十三萬二千倍，比九大行星的總和，還大七百四十三倍。它帶着這些行星和衞星飛行，不但是重力的中心，也是熱能的發動者。其內部包藏了大量的氫，不斷燃燒成氦，所發出的熱量，足以傳達各星球的表面，維持幾十億年不竭。

照愛因斯坦質能互變的公式計算：太陽每秒鐘要消耗五百萬噸的質量，若與其總量比較，雖不重要，但繼續下去，終有耗盡之一日。天文學家估計：我們的宇宙有一千億至一千二百億年之久，太陽和地球已歷四百六十億年，還可生存五十億年。

星雲說雖可解釋太陽系中幾種主要的現象，如行星軌道大致都成圓形。在同一平面內，繞日旋轉，也都同一方向等；然亦有若干例外，不能解釋：例如天王、海王二星的衞星逆行，火星的衞星運轉，比它本身的自轉速度還快。尤其最重要的，是照力學的道理，行星如果是星雲由太陽旋轉脫離出來，則太陽的角動量（Angular momentum），應該比行星爲大；如今其自轉的速率，在太陽系全體的角動量中，只佔百分之二，而其他行星却佔百分之九十八，是不可能的。因爲有這些困難不能解釋，所以天文學家又提出其他的主張。

二、塵雲說（Planetesimal hypothesis） 爲美國天文學家張柏林（Thomas Chrowder Chamberlin, 1843-1928）和摩爾頓（Forest Ray Moulton, 1872-?）、威浦爾（F. L. Whipple）等所提出。他們認爲構成太陽系的物質，最初只是一些稀薄的微塵和氣體。它充塞宇內，平均每一立方公分，約有十個原子左右。其數雖然稀薄，聚集起來，也很可觀。在我們所住的銀河系內，塵雲總量約有三兆個地球那樣重。

這些微塵，最初大概是平均分布的。它們如何集合起來，成爲雲體呢？據斯匹則（Lyman Spitzer）的想法，是由於光的壓力作用所致。光線照在微塵上，影響雖然很小，合起來却有力量。譬如彗星（Camet）的尾巴，受陽光照射，即偏離太陽。那些微塵，因四面八方星光的照射，也可集合成爲雲體，愈來愈密。當雲體物質間的引力，超過光的壓力，而起收縮作用時，內部越擠越攏，溫度必然大增，達到攝氏幾十億度，發生氫、氦、碳等核子反應，便成發光發熱的太陽。由塵雲變到太陽，大概要十億年的時間。

至於那些不發光的行星，並不是由太陽旋轉掉出來的碎屑。它們同太陽一樣，也是由微塵聚合起來，變成雲狀的物質。由於塵雲各部分不能完全均等，發生氣流，便成不規則的旋渦。假如其中有一最大的氣流分裂，各自吸收其鄰近的餘質，作螺旋式的轉動，形成若干中心，圍繞着一個更大的中心而轉，方向相同，而其軌道的傾斜度、偏心率及週期等，又各不同，卽構成行星。由行星而產生衞星，也依同一的方式，爲行星附近的餘質凝聚而成。這樣，用塵雲的氣流，發生旋渦作用，說明太陽系的起源，亦名「**旋渦星雲說**」(Spiral nebula hypothesis)。

此外，還有一種流星說 (**Meteoric hypothesis**)，爲英國天文學家洛克葉 (**Joseph Norman Lockyer, 1836-1920**) 所主張。他在天文學上，極言流星的重要，說宇宙間的任何天體，都是由流星而來。所謂「流星」(**Shooting star**)，就是一種高速度的星體，其直徑由不到一粍（約一吋的百分之四），至巨大的石塊和金屬塊不等。天上的星雲和極光 (**Aurora**)，是流星的散漫組織，恆星和太陽系，則是流星凝固的物體。它如彗星、黃道光 (Zodiacal light) 及土星光環等，無不爲流星所造成。其實這種流星，也就是一種塵雲，可包括於塵雲說的範圍內。

關於宇宙是如何產生？前述各項意見，都只是一種推測，不能肯定。巴涅特說：『我們且不談太陽系、各個星體，及我們身處其中的自然系統之任何部分如何起源，單就整個宇宙可能仍在不斷建造中的各種意見來看，每一說法，無論在理論上或經驗上，都有先天的困難』（同註四一），還待繼續研究。

三　孫中山先生的意見

孫中山先生對宇宙萬物的由來，是根據科學的思想綜合而成，以進化為主。他說：

『古今來聰明睿智之士，欲窮天地萬物何由而成者衆矣，而卒莫能知其道也。二千年前，希臘之哲奄比多加利（Empedocles）氏，及地摩忌里特（Democritus）氏，已有見及天地萬物當由進化而成者，無如繼起無人，至梳格底（Socrates）、巴列多（Plato）二氏之學興後，則進化之說反因之而晦。……至達爾文氏，則從事於動物之實察，費二十年勤求探討之功，而始成其「物種由來」一書，以發明物競天擇之理。自達爾文之書出後，則進化之學，一旦豁然開朗，大放光明，而世界思想為之一變。從此各種學術，皆依歸於進化矣』（註卅八）。

進化之道為何？怎樣變成萬物？他答覆如次：

『夫進化者，時間之作用也。故自達爾文發明物種進化之理，而學者多稱之為時間之大發明，與奈端（Isaac Newton）氏之攝力為空間之大發明相媲美。而作者（孫先生自稱—弘）則以為進化之時期有三：其一為「**物質進化之時期**」，其二為「**物種進化之時期**」，其三為「**人類進化之時期**」。元始之時，太極（此用以譯西名「伊太」Ether 也）動而生電子，電子凝而成元素，元素合而成物質，物質聚而成地球，此世界進化之第一時期也。今太空諸天體，多尚在此期進化之中，而物質之進化，以成地球為目的。……

由生元之始生而至於成人，則為第二期之進化。物種由微而顯，由簡而繁，本物競天擇之原則，經幾許優勝劣敗，生存淘汰，新陳代謝，千百萬年而人類乃成。人類初出之時，亦與禽獸無異，再經幾許萬年之進化，而始長成人性，而人類之進化，於是乎起源』（同前）。

由上所述，可知孫先生的哲學思想，是根據科學而來。他在物質時期，包含得有物理學、化學、天文學、地質學等；物種時期，包含得有細胞學、植物學、動物學、人類學等；人類時期，由人性發端，包含得有心理學、倫理學、政治學、經濟學、社會學等在內。他把各種知識歸納起來，融貫於三時期之內，聯爲一個體系，便是科學的世界觀，即「科學的哲學」。

這種哲學，可叫做「分期進化論」。它與穆爾根的「層創進化論」比較，有下列幾點相似：

一、把世界進化分爲「物質」、「物種」、「人類」三個時期，與穆爾根主張由「物質」而「生命」而「心靈」，分爲三大階層相近，爲有秩序的發展。

二、孫先生以「太極」（伊太）爲物質的本體，「生元」爲物種的本體，「人性」爲人類的本體，與穆氏主張每一階層各有其「包底」一樣，爲發展的基礎。

三、孫先生以「物質」由太極而電子而元素而地球，「物種」由生元以至人類，都是由微而顯，由簡而繁，與穆氏主張的「層次」一樣，繼續增加，是一元的進化。

四、孫先生認爲物質、物種、人類三個時期，各有不同的法則。我們不能拿前一時期的法則，說明後一時期。這與穆氏主張「上屬」一樣，是以心統生，以生制物，爲反玄學的見解。

五、孫先生說：『太極動而生電子，電子凝而成元素，元素合而成物質，物質聚而成地球』（同前）

。『至鑛質發明之後，則知前之所謂元素者，更有元素以成之；元子者，更有元子以成之』（同前）。這與穆氏之所謂「因緣」一樣，是以結構改變為新事物的原因，非實體、本質有何不同。

由此可見孫先生的哲學，與穆氏的意見實大致相同；所不同的：是孫先生的學說，完全根據當時的科學思想組成，沒有半點玄虛或神秘的意味；而穆氏的意見，則帶着主觀和神秘的色彩。穆氏以為事物的層創進化，完全受神意支配，為神的引導所致，故仍屬玄學範圍，非科學的意見。

（註一）「舊約全書」創世記，第一章。

（註二）詳見徐亮之著「中國史前史話」一一——一三頁，上編，一，註六。民國四十三年十月，亞洲出版社初版。

（註三）周濂溪著「通書」，理性命第二十二。

（註四）梯利著「西洋哲學史」第一編，第一篇，第三章，第一節。

（註五）前書，第三章，第二節。

（註六）前書，第五章，第二節。

（註七）「老子本義」下篇，右第十八章。這段話的大意，可語譯如下：『「道」這個東西，恍恍忽忽很難辨認。你說不知道嗎，它裡面似乎有形象；你看不出來，它裡面似乎有物體。你覺得很深微，它裡面似乎有要素，而且這種要素非常眞實，信而可徵』。

（註八）前書，右第十三章。這段話接前文，可譯釋如下：『但它漫無邊際，又不能以言語形容，仍然好像沒有東西的樣子。這叫做「沒有形狀的形狀，沒有形象的形象」，可以說是「忽恍」』。

（註九）前書，右第二十一章。

（註十）前書，右第十五章。

（註十一）「莊子集釋」內篇，齊物論第二。這段話的語譯是：『天下的道理相通，是一貫的。一個東西的分裂，是另一東西的成功；另一東西的成功，也就是這一東西的毀滅。因此，世間無所謂成功與毀滅，道理仍然是相通的，只有明白的人，纔知道它的一貫性」。

（註十二）前書，外篇，至樂第十八。其中莊子說：「種有幾，得水則爲㡭」一段，葉玉麟的「白話莊子集解」，把「種有幾」說成「變化有幾種呢？先沾著水的濕潤之氣，從無中生出絕細微的水草」；李鍾豫所編的「語體莊子」（商務人人文庫本），也跟他一樣，說「種類有多少？得了水便繼續生長」，解釋完全錯了。他們不知「種有幾」的意思是說：「物種有極小的細胞（或言「生機」），它得了水，就變成「㡭」的生物」。因爲「幾」的古字，說文是「𢆶，微也」；廣韻：「微小也」，並不是「有幾種」或「多少」之意，而是指一種微小的細胞或微生物而言。

（註十三）劉熙著「釋名」（逸雅），釋天。

（註十四）「周易」繫辭下傳，右第六章。這段話可語譯如下：「乾、坤，算得是易的門徑吧？乾是陽性的東西，坤是陰性的東西。陰陽二氣合起來，剛柔才有主體，可以體會出天地所具的原理」。文中「陰陽合德」的「德」字，是「氣勢」的意思；「天地之撰」的「撰」字，與「僎」相通，爲「具備」之意。

（註十五）前書，右第五章。

（註十六）「老子本義」下篇，右第三十六章。

（註十七）董仲舒著「春秋繁露」，卷十三，五行相生。其中所謂「五官」，卽左傳昭公二十九年秋七月中，所指「五行之官」，「實列受氏姓，封爲上公，祀爲貴神，社稷五祀，是尊是奉。木正曰句芒，火正曰祝融，金正曰蓐收，水正曰玄冥，土正曰后土」。

（註十八）「二程遺書」卷一。

（註十九）前書，卷十五。其中「形而上者，是密也」一語，所謂「密」，卽機密之意，與「易繫辭」言「幾事不密則害成」同義。

（註二十）前書，卷十一。

（註廿一）「朱子語類」卷一。

（註廿二）梯利著「西洋哲學史」第一編，第一篇，第二章，第五節，說亞氏認爲「地球是中心，周圍繞以水、氣、火，其次繞以天體。天體由「以太」（Ether）而成，附以遊星日月及恆星」，與朱子之說頗近。

(註廿三)「朱子文集」卷五十八，答楊志仁。

(註廿四) 引語見「朱子語類」卷九十四。在「朱子文集」卷三十六中，答陸子靜書云：「周子所以謂之「無極」，正以其無方所、無形狀，以爲在無物之前，而未嘗不立於有物之後；以爲在陰陽之外，而未嘗不行乎陰陽之中；以爲通貫全體，無乎不載，則又初無聲臭影響之可言也」。可見「太極」與「無極」，只有相對的區別。

(註廿五) 高楠順次郎著「佛教哲學要義」，第三章㈣。藍吉富譯。正文書局出版。

(註廿六) 前書，第三章㈠。

(註廿七)「大藏經」卷四十五，金師子章。

(註廿八) 釋・睿理編述「佛學概論」，第五章。國際佛教文化出版社印行。

(註廿九) 斯賓塞著「第一原理」，第二部，第十七章。

(註三十) 赫克爾著「宇宙之謎」中語，引見 A.weber and R. B. Perry 著「西洋哲學史」，中譯本五一八頁。

(註卅一) 所謂「同質異性」，卽如炭質 (Carbon)，結晶成爲八面體 (Octahedron)，便成金剛石；結晶成六邊形 (Hexagonal form)，卽是黑鉛 (Graphist)；此外還有一種常見的東西，便是木炭。貴賤有如此之不同。「同質異性」則只要結構的方式稍有改變，化合物的性質便完全不同。例如火酒 (Ethyl alcohol) 和醇精 (Ether)，都是由兩個炭 (C) 原子，一個氧 (O) 原子，六個氫 (H) 原子合成，只因化學構造的排列不同，致性質各異。還有一種丁烷 (Butane 亦名「四炭矯質」)，也是一樣。

(註卅二)「荀子集解」卷十六，正名第二十二。

(註卅三) 馬克斯著「哲學之貧乏」，第二章，第一節。

(註卅四) 恩格斯著「空想社會主義與科學社會主義」。

(註卅五) Lincoln Barnett : The Universe and Dr. Einstein (1965), Ch.13。

(註卅六) Arthur S. Gregor : A Short History of the Universe.

(註卅七) Lincoln Barnett : The Universe and Dr.Einstein, Ch.14。

(註卅八)「國父全集」孫文學說，第四章。

第五章　宇宙為甚麼有秩序？

——宇宙變化的關聯問題——

宇宙萬物產生的情形，前章已有明白的敘述。現在要研究的問題，是世界上的一切東西，爲什麼很有秩序，一點也不亂？

在哲學上，提出這個問題的人很多。屈原在「天問」篇中便說：

『圜則九重，孰營度之？惟玆何功，孰初作之？斡維焉繫？天極焉加？八柱何當？東南何虧？九天之際，安放安屬？隅隈多有，誰知其數？天何所沓？十二焉分？日月安屬？列星安陳』（註一）？

這些，都與宇宙的秩序有關，究竟是什麼原因造成的呢？

第一節　神學方面的意見

宗教對宇宙的秩序問題，是用神來解答。馬僖（R. Masi）和亞歷山底（M. Alessandri），在其合著的「科學、哲學與宗教」一書中說：

『我們這個世界中，事物的秩序是有目共睹的。無論在地面上，天空中，或整個宇宙內皆然。這裡，我們不需耗費許多話來明示這種無上的秩序，對自然研究越深入的人，也就越洞悉這種秩序的深微。……這是事實的證明，任何人不能否認。然而，當如何來解釋它呢？所有這普遍的秩序，可能全歸之於偶然嗎？如同自德謨克利特（Democritus）之後，人們一再提到的說法？世界若竟能由偶然而形成，那麼，天主（上帝—弘）當被排除了。於是世界無天主亦可得到解釋，於是天主便不必存在。設若相反的，不能以「偶合」解釋宇宙的形成，那就必定結論說：「有位藝匠製造了它」。他是智慧的，是定律者，是造物者。於是也就必須邏輯的結論說：有一個天主』（註二）。

換言之：**宇宙的秩序，是由「神」建立起來的。**

艾斯雷（Loren Eisely）認爲『聖經裡面，神造天地的故事，伊甸園的故事，以及大洪水的故事，都充分表示這個世界是由上帝控制，上帝創造的：也就是說：超自然的力量，爲了人類，創造一切人類的戲劇。基督教徒已有一千多年的時間，深信這些事情。……理神論者和宗教自由主義者，所追求的「大自然課本」（The Book of Nature），就是上帝理性的化身，與聖經的道理不相牴觸』（註三）。中世紀的護教者（Apologist）和經院哲學家（Schoolman），都以爲神是萬物的創造者，依照它心中合理的計劃，由無形的物質創造宇宙。這計劃，名叫「邏各斯」（Logos），是創造萬有的原型，構成宇宙秩序的道理（理性）。它由神產出，恰如光線爲太陽所生，離不開太陽一樣，與神是一而二、二而一的。神依「邏各斯」，規定萬有的形式和秩序，繼續加以管理。一切宇宙的秩序，都是「邏各斯」的表現。萬物無論是物質的或精神的，都由神而來，並復歸於神，以他爲究極的目的。這可說是「神定論」（Predeterminism）。

神定論卽以「神」爲宇宙萬物秩序的本原。十八世紀英國的神學家巴利（William Paley, 1743-1805），把「神」看成自然的設計者。他說：『沒有設計者，不能有設計；沒有計劃者，不能有計劃。……一隻錶中所顯示的每一個設計，都存在於大自然的工程中。它們之間的區別，只是在大自然中，其設計更爲偉大與周密，程度無以復加。……大自然所表現的設計，在技術的複雜、精密和新奇方面，遠超過藝術品的設計；而且在數量和變化方面，更不知超過了多少倍。的確，在許多情形下，大自然所顯示的技巧、計劃，及其對目的與任務適合的程度，決不遜於人類所製最完善的產品』（註四）。於此可見萬物的秩序，是由「神」而來，爲神所安排決定（Foreordination）的。其**以神爲支配的條件，人無自由可言者**，則名曰**「宿命論」**（Fatalism）。

中國在周朝以前，卽篤信上帝。湯伐桀，誓師時說：『夏氏有罪，予畏上帝，不敢不正』（註五）。詩云：『天生烝民，有物有則；民之秉彝，好是懿德』（註六）。此所謂「天」，也就指上帝而言。伊尹告太甲說：『先王顧諟天之明命，以承上下神祇、社稷宗廟，罔不祗肅。天監厥德，用集大命，撫綏萬方』（註七）。世界的秩序，是根據神的法則建立起來，神爲最高的統治者，雖君主亦不敢不從。這與西洋的意見相似。

第二節　玄學方面的意見

一　機械論

玄學對宇宙秩序的說明，第一種意見是「機械論」（Mechanism）。**機械論說宇宙萬物之間，各部**

分互相配合，好像機器一樣，完全是盲目的、必然的動作，沒有什麽計劃可言。它有一種原因，就產生一種結果；這裡動了一下，那裡也會跟着在動。這樣漫無目的，全屬自然而然，並無神秘的力量支配。

機械論就是主張宇宙間的一切變化，完全用機械的因果法則去說明，與神定論相反。因爲因果相連，一切都在必然的關係中，沒有自由活動的餘地，故又叫做「必然論」(Necessitarianism)，或「有定論」(Determinism)。所謂「有定」，卽決定和確定的意思，與「必然」(Necessity) 相同。

從來主張機械論的人，多半是唯物論或泛神論者。希臘最早的安納散哥拉，說「種子」(Seed) 爲宇宙的本體，是一種極小的物質分子，充塞空間，聚散離合，變成萬物。它如何從洪荒之初，由分散而集合成一個有秩序的宇宙？那是由於機械的運動所使然。它怎樣運動？則是由天體的旋轉開始。安納散哥拉認爲宇宙最初是渾沌一團，各種「種子」混在一起；後來，由一點開始轉動，愈轉愈烈，向外擴大，那一團便逐漸分散。其稀薄、乾燥、溫暖、光明的部分，與濃厚、潮濕、寒冷、黑暗者分開，散到太空很遠的地方，便構成天體；而濃厚、潮濕、寒冷、黑暗的，則聚成土地和地上的物質。我們所住的大地，爲一圓柱體，是世界的中心，因爲旋轉的力量，把一部分拋到天空，變成星星，與火質的「以太」(Ether) 接觸，便能發光。太陽是火熱的東西，它把地上的潮濕晒乾，使空中的「種子」隨雨落下，埋在土裡，生長出來，便成各種有機物。他這種意見，與我國古人所謂『混沌初開，乾坤始奠；氣之輕清，上浮者爲天；氣之重濁，下凝者爲地』的傳說，多少有些相近。

宇宙爲什麽會運動？他以爲是有一種精神在支配，這精神名叫「努斯」(Nous)，是自動的，有旋乾轉坤的力量，爲一切運動和生命的根源。它把宇宙攪動以後，卽不再加干涉，而由「種子」分離結合，自行作機械的運轉。所以，梯利（F. Thilly）教授說：『安納散哥拉是竭力用機械的原理來說明萬事萬物，其以心爲運動之智慧的原因，不過是一種最後的依歸』（註八）。

其後原子論者魯息帕斯和德謨克利特的意見，也與安納散哥拉相似。他們認爲原子的聚散離合，是由於它本身的運動，自始自終，永不停止，重者下墜，輕者上升，上下交流，遂生旋轉運動，逐漸擴大。於是大小相同的原子聚在一起，重者居中，先構成氣，次變成水，再凝結爲地，而輕的落在四周，爲天上的火與「以太」，世界卽由此而來。宇宙有許多世界，各有中心，都是球形，有的並無日月，有的則多恆星，地球只是其中之一，生命從濕地或黏土發生。一切都是必然的、機械的，沒有偶發的事物。這完全是一種機械論的世界觀，受物質原理支配。

十八世紀以後，唯物論者不僅把自然界的變化，看成物理的運動，甚至說動物和人類都是機器，一依機械的法則而行。用物理、化學的原則，來解釋生理和心理的現象。耶路撒冷（W. Jerusalem）教授說：『機械論幾爲古代物理學的唯一基礎。近世唯物論者，亦竭力爲機械論辯護；甚至要把有生機能力的有機體，變成機械的和化學的，而完全否認特殊的生機能力』（註九）。這可說是機械論發展的極致。

爲什麼這樣呢？原因是十八世紀機械力學（Mechanics）特別發達，大家對機器的興趣很高。從前天文學家刻卜勒（Johann Kepler, 1571-1630）說：『「天的機器」（Machina Coelestis）並不像神的構造，而如鐘錶的機械，是以一個力量帶動全部的齒輪』。牛頓的萬有引力，卽提供了這個力量。宇宙像一架大機器，照自然的規律運行，毋須神來幫助。牛頓和他以後的人，都說這架大機器，自神造成之後，是自動維持均衡的。地質學家霍頓（James Hutton）受其影響，也認爲地球是一部巧妙的機器，能够自動更新，恢復活力，像引擎（Engine）一樣。推而至於生物學家，也把動物看成鐘錶，說牠被打擊的時候，纔會發出叫聲；全身的血液循環，正像機器的構造。人與動物唯一不同的地方，只在他有靈魂，其它並無區別。由此**建立整個的機械觀，成爲支配**宇宙的法則。

這種機械觀的思想，在哲學上，開始於笛卡爾和斯賓洛沙，爲十七世紀的產物。他們二人認爲物質界與精神界，是絕不相干的兩個系統，物質的東西，只能用物理來解釋，沒有任何目的。斯賓洛沙說宇宙全體互相關聯，各部分好像鎖鏈一樣，都有其必然的位置。因爲神與自然同屬一體，沒有人格和意志，故宇宙亦無計劃可言。他說：『只有用機械觀解釋宇宙現象，方爲適當』，便可證明。笛卡爾不僅把自然物看成機械的運動，說人和動物的軀體也是機械的，爲自己活動。他們二人這種意見，都是**反目的論的**（Anti-teleological），影響甚大！

二　目的論

玄學對宇宙秩序說明的第二種意見，是「**目的論**」（Teleology）。**目的論是說宇宙間的一切事物，都照一定的目的而行，其存在、活動，全爲預定計劃，非偶然的現象**。所謂「**目的**」（Purpose）是與「**手段**」（Means）相對，爲用某種方法所實現的結果，有意識作用在內。

照目的論看來，宇宙是一個大的計劃。在此計劃內，一切事物，都是預先安排好的，按照目的進行，沒有選擇的餘地。每一事物的存在與活動，都爲實現此總計劃的一部分；換言之：它是**爲目的而存在，依目的而活動**。彼此互相關連，故宇宙成一有秩序的組織。這個目的是從何而來？有下列兩種不同的說法：

一、超越的目的論（Transcendent teleology） 說一切事物的活動，都是超自然的主宰所安排，依其目的進行的；換言之：**支配萬物的原因，不在它的本身，而在宇宙以外**。故亦稱爲「**外在的目的論**」。

安納散哥拉說宇宙之所以能運動，是由於有「努斯」（Nous 精神或心—弘） 在支配，但他所謂「努斯」，並不是超自然的。梯利教授說：『安氏之所謂「努斯」或心，到底是純粹的精神，或極精細的物質，或既不是物質，也不是非物質的東西，解釋各人不一。……心雖然創造世界的歷程，却仍存於世界中、有機體中，乃至礦物中，任何地方都以心說明一切運動；否則，便無法說明』（同註八）。故安氏的意見，還不能說是目的論。

眞正建立目的論的是柏拉圖，他認爲一切事物，都是根據觀念（Idea 理型）而來。觀念雖有各種不同，却非雜亂無章，彼此互相關聯，有其邏輯的系統，形成一個井然有序的宇宙。在各種觀念中，有一個最高的觀念，那就是「善」，一切都用「善」做樣本。「善」是「邏各斯」（Logos），爲宇宙構成秩序的根本原理。天地萬物都以「善」爲目的，而趨向於「善」，故宇宙是「最好的創造品」。

宇宙如何發生？柏氏說是由一個好像藝術家的造物主——「德米爾」（Demiurge），根據「善」的觀念，按照理想世界的模型，用原有物質和精神的東西，合併製成的。我們這個世界，本有水、火、土、氣四種原素，「德米爾」特賦與以靈魂和生命，使世界變成很有秩序，能够調和而美善，並非無中生有，造出萬物來的。故「德米爾」與宗教的上帝不同，它不創造世界，而只利用現成的材料，照理想塑成世界。

所謂世界，就同人一樣，是合靈魂與身體而成。靈魂既比身體重要，故「世界靈魂」(World-soul)亦在世界身體之前，卽已存在。它滲透於世界身體之中，不僅自動，也能移動一切物體，爲運動的原因。「德米爾」創造世界的靈魂，也創造了日月星辰及人類的靈魂。地上一切東西，全是爲了人類而造成的。植物是爲了養活人，動物則給人類墮落的靈魂作住所；人身上的一切，都依一定計劃的安排，具有合理的目的。

這是一種外在的目的論，與神學相近。斯多噶派的意見，也與柏拉圖相似。他們認爲宇宙和人類都有靈魂，宇宙的靈魂是神，它同火一樣，是活動而有生命的。人的靈魂，亦充塞宇內。世界是神的身體，由火、氣、水、土四種元素，依不同的比例合成，以火爲根本。由火變成氣，化爲水，凝成土，而有萬物。火之作用於無機物者，爲盲目的因果律；作用於植物者，雖是盲目的，却半有目的；作用於動物者，是有目的的衝動；作用於人類者，則全是合理的、有意識的。宇宙之所以有秩序，和諧而美妙，卽受神火的理性支配所致，其中各部分都有適當的位置和目的，構成整個的體系。這也是目的論的。

中世紀的奧古斯丁，說上帝創造世界，是出於它無限的愛。故所創造的東西，必欲其爲合理的、最好的，與預定計劃相符。萬有的法式，得之於上帝，一定是最完備的，能使物體完成。聖．湯瑪斯根據他的意見，也認爲萬有既由第一因發生，則第一因必是最完全的因。自然界的萬物，都實現一個目的，這目的由神來指導。神之創造世界，必儘可能選擇最好的，以期合於它的意志。故宇宙萬物是有目的的，爲神所預定。

二、內在的目的論（Immanent teleology）是說**影響事物活動的原因，其目的不在它之外，非受神的支配，而爲本身所固有的**。亞里士多德的意見，便是例證。他認爲一切事物，都是發展來的。如何發展？有其遞嬗（替換）的歷程。從前柏拉圖把「理念」（Idea）與「質料」（Matter）看成兩種不同的東西：說「理念」是永久的，爲一種法式（Form）；「質料」是可變的，能做各種物體。質料非有理念，不能造成實物；理念却可獨立自存，不必需要質料。這是一種二元論的思想，與他的意見不同。在亞氏看來，「理念」與「質料」兩者，絕對不能分開，必須加以統一，纔能說明事物。

如何統一？他說**天地間的任何事物，都是「理念」與「質料」合成，而且兩者之間，互相替換，向前發展，爲一連續的過程**。譬如一棵樹，當它的種子種下泥土時，只是一種質料，叫做「**儲能**」（potentiality），後來漸漸長大，成了樹枝，達到它的目的，便叫做「**現實**」（Actuality）。這「現實」，對樹籽而言，是「理念」（法式）的實現；樹枝長大，又成了「質料」（木材）；若再把木材做成門窗，則門窗是木材的「理念」，木材又成了「質料」。用全部門窗合成房屋，房屋又是「理念」，門窗亦成「質料」。如此類推，「質料」和「理念」，「儲能」與「現實」，是層層迭進，相爲因果的。整個宇宙推到最後，總有一個最高的理念，不含任何質料，是空的，名叫「**純粹法式**」（Pure form）；再往下去，也有一種質料是實的，不含任何法式（理念），叫做「**純粹質料**」（Pure matter）。他把「**純粹法式」稱之爲「神」**，**說是最高的目的**。整個宇宙的秩序，就是照這種形式建立起來的。

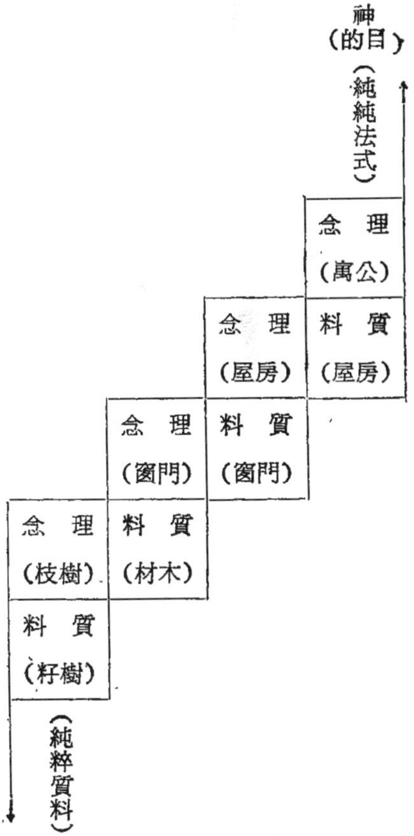

神（目的）
（純純法式）

理念（公寓）
質料（房屋）

理念（房屋）
質料（門窗）

理念（門窗）
質料（木材）

理念（樹枝）
質料（樹籽）

（純粹質料）

神在上面，引導萬物前進，却並不是造物主。

天地間一切事物的發生，不外乎四種原因。那四種原因？其㈠是「**質料因**」(Material cause)—譬如做一張桌子，先要有木材；這木材就是做桌子的質料，絕不可少。㈡是「**形式因**」(Formal cause)—有了木材以後，還要有圖案；照什麼形式去做纔合適？是預先安排好的。㈢是「**動力因**」(Efficient cause)—木材和圖案都準備好了；由誰動手去做，發生力量，使它成功？非常重要。㈣是「**目的因**」(Final cause)—經過這三步之後，桌子做成了；它能作什麼用處？其目的爲何？是最後所得的結果。天下任何事情的進行，固不外這四種原因，但歸納起來，却只有「質料」和「法式」(理念)兩項，爲最根本的要素。由其互相轉變，彼此遞進的關係，兩者顯然合一，是一元論的學說。

亞里士多德的「理念」（或「法式」）和「質料」二者，照中國的哲學來說，就是「道」與「器」、「理」與「氣」的問題。這個問題，在宋、明理學家，雖也認爲互相關聯，如程子所謂『器亦道，道亦器』，却不如明末學者劉戢山（宗周）、王船山（夫之）、顏習齋（元）等融爲一片，更近於亞氏的學說。戢山云：『理卽氣之理，斷然不在氣先，不在氣外』（註十）；習齋也說：『蓋氣卽理之氣，理卽氣之理，焉得謂理純一善，而氣質偏有惡哉』（註十一）？船山更言：『品物物類不一，而各成其章，謂之「流形」。理氣流行於形中也，行焉、施焉而無所阻，流行於品物成形之中而無不貫』（註十二）。這段話的意思，就是說：「理」（理念）與「氣」（質料）是相通的，「理念」是「質料」的法式，要藉質料表現出來，故不在「質料」之先和「質料」之外。萬物品類不同，表現各異，這叫做「流轉的形態」。「理念」與「質料」，流轉於事物的形態中，其施爲無所阻隔，而能一貫，是道器不離的。這**道器不離的思想**，可說是「**內在的目的論**」。

清初戴東原（震）的哲學，也與亞里士多德相似。東原講「氣化」的道理，說萬物皆由氣化而生。氣化所生的質料，他叫做「性」；所顯出的形態，他叫做「才」。其分別「性」與「才」的關係有云：

『據其爲人物之本始而言，謂之「性」；據其體質而言，謂之「才」。由成性各殊，故才質亦殊。才質者，性之所呈也；舍才質，安覩所謂性哉？……如桃、杏之性，全於核中之仁，形色臭味，無一弗具，而無可見。及萌芽甲坼，根幹枝葉，桃與杏各殊。由是爲華爲實，形色臭味，無不區以別者。雖性則然，皆據才見之耳』（註十三）。

由此可見「性」是**儲能**（潛能），「才」**爲現實**。其關係在變化中相爲表裡，不可分離，有類於亞里士多德的意見。

目的論認爲宇宙是受神的意志支配，社會則由人的意志操縱，而意志是自由的，可隨時改變，沒有一定的性質。因此，**就神或人的意志而言，其決定多屬「偶然」**（Accident），故亦稱爲**「無定論」**（**Indeterminism**）或**「偶然論」**（Accidentalism）。

三　調和論

機械論與目的論是兩種不同的思想，而折衷於其間的，則有調和的意見。**調和論**（**Theory of Compromise**）**是主張宇宙有目的，也有機械法則，兩者並行不悖**。萊布尼玆、康德、陸宰等的意見，即是如此。

萊布尼玆受過經院哲學的教育，以爲要把自然科學與神學調和，使機械論和目的論一致，纔算完全。他由單子論出發，說天地間的東西，無時無刻不在動的，通常所謂「靜止」，也是極微的潛動。動的原因爲何？即由於有一種微小不可分的單子，作力的中心，造成機械的變化。由動而顯出力量，表現形態（體積），我們纔知道各種事物的存在。譬如世界上的物體，都有堅固的不可入性，這不可入性，便是抵抗力的表現。笛卡爾說運動的來源，是神賜的、外加的，萊布尼玆則說是物體本身所固有，爲單子共同作用的結果。宇宙中各部分的變化，是單子的機能，其因果法則可作機械的解釋。至於萬物之間的關係，則爲神所調和，有預定的計劃和秩序。這是**機械論與目的論的統一**。

萊布尼玆的學說，後得德國伍爾夫（Christian Wolff, 1679-1754）教授的提倡，影響更大。伍氏認爲力是物質的根本屬性，宇宙間各部分互相關聯，有其因果秩序，是神預定的，合於它的目的。十九世紀，陸宰和馮德等人，講新唯心論（Neo-idealism），要調和斯賓洛沙與萊布尼玆的意見，也主張機械論和目的論統一。他們認爲物質的世界，連生命在內，都適用於物理、化學的法則，可用機械論說明。有機物與無機物之不同，不在其是否有生命，而在內部組織安排的差異。精神和物質是同一的東西，宇宙的靈魂爲神，自然界是神的身體。物與物之間的關係，全受神的意志支配，爲神所安排決定，則是目的論的。

謝林從同一論出發，認爲自然界是進化發展的，萬物都有自己活動的能力。這能力，包含在感官知覺中，動物本能中，有機體乃至礦物結晶中，電氣現象中，不知不覺的發生作用，成爲生命和意志，由低而高，從無意識以至於有意識。表面看來，一切事物的活動，似乎沒有目的，只是機械的變化；但如果我們不從表面去看，而由內部觀察，即可知萬物的活動，不是出於外面的强迫，而是內部督促的結果。萬物自己督促自己活動，是受意志支配，而自知其方向所止，爲有目的的。

在謝林之前，康德也調和目的與機械。他說我們把自然界看作機械的變化，然生物絕不像其它自然物一樣，是有目的的。譬如我們的眼睛，是爲了看東西而設；「看」就是它的目的。推而至於整個軀體，決不是各部分機械的湊合起來，而是全身一貫，脈絡相通，各有效用；換句話說：部分（四肢、五官）依於全體，以保存種族爲務。我們由悟性去看，物與物之間，都有因果的關聯。這種因果關係，初看好像是機械的；如從判斷力着想，無不具有目的性。整個自然界，在我們判斷力的想像中，實爲一美的世界（註十四）。美與善是相連的，神若爲自然秩序的創造者，則此自然秩序，必合於道德，而成一幸福的世界。康德認爲在世界裡面，有實現道德目的的神，故研究自然，必承認目的論。

由於機械論與目的論的調和，故對「必然」與「自由」，即有定論和無定論的意見，康德也是主張調和的。他說現象是「物自體」所生，有其因果關聯，受必然支配；「物自體」雖不可知，却是自由的。它所產生的現象：一方面是自然的作用，另方面是自由的結果。人爲自由的發動者，雖不受因果律的束縛，而其行動本身，表現成爲現象，則是絕對被決定的。故「必然」與「自由」同時存在。

第三節　科學方面的意見

科學對宇宙秩序產生的原因，也是採用調和的意見。首先，它認爲自然界的事物，主要是機械的，爲因果法則所支配，無目的意識可言。在天文學上，拉普拉斯（Laplace）講星雲說，說地球和行星是由太陽分裂出來，起初熱度極高，爲一團氣體；後來漸漸冷却，纔變成固體。天體的運行，完全是順着軌道而轉，毋須上帝來指揮（註十五）。

巴涅特說：『柏克萊、笛卡爾和斯賓洛沙，把自然這種運行的和諧歸功於上帝。現代物理學家，不願依靠上帝，而要自己解答自己的問題。他們强調自然依循數理原則，作神妙的運行。這種正統的數理宇宙觀，使愛因斯坦等理論家能够只憑方程式的計算，來預見並發現自然律』（註十六）。因此，天文學和物理學，傾向於機械論。

生物學從拉馬克開始，便不相信萬物是不變的，爲上帝個別造成，永遠如此。他說：『無論是人或其它任何東西，並不是個別創造的結果。這種個別創造的理論，是很幼稚的，只有原始人才會相信。神學家把從亞當到耶穌的時期，定爲四千零四年。這樣，很簡單的算定了世界的年齡，但我細察我們找到的化石和古石，便認爲世界已有了若干萬年。與偉大的自然相較，時間實算不了什麼！你們仔細去看那些石頭和流水改變的世界吧』（註十六）！其後達爾文的學說，更證明人類是從猴子進化而來。這在當時，引起了普遍的反對。『神學家可以承認人類的墮落和上帝的權力，而不能相信人是由爬行的禽獸進化來的』（註十七）。**生物學與神定論，顯然不能並立。**

神定論卽外在的目的論，它以爲萬物由神從外面預先安排決定，亘古如斯，是不合乎進化原理的。因爲根據「聖經」創世記所載：『天地萬物都造齊了。……神造物的工已經完畢，就在第七日歇了他一切的工，就安息了』（註十八）。從那時起，萬物應該沒有什麼改變，一直相傳至今。如果還有進化的情形，顯然與「聖經」的意見相反。

然則，生物爲什麼會有進化呢？照達爾文的解釋：是生存競爭（Struggle for existence）所得的結果。生物因爲有生存競爭，其軀體要適合環境，保持優點，纔能繼續下去；如果不然，一經劇烈的變化，無法適應，便要趨於滅亡。這種汰劣留優的作用，名爲「自然淘汰」（Nature selection）。譬如當初有一羣牛，在與其它野獸鬪爭時，若其中幾隻頭部堅硬，略具角形，便容易勝利，以後繼續鬪爭，牠們保持優點，傳給後代，卽成眞正的角；其它沒有角的牛，也就自然淘滅了。長頸鹿的頸，其所以特別長，就因在某種環境裡，牠靠樹葉爲生，而樹高了，牠的頸也非長不可；如果不長，便被淘汰。推而至於北極的動物多毛，與冰雪同色；沙漠動物的顏色，亦與黃沙相似，都是爲了生存。但有時自然的選擇，又是相反的：鳥能飛上天空，却失掉了成爲靈長動物的機會；只會爬樹的動物，倒有變成人類的可能。豪猪有刺保護，雖然安穩，却永無進步；大蜥蜴周身裝甲，也是一樣。孰得孰失，全看自然環境如何變化，能否適應以爲斷，純粹是偶合的。因此，威柏（Alfred Weber)和蒲黎（Ralph B. Perry）說：『每一生物的生存，在一定範圍內，皆有所「保障」；但沒有神的謀劃或超自然的安排存於其間。這是可斷言的』（註十九）！

雖然如此，生物之有目的，似又無可懷疑。**目的是內在的，代表一種趨向，外面看不出來**。譬如候鳥，因爲找尋食物的方便，而轉移棲處，似乎能知氣候的寒暖；植物爲了爭取陽光，不斷向上生長，似是覺得光與熱之可愛。牠們這種動作，實際是爲了生存，受天然法則的支配，而却表現成有目的意識的樣子。**自然法則是機械的，有一定的秩序，生物依從這種法則而行，自動加以配合，適應它的變化，便成了目的**。所以，**「目的」是機械的，也是意識的，兩者合一**。

拿人類來說，他在社會中活動，每個人都是自覺的。其所行所爲，都有一定的目的，照預定計劃去做，應該能够成功。然而，結果却如恩格斯所言：

『預定的計劃，很少能够實現。人所追求的許多目的，常是互相混雜、互相衝突的：或者這些目的，本來就不能達到；或者達到它的手段，還不够充分。無數個人意志和個人行動交錯起來，致在歷史方面也造成一種情況，與那支配不自覺的自然狀況完全相似。行動的目的，的確是人所預定的，而由此行動得到的結果，却非人所預計；也許起初一眼看去，好像合於預定的目的，最終却與人所期待的完全不同。可見歷史的事變，也似受「偶然」支配；不過表面上雖是偶然的，實際則仍爲固定和隱藏的規律所支配』（註二十）。

縱有英雄志士，亦無用武之地。故知人類的行爲，雖有目的意識，也會成爲機械的現象，不能自由行動

。機械論與目的論兩者統一，很難截然分別。

孫中山先生的哲學，也是將機械論與目的論統一。他在「孫文學說」（心理建設）中，把世界進化分爲物質、物種、人類三個時期：第一時期，由『太極（伊太 Ether）動而生電子，電子凝而成元素，元素合而成物質，物質聚而成地球』（註廿一），爲物理、化學的變化，本是機械的；惟『物質之進化，以成地球爲目的』（同前），又似乎表示一種趨向，近於目的論。第二時期，『物種由微而顯，由簡而繁，本物競天擇之原則，經幾許優勝劣敗，生存淘汰，新陳代謝，千百萬年而人類乃成』（同前），也是自然的、機械的變化；但『人類自石器時代以來，已能用之以改良物種，如化野草爲五穀，化野獸爲家畜，以利用厚生』（同前），則又爲目的意識（人爲）的應用。第三時期，到了人類出現，便與物質和物種不同。『物種以競爭爲原則，人類則以互助爲原則。社會國家者，互助之體也；道德仁義者，互助之用也。人類順此原則則昌，不順此原則則亡』（同前），完全爲自覺的表現，追求着一定的目的。『人類進化之目的爲何？卽孔子所謂「大道之行也，天下爲公」；耶穌所謂「爾旨得成，在地若天」。此人類所希望，化現在之痛苦世界，而爲極樂之天堂者是也』（同前），則又成爲目的論。

由此可見孫先生的思想，**是機械論和目的論統一**。他以機械論的一般法則爲基礎，承認目的意識的作用，可說是站在機械論的立場，來綜合目的論，使成科學的見解。

關於「必然」與「自由」，卽有定論與無定論的問題，孫先生認爲可以並行不悖，同時解決。什麼理由？因爲有定論所指的「必然」，**是因果相隨，天然的進化，爲無意識的**。這在自然界或社會中的先進國家，都是如此，而無定論所說的「自由」，**有偶然性，多指人爲的事物，是有意識的**。孫先生說：

『世界進化都是不知不覺做成的，近二百年來，科學發達，才逐漸的將幾千年來的不知不覺，加上新的有知有覺。不知不覺是天然的進化，是自然的；有知有覺是人爲的進化，是非自然的。前者進化慢，後者進化快。以進化快者補進化慢者，這是我們的責任』（註廿二）。如何『以進化快者補進化慢者』？卽是革命。以貨幣爲例：由布、帛、刀、貝進至金銀、紙幣，『此天然之進化，勢所必至，理有固然，今欲以人事速其進行，是謂之「革命」』（註廿三）；換句話說：革命就是用人爲的方法，加速天然的進化，有意識的達到目的。**這是「自由」；但循「必然」而至，超越前進，爲「偶然」的表現**。故**無定論與有定論可以統一**。

從前科學講因果關係，完全是機械的、必然的，好像鐵鏈一樣，毫無偶然存在。果眞如此，則將如無定論者所言：『設遍宇宙中，一物密接他物，一事緊聯他事，其相關如連環，且相遞限定，不能稍移，則自其首卽可推知其末，是宇宙爲一大定局』（註廿四），完全是死的，沒有變化了。自一九二七年，德國科學家海森堡（Werner Heisenbery, 1901-）的「不定原理」（Principle of Uncertainty）提出後，科學的因果觀念，已經有了改變。

如何改變？卽不把事物之間的因果關係，看成「鐵的必然性」，而只求「概然的」（Probable）趨向，統計其平均數。巴涅特說：『「不定原理」認爲目前科學上，還無法在測定一個電子的位置時，又能測定其速度——不能有把握的說：某個電子就在這裡，以某種速度向前運動。因爲你只要一觀察電子的位置，它運動的速度已經變了；反過來說：當你能較準確的測定其速度時，它的位置又難確定。……這樣看來，因果律和有定論這兩個舊科學的大支柱，好像已給量子物理學動搖了。舊觀念認爲自然界個別事件之間，有不變的因果關係，後先相承；量子物理學則依統計和概然率來處理問題，拋棄了舊的觀念』（註廿五）。這種「依統計和概然率來處理問題」，是介乎「必然」與「偶然」之間，爲有定論和無定論的結合，可名之曰「**概然論**」（probabilism）。

有些人自海森堡的「不定原理」發明後，說『證明嚴格的因果性，已經永久消失了』（註廿六）；『有定論在理論物理學最近的結構（公式表）上，全然沒落了』（同前）。『我們能夠抽出的東西，是一束蓋然性（probability）』（同前）。因而『產生了支持自由意志存在的一個新理論』（同註廿五），以爲可以推翻因果定律。殊不知**意志自由決不能完全建立於「偶然」之上，而須以「必然」爲基礎**。什麼理由？我曾經說過：

『因爲事物有一定的秩序，按照必然的因果法則進行，我們便能憑已知的法則，去預見未知的事物。地球每年都是照春、夏、秋、多的時序變更，農夫便能確定種蒔的季節。這不是由認知「必然」，而獲得了「自由」麼？當他還不知道水旱發生的原因和條件時，便不能預防，以致遇到這樣的天災，便束手無策，毫不自由，以爲是神靈降罪（偶然）。然而，在生產進步、科學發達的國家，天文學能夠預知水旱，機器可以抵禦，不是獲得了自由麼？

所以，**自由爲人類遵循已知事物之必然法則而行的意志支配，是歷史發展（進步）的產物。沒有必然，便沒有自由；惟知必然，乃能自由**』（註廿七）。

自由與必然於是得到統一。

哈里遜（George R. Harrison）說：『有些人認爲（海森堡）這個定律的意思，是說將來的事不能預測。實際上，並非如此。海森堡的定律，只表明我們預測比原子更低級的東西，如電子的行動時，不能測得如我們所想像的那樣準確，而觀察的行動本身，就會影響我們所觀察的任何一顆微粒。……但海森堡的「不定關係」，很可能是由於我們目前對量子現象的知識貧乏所致，而且這定律，無論如何，只能適用於各微粒最小規模的行動，至於億萬微粒活動的統計情形，很多是人所能預測的』（註廿八）。由此可見用海森堡的「不定原理」，來推翻因果定律，是不可能的。電子的位置和速度不能同時測定，並不證明因果律之不存在。故**「不定原理」雖是概然**（蓋然）**性的，仍以有定論爲基礎，而非不可預測。**

假如把「不定原理」看成完全不能預測，說它支持了自由意志的存在，使『我們稱之爲「心」的未知數，在變化無常的宇宙，發生不可確定的事件中，可能還有指示人類命運的作用』（同註廿五），那就成爲神話了。因爲科學對不能確定的事件，要求得預知，指示人類的命運，不能單求之於「心」，而須向「必然」方面去尋找，以謀獲知一般的情勢。例如少數微粒的運動，其位置與速度雖不能確定，而億萬微粒的統計，便可測定其情形。**海森堡的「不定原理」，並不是唯心論的，不能推翻因果定律。**

（註一）屈原在「天問」篇中的這段話，可譯成白話如下：『圓形的九重天體，是誰營謀設計（營度）的？這樣偉大的天功，是誰最初制作的？天體運轉的樞紐，用什麼維繫？南北兩極不移之所，放在何處？天的八根柱子，憑什麼承當？東南地勢較低，是什麼原故？九天的邊緣，安放在那裏？山厓和海角，誰知其盡頭？天地在何處會合？十二宮如何劃分？日與月附在那裏？衆星辰怎樣列陳』？這些，都與宇宙的秩序有關。

（註二）馬偕、亞力山庇合著「科學、哲學與宗教」第二章，第四節。晨輝譯。光啓出版社初版。

（註三）艾斯雷著「宇宙與人生」，第一章，第五節。夏滌生譯。民國五十八年五月，廣文書局印行。

（註四）William Paley: Evidences of the Existence and Attributes of the Deity, pp. 10-13.

（註五）「書經」商書，湯誓。這段話譯成語體是說：『夏朝有罪，我怕上帝懲罰，不敢不去糾正他』。

（註六）「詩經」大雅，蕩之什，烝民篇。這話是說：『上天生了衆民，有物必有法則；人民根據常道，無不愛此美德』。

（註七）「書經」商書，太甲上。這段話，譯成語體如下：『皇帝的祖先，注意上天明白的道理（法則），奉祀上下的神靈和社稷宗廟，無不非常嚴肅。天看他的道德如何，而賦以君主的任務，治理全國（萬方）』。

（註八）梯利著「西洋哲學史」第一編，第一篇，第六章，第二節。

（註九）William Jerusalem: Einleitung in die Philosophie, (1909), Ch. 4, Section 7.

（註十）「劉子全書」卷十一，五頁。

（註十一）顏習齋著「存性編」，卷一，一頁。

（註十二）「船山遺書」周易內傳，卷一。

（註十三）「戴東原集」孟子字義疏證，卷下，一〇二—三頁。

（詩十四）康德把人的精神分成三方面來研究：㈠「知」的方面，是對事物的認識，以求「眞」爲目的，用純粹理性（認知）構成；㈡「意」的方面，是對行爲的決定，以求「善」爲目的，用實踐理性（意志）構成；㈢「情」的方面，是對事物的感動，以求「美」爲目的，由判斷力構成。所謂「判斷力」，即是一種情感作用，爲人類主觀固有的格式。因爲有此格式，故我們見了事物之後，纔能發生美感。若無判斷力，美亦不能存在。由此可見「美」是由事物與主觀格式兩者湊合而成，並非單由事物所生。

（註十五）關於拉普拉斯否認上帝的故事，本書第一篇，第四章，第五節內，已有敍述。威爾遜（Grove Wilson）在「科學偉人傳」中也說：『一般教會的人，聽了這種理論，覺得是很可怕的。因爲這種理論，沒有上帝的地位』。

（註十六）Grove Wilson: Great men of science, ch. 21, Scetion 9.

（註十七）前書，第二十四章，第八節。

（註十八）「舊約全書」創世記，第一—二節。

（註十九）Alfred Weber and Ralph B. Perry: History of philosophy，中譯本：「西洋哲學史」五〇六頁。

（註二十）恩格斯著「費爾巴哈與德國古典哲學的末日」，第四章。

（註廿一）「國父全集」孫文學說，第四章。

（註廿二）前書，演講，「學生要努力宣傳擔當革命的重任」一文。

（註廿三）前書，專論，「錢幣革命」一文。

（註廿四）張東蓀著「新哲學論叢」，二一六—七頁。民國十七年，商務印書館印行。

（註廿五）Lincoln Barnett :The Universe and Dr.Einstein, ch. 4.

（註廿六）愛丁頓（Sir. Arthur Eddington）著「物理世界之本質」，中譯本，三八四—四三三頁。上海辛墾書店初版。

（註廿七）張益弘著「哲學概論」，第四章，第四節，三。上海辛墾書店初版。

（註廿八）George Russell Harrison: What man may be- The human side of science (1962), ch. 12 Section 1.。

第四篇　人生哲學

第一章　甚麼叫做人生哲學?

我們講過了認識哲學和自然哲學以後，現在來講人生哲學的問題。

人本來是自然世界中的一部分，自從獨立成「人」，創造了社會環境以後，雖有他特殊的生活，與一般禽獸不同，仍不能不受自然法則的支配。老子說：『人法地，地法天，天法道，道法自然」(註一)，卽表明人與自然有相生的關係。在自然哲學講明之後，再來研究人生哲學，是順理成章的事。實際上，哲學的發展，也是按照這個程序，由宇宙論進到人生論的。

第一節　人生哲學的含義

然則，什麼叫做「人生哲學」?這是首先要講的問題，許多人把人生哲學看成價值論(Axiology)，說價值論就是人生哲學。實際上，價值論爲研究事物對我們人生有何關係?其效用如何?而以人的立場(Standpoint 見地)，來加以評判，指出其是否合於標準的理論。這裏所謂「標準」，卽在我們心中，預先有一理想的要求，如眞、善、美卽是。凡我認爲是「眞」的便好，假的便不好；「善」的、「美」的有價値，惡的、醜的沒有價值。這種判斷，雖因人而定，是非亦自有公論，合乎一般心理。在哲學上，它屬於人生的理想，與實踐有關，並不能概括人生哲學的全部。故以價值論代表人生哲學，殊不適當！

人生哲學是研究人生根本問題的學問。所謂「根本問題」，就是**要追問人生的由來及其究竟**；換句話說：人是什麼？應該怎樣生活？前者研究人生的本質和意義，後者說明人生的理想和行爲。**研究這些問題，確定做人的基本態度及行爲方向**，也就是「**人生觀**」（View of life）。人生觀即人對其生存的一種看法和志向，爲哲學中的根本。由於哲學上各人所見不同，故人生觀也不一樣。哲學家的思想，眞是意見紛歧，很難求其一致的。

從前有一位哲學教授說：『然則，吾人果將講何人之人生哲學耶？此許多人生哲學，皆有其「見」，皆「持之有故，而言之成理」，吾人勢不能「罷百家而定一尊」，只述吾人所認爲對者，而將其餘一概抹殺。……若吾人對於諸派人生哲學俱知其意，則可知此宇宙是多方面的，人因其觀點不同，故見解亦異，固不害其俱有相當的理由』（註二）。我們現在來講人生哲學，也是抱着這種態度。

「人生哲學」一詞的英語，通常譯成 Philosophy of life，有「生命哲學」之意，並不適切；毋寧照培根的意見，譯爲 Philosophy of man，或 Philosophy of human life，還較妥當。唐君毅教授用「**人道論**」一詞，來概括一切有關人生的道理。他說：

『我們今以「人道論」之名，概括中國從前所謂聖賢之學，人倫之學，及德性之知之學，正心誠意修身之學；道家教人成爲眞人、至人、天人、聖人之學，以及佛家之行證之學，與印度哲學中之瑜珈學；並可以之概括西方哲學中所謂倫理學、人生哲學、道德哲學、價值哲學及一義上之美學等。……人道，卽人所當行之道。此道可指一德性之理想，如仁、義、禮、智，亦可指實踐此理想之行爲方法或行爲上的工夫』（註三）。實際上，其所包含的內容，亦不出人生哲學範圍之外，爲人生有關的學問。

第二節　人生哲學的範圍

人生哲學究竟研究那些問題？前面已有敍述。有些人認爲人生哲學就是「倫理學」（Ethics），如胡適所說：『人生哲學舊稱「倫理學」』，研究『人生在世應該如何行爲』（註四）的問題。殊不知倫理學雖與人生哲學有關，範圍却有廣狹之別。

「倫理學」的西文，原於希臘，是由 Ethos 一語轉化而來，有「性格」（Character）和「風俗習慣」（Custom or habit）之意。一件事情，因爲各人的性格不同，所表現的行爲也不一樣。例如讀書是人人應做的事，然而好靜的人用功，好動的人懶散，這是個性所致；又有些事情，個人雖不顧意，而爲環境所迫，不得不做，却是風俗習慣的影響。譬如某人平時不愛整潔，而在賓客滿堂舉行宴會時，亦不能不潔其衣履，則爲習俗使然。一個人有良好的性格，固不致有惡行；若社會無善良的風俗，也不能使人向上。倫理發生於人與人之間，個人和社會實相爲因果。劉光漢（申叔）說：『「倫」字之本義訓爲「輩」，而其字從「人」從「侖」。蓋人與人當守其爲人之規則，而各遵其秩序耳』（註五）。故倫理學是社會的產物，不脫人羣的關係。

雖然如此，但倫理學與人生哲學，却不可混爲一談。李石岑教授說：『有人把人生哲學看做倫理學的，他們以爲「人生哲學」、「倫理學」這些名詞，都不過是「愛西克司」（Ethics）的異譯，其實只是一件東西。這點，我以爲大有分別。……人生哲學的目的，主要在闡明人生的眞相，與人類在自然界的位置等等問題，不盡屬風俗習慣之談，亦不必盡關於人倫日用之要。所以，把「愛西克司」譯爲人生哲學，實在離題太遠』（同前）。謝扶雅教授亦認爲人生哲學不是倫理學或道德哲學，『Ethics 亦決不應譯作「人生哲學」。道德哲學或 Ethics 底對象，在專攻「道德」或「人際關係」，不是綜論「人生」，是限於人生底倫常部分，不是對整個人生作概括的、根元的研究。人生哲學底中心課題是人生觀，是人生的本原和歸宿。……所以，人生哲學在研究「善」作爲人生道德行爲底理想時，誠然和道德哲學發生接觸，然這並不是說道德哲學全被包含於人生哲學之內』（註六），範圍要小得多。因爲這樣，所以有人說：『倫理學乃人生哲學之一部，猶物理學乃所謂自然哲學之一部』（註七），兩者的關係，非常明顯！

人不僅有理智，也有感情。在與他人交接，發生行爲關係時，有一定的規則，欲求正當，須以「善」爲標準，這是「道德」（Morality）。若其接觸外物，能使心中發生一種愉快的感覺，而願繼續保持其印象，成爲高尚的情操（Sentiment），便算是「美」（Beauty）了。美可以陶冶性情，令人向善，與人生有密切的關係。故**美學（Aesthetics）在人生哲學之內，與倫理學相似**。

「美學」一詞，西文源出於希臘 Aisthanesthai，義訓爲「知覺」，指感官的認識而言。十八世紀德國哲學家包姆加敦（Alexander Cottieb Baumgarten, 1714—1762）首創其學，康德繼之，便成一專門的學問。所謂「**美學**」，**即研究美和藝術的哲學**。美的範圍甚廣，從有形的自然美、藝術、文學，以及無形的德性等，都包括在內，泛指一切足以引起美感的事物。譬如我們看到自然的風光，藝術的作品，美妙的詩文，玲瓏的體態，和溫雅的性格，內心無不感到愉快，這就是「美」。美的作用，在使人怡情養性，淨化人生。當我們徜徉於山水之間，流連於名勝之地，便不覺塵慮全消，有與人無爭，與世偃仰之感。耶路撒冷（W. Jerusalem））教授說：

『自古以來，宗教常利用美術之動情作用。各寺廟偶像、圖畫之所以壯麗宏偉者，無非欲引起人的情感，使對宗教理想發生信仰之誠。美術以其引人不計利害的愉悅，故能使人發生超越世俗的態度，而有虔敬神靈的心理。宗教儀式中之注重音樂，亦由於此。……美術之有提高人心的力量，不在其含道德的訓誡，而在能使快樂純潔，並擴大對一切人類的同情』（註八）。

朱（熹）子講學，謂人『但須相從林下一二十年，使塵慮銷散，胸中豁豁無一事，乃可相授』（朱子全書），也是利用自然美（環境）的力量。於此可見美學是人生哲學的一部分，與人的意境（理想）有關。

人生哲學既包括美學和倫理學在內，自有其特殊的性質，而成為綜合的學問，以探求人生的究極原理為主，不能用其他的名詞來代表。這是我們應該知道的。

（註一）「老子本義」道德經，上篇，第二十一章。

（註二）馮友蘭著「人生哲學」，第一章，第三節。民國十五年，商務印書館出版。

（註三）唐君毅著「哲學概論」，卷上，第一部，第七章，第一節。民國五十年，香港孟氏教育基金會出版。

（註四）胡適著「中國哲學史大綱」，卷上，第一篇。商務印書館四版。

（註五）劉光漢著「倫理教科書」，引語見李石岑著「人生哲學」，第一章，第一節。

（註六）謝扶雅著「當代道德哲學」，第一編，第二節。民國四十五年，亞洲出版社再版。

（註七）馮友蘭著「人生哲學」，第一章，第二節。

（註八）William Jerusalem:Einleitung in dei Philosophie(1909), Ch.5, section 3。

第二章　人是甚麼？

—人生的本質問題—

講到人生哲學，首先要問的第一個問題：人是甚麼？他怎樣來的？這就是「人生的本質問題」。關於這個問題，神學、玄學和科學三者，各有不同的意見，而都牽涉到自然哲學，與宇宙的來源有關。現在，分述如後：

第一節　神學方面的意見

神學對人的由來，主要是「神造說」。古代無論那一國的宗教，莫不認爲人是神造的。在「舊約創世記裡，猶太教和基督教對人的由來，都有相同的傳說：

『神說：「我們要照著我們的形像，按著我們的樣式造人，使他們管理海裏的魚，空中的鳥，地上的牲畜和全地，並地上所爬的一切昆蟲」。……耶和華神用地上的塵土造人，將生氣吹在他的鼻孔裡，他就成了有靈的活人，名叫「亞當」。耶和華神在東方的伊甸立了一個園子，把所造的人安置在那裡。耶和華神使各樣的樹從地裡長出來，可以悅人的耳目，其上的果子好作食物』（註一）。

『耶和華神說：「那人獨居不好，我要爲他造一個配偶幫助他」。……耶和華用那人身上所取的肋骨，造成一個女人，領他到那人跟前。那人說：「這是我骨中的骨，肉中的肉，可以稱他爲女人」。因爲他是從男人身上取出來的。因此，人要離開父母，與妻子連合，二人成爲一體』（註二）。

『亞當給他妻子取名叫「夏娃」，因爲他是衆生之母』（註三）。

這就是人類的始祖。以後的人，都是由亞當和夏娃生出來，繁衍於世界，爲上帝的子民。

澳洲的原始黑人，也說人類是造物主用相同的物質塑成後，再吹進生命，便能活動。印度的婆羅門教，則認爲世界第一個神穌阿衍菩，曾把自己劈成兩半，故人間有夫妻的結合。中國的盤古氏，開天闢地，相傳在他死後，『身之諸蟲，因風所感，化爲黎甿』（註四）。在伏羲氏的末年，共工爲祝融所敗，頭觸不周山崩，天柱折，地維缺，又有女媧氏鍊五色石以補天，斷鼇足以立四極，始復舊觀。東漢應劭在「風俗通」中說：『天地開闢，未有人民，女媧氏乃摶黃土作人。劇務力不暇給，乃引繩泥中，舉以爲人』。這些各民族的神話，雖不可靠，大都很相類似！

在「尚書」和「詩經」裡面，是說萬物爲天所生，「天」含有上帝或自然之意。孟子引「書經」的話說：『天降下民，作之君，作之師，惟曰：其助上帝，寵之四方』（註五）。「詩經」傳說商朝的來歷是：『天命玄鳥，降而生商，宅殷土芒芒。古帝命武湯，正域彼四方』（註六）。周人也說他們的祖先來於上帝，爲姜嫄踩了上帝的脚印後，怦然心動而懷孕，生了后稷（註七），發明農業，敎民稼穡。從此子孫繁衍，便成周代的後裔。

有些民族，傳說他的始祖，是由動物而來。「後漢書」南蠻傳裡，有一個生動的故事：

『昔高辛氏有犬戎之寇，帝患其侵暴，而征伐不剋，乃募天下有能得犬戎之將吳將軍頭者，購黃金千鎰，邑萬家，又妻以少女。時帝有畜狗，其毛五采，名曰「槃瓠」。下令之後，槃瓠遂銜人頭造闕下。羣臣怪而診之，乃吳將軍頭也。帝大喜，而計槃瓠不可妻之以女，又無封爵之道，議欲有報而未知所宜。女聞之，以爲帝皇下令不可違信，因請行。帝不得已，乃以女妻槃瓠；槃瓠得女，負而走入南山，止石室中，所處險絕，人跡不至。……經三年，生子一十二人，六男六女。槃瓠死後，因自相夫妻。織績木皮，染以草實，好五色衣服，製裁皆有尾形。其母（指槃瓠妻—弘）後歸，以狀白帝，於是使迎致諸子，衣裳斑斕，語言侏離，好入山壑，不樂平曠。帝順其意，賜以名山廣澤，其後滋蔓，號曰「蠻夷」』。

其後浙江、福建一帶的畲民，也奉槃瓠爲始祖，畫像亦作狗形。猺民的祖先，也說是狗。劉錫蕃在「嶺表記蠻」中說：『猺之始祖，畜一犬，甚猛鷙。一日，臨戰，於陣上爲某大酋所執，將殺之，又擧而猛犬囓酋；酋不意，竟死。猺甚德狗，封之爲王，以所愛婢妻之。其後子孫昌大，遂成一族』。這與前述的故事非常相似，狗也許就是他們的「圖騰」（Totem）。原始民族以神爲人類的起源，於此可見。

第二節　玄學方面的意見

玄學不滿意古人的神話，對人的由來，要另作一番解釋。如何解釋？

第一、是物質構成說　古代的唯物論者，像希臘的恩披多克立、安納散哥拉，以及德謨克利特等，都說**萬物是由物質元素或原子構成的**。恩披多克立認爲有機的生命發生於土，最初是植物，其次是動物的各部分，如臂、眼、頭等。這些部分，偶然的結合起來，成爲半人半獸的形狀；後來，經過種種試驗，纔變成合於生存的形體，一代一代的遺傳下去。安納散哥拉說：「種子」充滿空間，被雨淋下地來，埋在土裡，而成爲各種有機物。德謨克利特也認爲生命是由濕地或黏土發出來的，具有火性的原子，散布在有機體內，便成爲熱力。人的心靈，就是由火性的原子構成。這種原子最光滑、最精細，佈滿全身，有各種不同的機能作用。假如身體破壞，靈魂的原子散去，生命也就斷絕。德氏這種思想，亞里士多德、伊壁鳩魯，以至斯多噶派，都大體相似，說肉體與靈魂不能分開。由植物、動物以至人類，都各有其靈魂，惟功用高低不同。伊壁鳩魯與斯多噶派，更說靈魂是一種有火氣的物質。由它產生生命，故爲「物質構成」。

其後笛卡爾和法國的唯物論者，都把人與動物看成機械，說精神是靠腦髓波動，爲機械的作用。蒲豐（Georges Louis Leclere de Buffon, 1707-1788）以爲分子有生命，洛賓內（Rebinet）則說分子也有感覺。他們都用物理來解釋生理和心理的現象，把一切歸之於物質的運動，說人與動、植、礦物本質是相同的，沒有什麼分別。這種意見，與吳稚暉（敬恒）先生所講的，如出一轍。

吳先生說：『人是活物，有十四種原質。一隻蒼蠅有若干原質，一顆玫瑰樹有若干原質，這都不能去驕傲毛厠裏的石頭。因爲那石頭也有若干原質，立於相等的地位。……人有感覺，蒼蠅有感覺，玫瑰樹有感覺，是大家承認的了。請問毛厠裏的石頭，他的感覺何在呢？……蒼蠅的感覺，非即人的感覺，他們感覺的狀況，頗極差等；玫瑰樹的感覺，非即蒼蠅的感覺，他們的感覺，又極差等。如是，焉能禁我瞎說毛厠裡石頭的感覺，非即玫瑰樹的感覺，他們感覺的狀況，也極差等。若欲强分高下，則石頭有其寂然不動的感覺，眞所謂無私心而合天理，所以「貞固永壽」』（註八）。他把一切還原於「質」與「力」，說：『我本來只承認萬物有質有力；言質則力便存在，言力則質便存在；無無質之力，亦無無力之質。質力者，一物而異名。假設我們的萬有，方其爲「一個」之時，就其體而言曰「質」，就其能而言曰「力」，加以容易明白的名稱，則曰「活物」。……譬之於人，其質構而爲如是之神經系，即其力生如是之反應。所謂情感、思想、意志等等，就種種反應而強爲之名，美其名曰「心理」，神其事曰「靈魂」，質直言之曰「感覺」，其實統不過質力之相應』(同前)而已。

然則，什麼叫做「人」呢？他『好像滑稽的對答道：人便是宇宙萬有中叫做「動物」的動物；人又是動物萬類中，叫做「哺乳動物」的哺乳動物。……概括起來說：人便是外面只賸兩隻脚，却得到了兩隻手，內面有三斤二兩腦髓，五千零四十八根腦筋(註九)，比較占有多額神經系質的動物』(同註八)，其他沒有分別。說「人爲萬物之靈」，其實『也不過說顯出人有理性，超過禽獸的只有本能，是自己吹著罷了。……那所謂「萬物之靈」的徽號，到底爲萬物各推代表公舉的呢？還是我們自己賣弄著的呢？也就不免莞爾的呀』(同前)！吳先生的意見，便是由「機械唯物論」出發，把人看得同禽獸、木、石一樣，只有狀況(形式)之差，而無性質(程度)之別。

第二、是自然變化說　它說**人是由自然變化而來**。所謂「自然」，是指「天」而言，即老子所講的「道」。老子說：『人法地，地法天，天法道，道法自然』(註十)。道就是自然的本體，包括天地萬物在內。據魏源的解釋：『道本自然，法道者，亦法其自然而已』(同前)。說天地萬物由「道」而來，即自然發生之意。如何自然發生？郭象說：『自己而然，謂之「天然」。天然耳，非爲也。……天者，萬物之總名也。莫適(音的)爲天，誰主役物乎？故物各自生而無所出焉，此天道也』(註十一)；換句話說：**萬物變成這樣，變成那樣，完全是自然的現象，沒有主宰支配**。

人既是自然變化而來，便與天地萬物同爲一體。莊子說：『天地與我並生，而萬物與我爲一』。

（註十二）**人類的出現，是經過長期演化的結果**。由微生物變成植物、動物，慢慢才成爲人。依莊子的意見：

『種有幾，得水則爲㡭；得水土之際，則爲鼃蠙之衣（青苔，一說爲「澤瀉」）。生於陵屯，則爲陵舄（車前草，一說卽澤瀉之生於陵者）；陵舄得鬱棲，則爲烏足（草名）。烏足之根爲蠐螬（金龜子的幼蟲），其葉爲胡蝶。胡蝶胥也化而爲蟲，生於竈下，其狀若脫，其名爲「鴝掇」（音渠奪）。鴝掇千日爲鳥，其名爲「乾餘骨」。乾餘骨之沫爲斯彌，斯彌爲食醯（音希）。頤輅（蟲名）生乎食醯，黃軦（音況，蟲名）生乎九猷（蟲名），瞀芮（音茂瑞，黃甲蟲名）生乎腐蠸（螢火蟲）。羊奚（草名）比乎不箰，久竹生青寧（蟲名），青寧生程（豹名）；程生馬，馬生人。人又反入於機』（註十三）。這是自然的變化。推而至於『死生存亡，窮達貧富，賢與不肖，毀譽、飢渴、寒暑，是事之變，命之行也。日夜相代乎前，而知不能規乎其始者也』（註十四）。因此，只可聽其自然而行，無法用人力加以勉强。

相傳莊子有一個故事說：他的妻子死了，惠（施）子走去弔喪，莊子正蹲着脚，敲着瓦盆在唱歌。惠子說：『你和太太同居，生了孩子，現在她年老身死，不哭也就夠了，還敲着盆子唱歌，未免太不近情理了吧』？莊子說：『不然！當她剛死的時候，我心裡何嘗不很難過？但仔細一想：當初她本來沒有生命；不僅沒有生命，而且沒有形質；不僅沒有形質，而且沒有氣息。在恍惚無形之間，纔變得有氣，由氣而變成有形，由形而變成有生，現在又變到死亡。這是和春、秋、冬、夏四季的運行一樣。她現在仰臥在天地的大房子裡，而我却哇哇的在旁邊哭，自以爲是不懂得自然的道理，所以纔停止下來』（註十五）！由此可見**生死是自然的變化，沒有什麼値得愛憎的**。

羅馬皇帝安東耐諾斯（Marcus Aurelius Antoninus, 121-180），是斯多噶派的哲學家。他的意見，也同莊子相似。他說：『我是由因緣與物質形成的，兩者都不會破滅而歸於無，因爲它不是無中生有的。所以我的每一部分，將經過變化而成爲宇宙的某一部分，然後再變成別一部分，以此類推，以至於無窮。我之所以存在，也是靠這變化的過程』（註十六）。『一切事物都要起變化，這算不得是「惡」，猶之有些事物，由於變化的結果，纔得存在，也算不得是「善」一樣』（註十七）。『在這種情形之下，一個人若是自鳴得意，或感到困擾，或覺得煩惱，好像那惱人之事是長久一般，其人不是蠢嗎』（註十八）？**在變化過程中，人只有聽其自然，不樂生惡死，纔可心安理得**。

第三、是陰陽氣化說　此說倡於中國，由「周易」開始，至宋、元最盛，爲理學的中心思想。本書第二篇、第四章、第二節之一內，已有敍述。

朱子說：『天地之間，有理有氣』。『此氣是依傍這理行，及此氣之聚，則理亦在焉。……且如天地間，人物、草木、鳥獸，其生也莫不有種，定不會無種子白地生出個物事，這都是氣。若理則只是個淨潔空濶的世界。無形迹，他却不會造作，氣則能醞釀凝聚生物也』（註十九）。這話的意思，就是說天地萬物，皆由「理」與「氣」會合而生，人也不能例外。

人類從何而來？**最初由於「氣化」，其後便是「形生」**。何謂「**氣化**」與「**形生**」？朱子云：『生物之初，陰陽之精自凝結成兩個，蓋是「氣化」而生，如蝨子自然爆出來。既有此兩個，一牝一牡，後**來却從種子漸漸生去，便是以「形化」**（卽「形生」——弘）；**萬物皆然**』（註二十）。**『「氣化」是當初一**

個人無種，後自生出來底；「形生」却是有此一個人，後來生生不窮底』（同前）；換句話說：「氣化」是由『氣蒸結成兩個人，便如今人身上蝨，自然變化出來』（同前）。其後有了他們，便可自行繁殖，由「氣化」轉爲「形生」。

照宋儒的意見：天地間包含了許多氣，這氣就是陰陽。程伊川說：『陰陽，氣也』；朱子亦云：『乾陽坤陰，此天地之氣，塞乎兩間，而人之所資以爲體者也』（「西銘解」）。『氣聚則生，氣散則死。現在的人，雖爲父母所生，其初亦稟於氣。『人居天地氣中，與魚在水無異』（註廿一）。其所以有善惡、賢愚之不同，即因稟賦各別所致。『人生氣稟，理有善惡，不是性中元（原）有此兩物相對而生也。有自幼而善，有自幼而惡，是氣稟自然也。善固性，然惡亦不可不謂之性也。蓋生之謂性也』（註廿二），『性出於天，才出於氣。氣清則才清，氣濁則才濁』（註廿三）；『稟其清者爲賢，稟其濁者爲愚』（註廿四），形成不同的人格。故『以其理言之，則萬物一原，固無人物貴賤之殊；以其氣而言之，則得其正且通者爲人，得其偏且塞者爲物』（朱子語），而有高低不同。

有人問朱子：『氣質之說，始於何人？曰：此起於張、程。……張、程前此未曾有人說到此』（註廿五）。朱子不僅把它拿來說明人與物及人與人的差異，並且作個人和國家命運不同的原因。由於氣的稟賦不同，他認爲『稟得那高底則貴，稟得厚底則富，稟得長底則壽；貧、賤、夭者反是』（同前）。推而至於國家，氣運一盛一衰，一衰一盛，循環不已。人生當盛時，所稟受的氣是高、厚、長的，生當衰時，則是低、薄、短的，各有幸與不幸。

這種氣化說，在希臘古代的哲學家安納西門尼（Anaximenes），也有類似的見解。他認爲萬物是由氣而來，天地間充滿了氣，人的靈魂也是氣體。萬物之所以不同，即因氣稟的多寡有別。動物必須呼吸才能生活，更非有氣不可。氣的變化，是「稀薄」（Rarefaction）和「凝結」（Condensation）兩種作用，亦猶宋儒所謂陰陽、聚散一樣。其輕者變爲火，上浮於天，重者變成水、土、崖石，下凝於地，繼續循環不已。

第三節　科學方面的意見

科學對人類的由來，與神學和玄學的意見不同。它完全根據事實，多方面考察人類的特性。人是甚麼？照科學家的分析，可得到下列幾種解答：

一、人是自然的動物，爲環境所發生　人由自然進化而來，從無機物變成高等動物，經過長期的演變，並非由於神造。這是今日科學所得的結論。

人如何由動物變成今天的形狀？則是自然環境造成的結果。據達爾文「物競天擇，適者生存」的原則，在新生代（Cainozoicera 近生代）的第三紀（Tertiary period）裡，哺乳動物非常繁盛，牠們棲息於茂盛的森林中，展開了猛烈的生存競爭。其中一部分，爲了逃避危難，學得了爬樹的本能，因而前肢發達，後肢用以支持身體，變成手足分工的形態，爲猿類的祖先。後來，到了第四紀（Quaternary period）的洪積世（Diluvial epoch），開始了冰河的時期。歐、美兩洲的北部，都爲冰雪所覆蓋，大部分的動物，被迫離開森林，向南遷徙，逃避死亡的厄運。猿類的祖先，由於經常直立步行，便完成手與足的分工，而成爲「猿人」（Pithecanthrope）。這距今大約二百萬年，爲人類的原始。

自從兩手形成，直立步行以後，全身的器官，便隨之改變，頭腦活動，感官靈敏，智慧日益發達。人腦不僅較大，構造也極複雜，故有種種能力，如抽象思想，言以達意等，爲其他動物所不及。直立用雙手作事，不必爬行，更使身體獲得解放。手能摘取食物，把握東西，使用工具，進而製造工具，實展開了一個新的時代，由「猿人」變爲「眞人」（Homo sapiens）。其最早的階段，大概發生於非洲，在距今一百七十五萬年前，已有眞正的人類出現，定名爲「東非人」。這是英國的人類學家黎凱博士（Dr. Louis Leakey）夫婦，一九五九年在坦干伊喀（Tanganyika）發現的。起初他們找到一個成人的頭骨，證明是史前人 Zinjanthropus；後來，又發現一個小孩的化石，包括下顎、牙齒、頭骨、手、足等，說：『這個人孩，據測比 Zinjanthropus 還要古老』，爲時在一百七十五萬年以上，已能用石器作工具，堪稱人類的祖先。

據科學家的推斷：這些非洲最早的人類，後來向北或向東遷徙，分散到歐洲和亞洲。在距今五十至五十九萬年間，印尼爪哇島上，有「立行猿人」（Pithecanthropus erectus）；中國河北平原，有「北京人」（Sinanthropus）。這兩種人的外貌很相似，人類學家說他們是同一種類。爪哇「猿人」的腦容量，比「北京人」爲少（註廿六），時間應早十九萬年。他們在洞穴中過著家庭生活，知道怎樣取火，並用木棒和石頭，作簡單的工具和武器。此外遷至歐洲的，還有德國的「海德堡人」（Homo Heidelbergensis），比「北京人」更遲，約爲二萬年前的人類。其後較上述猿人更高一級的，在德國、比利時、西班牙等地，有「尼安德塔爾人」（Neanderthalers），法國有「克羅馬龍人」（Cro-Magnons）。他們不僅頭腦發達，技術也更高明。除了用石、角、骨類製成武器、骨針、口哨等以外，還用獸皮做衣，在石洞的牆壁上，刻畫出野獸的圖形，塗以彩色。足見他們已懂得藝術，有語言和想像的能力，非以前的原人可比。後來，愈漸進化，便成今日的人類。

二、人是精神的動物，為思想所支配　人由自然進化而來，其所以超出其他一切動物之上，成為「萬物之靈」，就由於他有特別發達的頭腦，神經系統非常完備。法國的哲學家拉•梅特里(La Mettrie)說：『人在一切動物中，若以身體的體積來作比例，人是有最大的腦髓，最縐紋的腦髓的』（註廿七）。哈里遜 (George R. Harrison) 對人腦的發生和作用，講得非常清楚。他說：

『自有人類以來，約莫一百萬年中，人的頭顱平均容積，突然增大了兩次。至今已發現最古老的人顱骨，只能容納大約二十盎司重的腦。……現在大多數人的頭顱裡，有大約三磅的心靈接線器。就人的智力而言，最重要的不是腦的體積，而是大腦皮質的摺縐。縐就增加了面積，以供可變通的思想種種聯結形式之用。由初期的人演變到中期的人，大腦皮質的面積加了一倍；再到現代的人，又比中期加了一倍。……

一個人頭腦裡粉紅和灰色神經細胞的數目，約為全球人類的五倍。我們越學會將這些細胞聯結為某些思想形式，則此形式就越穩定，而習以為常。反覆這樣做，是教育過程最重要的部分』（註廿八）。

『我們一切思想和心智活動的過程，都是接線的形式和神經通路的產物。在高級動物的大腦中，思想與心智活動的過程，已能成為內部刺激，而不是常常要外界來的刺激，結果，人發展了在腦中看見影像的能力。……不僅是從前見過事物的影像，而且為絕未見過事物的影像。這樣，人就能將自己的經驗一遍遍重演，消化成為智慧，並看見別人的經驗，而從中獲得益處』（註廿九）。

由於語言和文字發明，人類更可藉以交換經驗，保存知識，促進思想的發展。

孫中山先生說：『人類初出之時，亦與禽獸無異，再經幾許萬年之進化，而始長成人性，而人類之進化，於是乎起源』(註三十)。**人性是什麼？就是精神**。它包含智慧(聰明)、道德和思想(智識)，爲人與禽獸不同的特點。禽獸和人屬於動物，都有肉體，然因禽獸沒有精神，故不能同人一樣，創造較高的文化。在人同獸爭的時代，『人要比獸聰明些，所以同獸奮鬪，不是專用雙手雙足，還曉得用木棍和石頭。故最後的結果，人類戰勝』(註卅一)，發展成一新的社會。待『人同獸鬪終止，便是文化初生』(同前)。假如人類沒有智慧，何能創造文化？

文化是什麼？**就是思想造成的結果。社會上的一切事物，沒有不是經過人的思考，由人發明出來，纔創造成的**。譬如食、衣、住、行爲人生的四大需要，文明人卽與野蠻人不同。野蠻人吃生的東西，穴居野處，不穿衣服，過自然的生活；文明人則要熟食、穿衣、住屋，走人所開闢的道路。其一切生活的條件，都有人爲的成分在內，爲人性所發明。人類的知識愈多，便愈能改造環境，適應環境，合於自己的需要。美國社會學家柯尼格博士(Dr. Samuel Koenig)，認爲『人類之不斷進步，達到今日的程度，可說主要是由於智力的高度發展』(註卅二)。因爲有了極高的智慧，故能自覺的活動，去做各種事業，轉而支配環境。這是其他動物所做不到的。

三、人是社會的動物，爲團體所培養　如前所述，人的一切行爲，要受思想支配，爲人性所引導，固然不錯；但人性是從何來呢？柯尼格說：

『人之能從動物界出類拔萃，而稱之爲「人」，主要是由於生活在人類團體中。下述二例，可能是最好的說明：一是野生的兒童，或所謂「狼童」(Wolf Children)；一是棄置於極端隔離中的兒童。前例的兒童，因被丟棄，不得不跟野獸生活在一起，遠離人類社會。……後例的兒童，幾乎完全沒有社會接觸。……「狼童」加瑪拉（Kamala）和阿瑪拉（Amala）在印度被發現的時候，其行爲像野獸而不像人類。她們不能說話，也不能表現人類情緒，四肢爬行，狀似獸類，食生肉，具有叢林野獸的一般特質。兩個隔絕的美國兒童安娜（Anna）和伊薩貝利（Isabelle），亦經戴惠斯(Kingajey Davis）發現缺乏某些人所具有的技能，如說話、走路，自行飼食的能力，或聽從簡單的指示。卽使如某些人所猜想的，這幾個兒童，以及其他一切環境相似的兒童，在智力上是不正常的，而他們的行爲，無疑的可用來說明：不在人類團體之中發生接觸的人，很難發展我們稱之爲「人」的那些特質。這又說明團體生活對人類是不能缺少的』（註卅二）。

由此可見**人是社會的動物，人性要在社會環境中才能養成**。

美國的社會學家派克（Robert F. Park）說：『人惟有與其同儕發生很緩慢而繼續有效的接觸、合作與衝突，**纔養成人的特質**』（註卅四）。柯萊（Charles Horton Cooley, 1864-1929）亦謂：『人性是在那簡單而面面相覷的團體中發生和發展的。這些團體，如家庭、遊戲團體和鄰里。……無論何處，只有在這種團體中，人性方能養成。人性不是在出生時就有的，人在共同生活時纔能獲得。人若孤立，人性勢必衰退了』（同前）。所以，它是後天的產物，而非天賦的本能。

人在社會團體中，不僅能養成共同的人性，也可結合爲强大的力量。孫中山先生說：『推其所肇，蓋以人類由動物之有知識、能互助者進化而成。當其蒙昧，力不如獅、虎、牛、馬，走不如犬、兎，潛不如魚介，飛不如諸禽，而猶得自保者，能互助，故能合弱以禦强；有知識，故能趨利而避害也』（註卅五）。在動物裏面，蜜蜂和螞蟻，雖然也像人一樣，過著羣體的生活，有社會組織，而能互助；但因牠們沒有知識指導，單憑本能活動，受先天的限制，究不如人的力量强大。荀子對人與禽獸不同的特點，講得非常明白。他說：

『力不若牛，走不若馬，而牛、馬爲用，何也？曰：人能羣，彼不能羣也。人何以能羣？曰：分；分何以能行？曰：義。故義以分則和，和則一，一則多力，多力則强，强則勝物，故宮室可得而居也。……羣而無分則爭，爭則亂，亂則離，離則弱，弱則不能勝物，故宮室不可得而居也』（註卅六）。他所謂「分」，卽分工合作之意。楊倞注：『分謂上下有分，義謂各得其宜』，就是要有一定的制度，能夠合乎標準，使人各得其所，各盡其職，而團結一致，纔可發生力量，戰勝其他動物，過文明的生活，有宮室可居。

孫先生也認爲『社會上之事業，非一人所能獨任。如農業，如工業，如商業等，在乎吾人自審所長，各執其業，此之謂「分工」。試再舉例以明之：若使以吾一人，漂流孤島，造飯也，打魚也，摘果也，既無他人可以分任，非若住居城市，惟意所適，造飯則有司爨，卽至打魚、摘果，亦皆各有司其事者，……可以分工爲之。如此則勞苦減少，而所得效果亦多。社會者，卽分工之最大場所也，合農、工、商等之各種組織而始成一大社會。故社會之事業，愈分愈多，則愈形活動』（註卅七），而有進步。人在社會中生活，非依社會關係，不能生存。離社會而談人生，簡直無法想像！馬克斯說：『人性並不是孤獨的個人之抽象化，實際上，人性乃是社會關係的總和』（註卅八），確有道理！

四、人是歷史的動物，爲傳統所影響　社會是進化的，人在其中發生複雜的關係，互相影響，成爲一種過程(Processes)。這就是「歷史」。歷史承前啓後，陳陳相因，包含各種知識、道德、信仰、法律制度，以及風俗習慣等，有形無形的事物在內，爲人類身心交通的結果。柯尼格說：『人類不僅受同代者的影響，並受前代的影響。前代所遺留的各種傳統，發生團結的作用，使團體成爲一個單位，而能繼續存在』(註卅九)。人與人間『交通的工具，是語言、文字。人類能言善語，抽象觀念得以傳給他人，社會遺產亦可藉此代代相傳。文字的發明，及以後傳訊工具之不斷進步，便促成文化遺產的遞嬗』(同前)。文化遺產傳遞下去，久而久之，便成爲一種力量，使個人非服從不可。

人在社會中，要適應整個環境的變化，服從傳統的習俗，纔能夠生存。孫本文博士認爲『順應不僅限於自然環境，對社會環境，亦有同樣的作用。大概在個人與個人，個人與團體，團體與團體之間，或人與文化之間，常需要相互間的適應。就生存競爭的意義推廣言之，此種適應，亦爲生存競爭所必需』(註四十)。哈基斯(Everefft Cherrington Hughes)說：『人之初生，其對社會的適應性，完全由家庭培養；稍長，即由學校、教會等機關培養；最後在成年而成爲正式公民，擁有職業，參入機關以後，制度與機關對他，往往有潛移默化之功而不自知』(註四一)。人受這些環境的薰陶，便養成一種特殊的「人格」(Personality)。人格就是人之所以爲人的性格。它與人性不同，即在人性是普遍的，爲**人類共同的性質；而人格是特殊的，爲個人獨有的性格。**美國社會學家亞爾保 (F. Allport) 說：『人格是個人對社會刺激的特性反應，及其與社會環境適應的性質』(註四二)。譬如忠臣、孝子，固爲一種特殊的人格，而其所以養成，大都在國難、家貧的時節，於行爲的習慣中表現出來。它一方面受社會的薰陶，另方面也是歷史的影響所致。

以我國而論，孫中山先生認爲『中國人之心性理想，無非古人所模鑄，欲圖改良進步，亦須從遠祖之心性理想，究其源流，考其利病，始知補偏救弊之方』（註四三），決不是隨便可以做到的。『中國幾千年以來，社會上的民情風土習慣，和歐美的大不相同。中國的社會，旣然是和歐美的不同，所以管理社會的政治，自然也是和歐美不同，不能完全倣效歐美，照樣去做，像倣效歐美的機器一樣』（註四四）。這是歷史條件所限制，無法自由改變的。可見**人爲歷史的動物，要受傳統的影響**。

美國實用主義的哲學家詹姆士（William James）說：人生是多方面的，其一爲「肉體我」（Bodily self），二爲「社會我」（Social self），三爲「精神我」（Spiritual self）。若再加上一個「歷史我」，便把握了人生的全貌，合於人的本質。

（註一）「舊約全書」創世記，第一章，第二六節至第二章九節。

（註二）前書，第二章，第十八節至第二十四節。

（註三）前書，第三章，第二十節。

（註四）徐整著「五運曆年記」。

（註五）「孟子」梁惠王章句下。

（註六）「詩經」商頌、玄鳥。這段話，譯成白話如下：『天叫鳦鳥（燕子）下蛋，簡狄吞而生商，住此廣大殷疆。上帝再命武湯，統治領域四方』。

（註七）「詩經」大雅，生民。原文爲：『厥初生民，時維姜嫄。……履帝武敏歆，攸介攸止，載震載夙，載生載育，時維后稷』。

(註八)吳稚暉著「一個新信仰的宇宙觀與人生觀」，民國十二年三月至八月，載上海「太平洋雜誌」。

(註九)吳先生說，所謂『三斤二兩的腦髓，這是戲語。因吾鄉俗說「頭大九斤半」，腦髓常居三分之一，故云然。又接上五千零四十八根腦筋，亦戲語。五千零四十八，亦吾鄉極言多數之市語』。

(註十)「老子本義」上篇，第二十一章。

(註十一)引語，見「莊子集釋」內篇，齊物論第二，郭象注。其中「莫適爲天，誰主役物乎?」二語，據崔垂言教授云：「莫適」二字，與「論語」所謂『無適也，無莫也，義之與比』的意思相同。「適」指心之所向而言，「莫適爲天」，猶言心無執着，便是自然。如將這二語譯成白話，可說：『人的心裡，若沒有成見執着，不想去支配萬物，任其生生不已，便是自然。這樣，還有誰來主宰它呢』？

(註十二)「莊子集釋」內篇，齊物論第二。

(註十三)前書，外篇，至樂第十八。這段話，譯成白話如下：『物種有極小的細胞(微生物)，得水就變成「㡭」的生物。它在水土之間，便成青苔(一說爲澤瀉)；生於高地，則成車前草(一說卽澤瀉之別種)；車前草受到鬱氣的蒸發，又變成烏足草。烏足草的根，變成金龜子的幼蟲；葉就成了胡蝶。胡蝶很快又變成蟲，生在竈底下，好像脫了殼的形狀，名叫做「鴝掇」。鴝掇過一千天，就變成鳥，名叫「乾餘骨」。乾餘骨的口沫爲斯彌；斯彌變成像人吃的酸醋一樣。由它生出一種蟲來，名叫「頤輅」；頤輅生九猷蟲，九猷生黃軦蟲，黃軦生腐蠸蟲(螢火蟲)，腐蠸生瞀茂蟲。羊奚草的根，連在久不生筍的竹子上，又生出青寧蟲來；青寧生豹，豹變成馬，馬變爲人。人死了，將來又還原爲微生物』。——其中「青寧生程」一語，「列子」天瑞篇釋文：『中國謂之豹，越人謂之貘』。據「夢溪筆談」云：『秦人謂豹曰程』。「莊子」成玄英疏：程，『亦蟲名也』，恐有誤，本文故釋爲豹。

(註十四)前書，內篇，德充符第五。這段話的意思，可譯成白話如下：『死生存亡，窮達貧富，好人壞人，毀譽、飢渴、寒暑等，這些都是事物的變化，天命（自然）的運行。好像日夜循環不已，爲人的智力所不能預先規劃的』。

（註十五）前書，外篇，至樂第十八。這段話的原文爲：『莊子妻死，惠子弔之。莊子則方箕踞，鼓盆而歌。惠子曰：「與人居，長子，老身死，不哭，亦足矣；又鼓盆而歌，不亦甚乎」？莊子曰：「不然。是其始死也，我獨何能无（無）概然？察其始而本无生，非徒无生也，而本无形；非徒无形也，而本无氣。雜乎芒芴之間，變而有氣，氣變而有形，形變而有生，今又變而之死，是相與爲春、秋、冬、夏四時行也。人且偃然寢於巨室，而我噭噭（音叫）然，隨而哭之，自以爲不通乎命，故止也』。

（註十六）安東耐諾斯著「沉思錄」，卷五，十三。梁實秋譯。

（註十七）前書，卷四，四二。

（註十八）前書，卷五，二三。

（註十九）「朱子語類」卷一。

（註二十）「朱子文集」卷九十四。

（註廿一）「二程遺書」卷十五。

（註廿二）前書，卷一。這段話的意思是說：人由氣稟而來，其有善惡，雖屬天理，却不是本性中原有這兩者相對而生。人之有善有惡，完全是氣稟多寡、淸濁、高低不同所致，爲後天的結果，不是先天的。先天的性，說不上有善惡。這好像木的曲直一樣，本來如此，無好壞可言。

（註廿三）前書，卷十九。

（註廿四）前書，卷十八。

（註廿五）「朱子語類」卷四。所言「張、程」，卽指張載、二程而言。

（註廿六）據威爾斯著「世界史綱」載：爪哇猿人的腦容量，平均為八六〇立方公分，北京人則有一、〇七五立方公分。

（註廿七）拉・梅特里著「人是機器」，中譯本，七三—四頁。上海辛墾書店出版。

（註廿八）George R. Harrison : What man may be- The human side of science (1962), Ch.8。

（註廿九）Ibid, Ch. 10。

（註三十）「國父全集」孫文學說，第四章。

（註卅一）前書，「民權主義」第一講。

（註卅二）柯尼格著「社會學」，第四章，第三節。朱岑樓譯，協志工業叢書初版。

（註卅三）前書，第三章。

（註卅四）引語，見孫本文著「社會學原理」上冊，第二編，第十一章，第二節。商務印書館台一版。

（註卅五）「國父全集」雜著，「大光年刊題詞」一文。

（註卅六）「荀子集解」卷五，王制篇第九。

（註卅七）「國父全集」專論，「軍人精神教育」第二課㈢。

（註卅八）馬克斯著「費爾巴哈論綱」，第六條

（註卅九）柯尼格著「社會學」，第十七章，第四節。

（註四十）孫本文著「社會學原理」下冊，第三編，第十六章，第一節。

（註四一）麥克倫・李等著「社會學原理」，楊仲揆譯，一七六頁。

（註四二）Allport : Social Psychology, P. 101。

（註四三）「國父全集」孫文學說，第三章。

（註四四）前書，民權主義，第五講。

第三章　人爲甚麼要生活？

—人生的意義問題—

人生的本質明白以後；再來看人生的意義如何？人爲什麼要活在世界上？這是人生的意義問題。所謂「意義」（Meaning），就是指人想出的理由。人與草木、鳥獸不同，具有自覺的意志。他在世界上活動，必先要有一定的理由，纔能生存下去；如果沒有理由，自已覺得生活毫無意義，不感興趣，便非自殺不可。所以，人生的意義問題，是很重要的。

關於這個問題，我們可從下列幾方面來回答：

第一節　神學方面的意見

神學對人生的意義，是怎樣看法呢？它以「神」爲本體，說人是上帝造了，派來管理這地，統治萬物的。大衛（David）在「詩篇」中說：『耶和華我們的主阿！你的名在全地何其美，你將你的榮耀彰顯於天。……我觀看你指頭所造的天，並你所陳設的月亮、星宿，便說：人算甚麼？你竟顧念他；世人算什麼？你竟眷顧他。你叫他比天使微小一點，並賜他榮耀尊貴爲冠冕。你派他管理你手所造的，使萬物——就是一切的羊牛，田野的獸，空中的鳥，海裏的魚，凡經行海道的，都服在他的脚下』（註一）。所以，**人是代表上帝來治理萬物的。**

人之所以能夠永生，就因有上帝存在，與耶穌基督合而爲一。耶穌說：『父阿！時候到了，願你榮耀你的兒子，使兒子也榮耀你。正如你曾賜給他權柄，管理凡有血氣的，叫他將永生賜給你所賜給他的人。認識你獨一的眞神，並且認識你所差來的耶穌基督。這就是「永生」。我在地上已經榮耀你，你所託付我的事，我已成全了。……你從世上賜給我的人，我已將你的名顯明與他們。他們本是你的，你將他們賜給我，他們也遵守了你的道，如今他們知道：凡你所賜給我的，都是從你那裡來的。因爲你所賜給我的道，我已經賜給他們。……從今以後，我不在世上，他們却在世上，我往你那裡去。聖父阿！求你因你所賜給我的名保守他們，叫他們合而爲一，像我們一樣。……我在他們裡面，你在我裡面，使他們完完全全的合而爲一，叫世人知道你差了我來，也知道你愛他們如同愛我一樣』（註二）。這樣，**人與神相合，人生纔有意義**。

許多神學家，如非諾（Philo）、伊烈基那（John S. Erigena）和回教學者，都主張人是一個小宇宙，人的身體，就像大宇宙一樣，是靈魂和物質構成的。人的影像就是神，肉體使人發生罪惡，自負墮落的責任。他要脫離肉體的束縛，消除情感物欲，纔能與神接近，回復本原；如果不然，則肉體死後，靈魂便將墮入動植物的身體中，不能自拔。這種意見，與佛教的思想相似。佛教認爲人的情欲是一切罪惡之源，情欲若不熄滅，則無法修成正果，進入「涅槃」的境界。

中世紀的神學家，說上帝創造宇宙，是出於他無限的愛。這宇宙既由神造，必是盡善盡美的，值得我們人類生存下去。什麼理由？因爲神是全智、全能、全善的主宰，他所創造的世界，若不是至善的，則它便不是全知；知而不能造出，便不是全能；能造而不造，也不是全善。故上帝所造的萬物，必欲其爲最好的；甚至惡也是相當的善。這好比一幅圖畫一樣，其中若干陰影，乃是爲了顯出美的光彩。在這世界裡面，其所以有苦有惡，是神爲了表現其全體的完美起見，不得不然。苦與惡是部分的，假如沒有苦，如何能顯出樂？沒有惡，如何能知道善呢？宇宙的光榮，是由惡的存在所增進，就全體而論，它是至善和完美的。奧古斯丁（A. Augustinus）和斯賓洛沙的意見，就是如此。他們認爲**人生最高的意義，在與神相結合，實現將來永久的生命**。

第二節　玄學方面的意見

一　樂觀論

玄學對人生的意義，第一種意見是「**樂觀論**」（Optimism）。所謂「樂觀論」，亦譯「樂天主義」，即認**宇宙人生根本是至善至樂的**。英語 Optimism 一字，源於拉丁文 Optimus，爲「至善」的意思。**樂觀論說世界雖有變化，總是向著好的方向前進，日益改良，是有進步的，痛苦和罪惡，不過暫時的現象**。如**能明白這個趨向**，則**不會感到失望**。在進化的過程中，一切災難和戰爭，只是達到未來幸福社會的手段，是必然的、不可免的。我們看著將來的遠景，忍受一時的痛苦，終有幸福和成功之日。這是**積極的**樂觀主義；還有**消極的**，則是隨遇而安，樂天知命，也可得到快樂。如何做到這步？

在消極方面：

第一、是無爲　所謂「**無爲**」，就是**要反於自然，無爲而治**。從前中國的老、莊及歐洲的洛克、盧梭等，都認爲人類在原始時代，受自然法支配，自己管理自己，過自由平等的生活，是很幸福的。孫中山先生說：『此所謂「自然人」，今南洋之海島，猶有存者，熙熙嗥嗥，無思無爲，如中國古語所謂「無懷氏之民」、「葛天氏之民」也。此自然人之時代，固無所謂理亂興衰之時勢也。及其進化也，由獵而牧，而耕，而織，於是有夏葛而冬裘，暑扇而寒火，則人事進化矣。其進化之程度愈高，則離天然愈遠』（註三），有政府和法律制度的約束，覺得很不自由。老子說：

『天下多忌諱，而民彌貧；民多利器，國家滋昏；人多技巧，奇物滋起；法令滋章，盜賊多有。故聖人云：「我無爲而民自化，我好靜而民自正，我無事而民自富，我無欲而民自樸」。其政悶悶，其民淳淳；其政察察，其民缺缺』（註四）。

所以，他要『小國寡民，使有什伯之器而不用，使民重死而不遠徙。雖有舟車，無所乘之；雖有甲兵，無所陳之；使民復結繩而用之。甘其食，美其服，安其居，樂其俗，鄰國相望，雞犬之聲相聞，民至老死不相往來』（註五），回到原始時代，過自然淳樸的生活，以求自得其樂。莊子的思想，也同他一樣，是反對人爲，主張自然的。他說要合於自然才是善，不合自然就是惡。譬如『鳧脛雖短，續之則憂；鶴脛雖長，斷之則悲。故性長非所斷，性短非所續』（註六），總要合乎本性才對！

第二、是知命　所謂「**知命**」，就是要**順其自然而行，不違反天道，而安之若素**。易「繫辭」云：『樂知天命，故不憂』；疏謂：『順天道之常數，知性命之始終，任自然之理，故不憂也』。莊子把一切死生窮達，貧富壽夭，毀譽盛衰，都看成事物的變化，命運的流行，好像晝夜循環一樣，沒有什麼可喜可惡的。他說：『夫大塊載我以形，勞我以生，佚我以老，息我以死。故善吾生者，乃所以善吾死也。……特犯人之形，而猶喜之。若人之形者，萬化而未始有極也，其爲樂可勝計邪』（註七）？所以，

『古之眞人，不知說（悅）生，不知惡死。其出不訢，其入不距，翛（音消）然而往，翛然而來而已矣。不忘其所始，不求其所終，受而喜之，忘而復之。是之謂不以心捐道，不以人助天』（註八）。這樣，『安時而處順，哀樂不能入也，古者是謂帝之縣解』（註九）。莊子因爲知命，所以非常樂觀，不感覺痛苦。孔子說：『飯疏食、飲水，曲肱而枕之，樂亦在其中矣；不義而富且貴，於我如浮雲』（註十）。他盛讚他的學生顏淵能安貧樂道，不覺其苦，說：『賢哉回也！一簞食，一瓢飲，在陋巷，人不堪其憂，回也不改其樂』（註十一）。這就是知命的表現。

在積極方面：

第一、是修德　樂觀論者認爲人性本是善的，若不違反本性，順乎自然法則，必可發生很大的效果，足以救世濟民。孟子說：

『人皆有不忍人之心。先王有不忍人之心，斯有不忍人之政矣。以不忍人之心，行不忍人之政，治天下可運之掌上。所以謂「人皆有不忍人之心」者，今人乍見孺子將入於井，皆有怵惕惻隱之心，非所以內（納）交於孺子之父母也，非所以要譽於鄉黨朋友也，非惡其聲而然也。由是觀之，無惻隱之心，非人也；無羞惡之心，非人也；無辭讓之心，非人也；無是非之心，非人也。惻隱之心，仁之端也；羞惡之心，義之端也；辭讓之心，禮之端也；是非之心，智之端也。人之有是四端也，猶其有四體也。……凡有四端於我者，知皆擴而充之矣，若火之始然，泉之始達。苟能充之，足以保四海；苟不充之，不足以事父母』（註十二）。

故曰：『人能充無欲害人之心，而仁不可勝用也；人能充無穿踰之心，而義不可勝用也；人能充無受爾汝之實，無所往而不爲義也』（註十三）。柏拉圖認爲道德就是至善，一個國家要大多數人都遵守道德，政治纔能修明，人民纔得安樂。惟大多數人不能如此，故須制定法律，使人必從，除非我們有良好的公民，要建立至善的國家，是辦不到的。故道德必須在社會中培養，置私心於公共利益之下，然後纔能顯出眞善；一旦國家好了，個人幸福自在其中。這如孔子所云：『大學之道，在明明德，在親（新）民，在止於至善』（註十四）。由修身、齊家，以至治國、平天下，無非要建立一個完美的社會，以達到「至善」爲目的。

第二、是奮勉　所謂「奮勉」，就是**繼續努力，克服一切困難，以期達最後的成功**。舉凡大政治家、大事業家處世的態度，無不如此。安徒生（Hans Christian Anderson, 1805-1875）說：『有十九次的失敗，到二十次而成功，纔算「堅忍」』（註十五）。孟子歷述古來傑出之士，都起於困難的環境中，非此不能加以磨鍊。據云：

『舜發於畎畝之中，傅說（音悅）舉於版築之間，膠鬲舉於魚鹽之中，管夷吾舉於士，孫叔敖舉於海，百里奚舉於市。故天將降大任於是人也，必先苦其心志，勞其筋骨，餓其體膚，空乏其身，行拂亂其所爲，所以動心忍性，增益其所不能。人恆過，然後能改；困於心，衡（同橫）於慮，而後作；徵於色，發於聲，而後喻。入則無法家拂（同弼）士，出則無敵國外患者，國恆亡，然後知生於憂患，死於安樂也』（註十六）。

由這段話，可知無論個人或國家，如不能歷經艱苦，奮勉力行，決難有成功的希望。

晚清名臣曾國藩，根據其親身的經驗說：『困難之時，切莫自餒，熬過此關，便可少進；再進再困，再熬再奮，自有亨通精進之日』（同註十五）。胡林翼也以爲『心志不苦，患難未嘗，則智慧鈍而膽力怯』（註十七）。莎士比亞說：『患難可試驗一個人的品格，非常的境遇，方可顯出非常的氣節。波平浪靜的海面，所有船隻，都可齊驅競勝；唯命運的鐵掌擊中要害時，只有大智大勇的人，方能夷然以處』（註十八）。人若不能克服萬難，無法得到成果。德國的俗語說：『事業之根苦，而其實甘』，很有道理！無爲而欲自得其樂，絕無可能。

二　悲觀論

與樂觀論相反的意見，是「**悲觀論**」（Pessimism）。「悲觀論」亦名「厭世主義」，即認爲**宇宙人生有苦無樂，有惡無善；即使有樂有善，也敵不過根本上的苦與惡**。拉丁語的 Pessimus 一字，其本義是「最醜的」。故對於世界，抱着厭惡的態度。爲什麼這樣呢？原因是：

一、在宇宙方面　**悲觀論者大都認爲宇宙變化無常，是人生痛苦的根源**。赫拉克里特說：萬物不停的在變，生生死死，無始無終。一切都是相對的、變幻的，沒有永恆的東西存在。『善是毀壞了的惡，惡是消滅了的善。既然沒有惡，善就不能存在；沒有善，惡亦不能存在，所以惡是相對的善，善是相對的惡，正像「實體」與「非實體」一樣』（註十九）。因此，『無惡的善，無痛苦的快樂，無死的生，都是不可能的。這一切，均使他在古代哲學家中，和樂觀的德謨克利特相反，樹立了悲觀論的典型』（同前）。他說：『人生不過是一種悲愁的兒戲』。這如李白在「春夜宴桃李園序」中所言：『夫天地者，萬物之逆旅；光陰者，百代之過客，而浮生若夢，爲歡幾何』？有一種空虛的感覺。因爲一切都是變的，人生如白駒之過隙，故莎士比亞也有『健兒身手，學士心靈，帝王螻蟻，同化埃塵』（註二十）的感歎，覺得人生非常虛幻！

楊朱也認爲世界變化無常，人生不免一死，一切榮華富貴，到頭終是一場空幻，無不消滅。他說：

『太古之事滅矣，孰誌之哉？三皇之事，若存若亡；五帝之事，若覺若夢；三王之事，或隱或顯，億不識（記也—弘）一；當身之事，或聞或見，萬不識一；目前之事，或存或廢，千不識一。太古至於今日，年數不可勝紀；但伏羲已來，三十餘萬歲、賢愚、好醜、成敗、是非，無不消滅，但遲速之間耳！矜一時之毀譽，以焦苦其神形，要（求也—弘）死後數百年中餘名，豈足潤枯骨？何生之樂哉』？

可見人生沒有意義，大可悲觀！

樂觀論者以爲原始時代，一切順乎自然是很好的，悲觀論則說：自然境界未嘗存在。因爲這種境界，必是變的；如其不變，則現在的文明，從何而來？假如它變，又何能有一定的標準令人取法？而且自然境界果眞存在，距現在已隔很久的時期，傳說它是好的，如何能信？縱使可信，各人意見紛歧，也莫衷一是。培因（A. Benn）說哥爾期亞的看法，就是如此。他在認識論上是懷疑論者（Scepticist），於人生也是悲觀的。

二、在人生方面　德國的哲學家叔本華（Arthur Schopenhauer, 1788-1860），著了一本書，叫「世界如意志及觀念」（World as Will and Idea），發表他悲觀的見解。他說萬物同人一樣，是有意志和觀念的。人從內部看有意志，外面只是身體；其它一切東西，也都如此。我們所見的世界萬物，好像人的身體，只是現象，在它裡面，有一個本體——「物自體」存在，便是「意志」。意志在石塊中，表現爲盲目的力。像磁性、電氣、引力、結晶等作用，與人的意志相同。

在叔本華看來，人與人之間，吸引異性的力，和行星間的引力，沒有什麼分別。植物雖然沒有意識，却有「向性」，這也是意志的表現。動物的生長和活動，全由意志支配，爲本能的動作。人雖是有知識的，以智慧作嚮導，然於不知不覺之間，仍受意志支配。意志以生存爲本，是一種堅强的生命力。它好像柏拉圖所講的「觀念」（Idea 理念），是普遍的、永久不變的。個體有生有死，意志永遠不息。它要使種族的生命延綿，故力圖繁殖。『所以生殖器官是意志的焦點，與代表知識的頭腦正好相對』（廿一）。許多生物，常爲繁衍子嗣，保存種族，而犧牲一己的生命。在生殖的目的達到以後，個體便或早或遲的凋謝。譬如授精後的蜘蛛，雄的卽爲雌的充作食料；黃蜂替牠自己見不到的子孫，採積食物；人類爲了養育兒女，也千辛萬苦，折磨至死。這樣，世代相傳，情況雖有不同，要不外乎求生存的意志支配所致。**世界因爲受意志支配，所以人生是痛苦的**。什麼理由？叔本華認爲：

(一)意志本身就是欲望，欲望無窮，而滿足有限。『要滿足欲望，就好像對乞丐施捨一樣，維持了他今天的生命，却延長苦難到明日』（同前），問題還是不能解決。

(二)生命的基本刺激和實質是痛苦，而快樂不過是痛苦消極的中止而已。亞里士多德說得對：『智者並不追求快樂，而只想解脫煩惱與痛苦』。叔氏的意見，就是如此。

(三)一旦缺乏和痛苦減輕了，厭倦卽隨之而來，使他不得不另謀消遣，追求更大的痛苦，卽使烏托邦（Utopian）的理想實現，一切災禍都能免除，無聊和厭倦的痛苦，仍令人難以忍受。

(四)生物愈高等，痛苦愈大。『隨着理性和意識的發展，痛苦的程度，亦隨之增加，到人類而達極致。所以，一個人的知識越豐富，越有才能，便越覺痛苦。天才是世界上最要忍受痛苦的人』（同前）！

㈤痛苦最主要的原因，爲人生卽是戰爭。在自然界，我們到處可看到各種鬪爭、衝突，彼此傾軋，以及勝敗存亡的現象。每一種生物，都爲爭奪其他生物所有的物質、空間、時間而戰。直到人類戰勝，而又自相殘殺，造成「人待人如狼」的局面。

因此，**整個人生是痛苦的，實爲一場悲劇**。其所以還能生活，乃是因爲大家不明白它的眞相，渾渾噩噩，混過一生的原故。

在這種情形之下，**人要如何纔能解除痛苦呢？**叔本華認爲若要求得快樂，只有像青年一樣的天眞無知。他們以立志努力爲快事，既不知慾壑之難塡，亦不知成功之無益，更不知失敗無可避免。故勇往直前，如登山顚，不識憂患死亡爲何事！及至老年，遇到死亡，便創哲學、神學以自慰。靈魂不死之說，其所以如此普遍，就是怕死的心理所致。人爲了逃避死亡，便相信神；欲免除痛苦，則有瘋狂。『瘋狂之所以發生，爲的是忘却痛苦的回憶』（同前）。這是意志不能壓服理性時，所提出的補救辦法。人要逃避痛苦，勝過意志，還有一個辦法，就是自殺；但『自殺故意毀滅個人的生命，實是愚蠢無用的行爲。因爲宇宙的本體（物自體）——種族生存的意志，並不受到影響，仍然繼續存在』（同前）。在理性和知識沒有完全戰勝意志以前，人生的痛苦和災難，是永遠不能解除的！

然則，**怎樣辦呢？**叔本華告訴我們「生的智慧」，說幸福之道，不在財富，而在智慧，常人以爲有了錢，就可滿足一切；殊不知沒有教養和智慧，並不懂得如何用錢來求得快樂。一個人專門沉湎於酒色，不明白人生的目的，會感到厭倦和痛苦。理性雖由意志而來，却能控制意志，抑止自私的欲望。要發展理性，使其馴服意志，則有賴於哲學、藝術和宗教。人把一切看成天定的必然，從變化無常中，明白那普遍永久的道理，鄙棄世俗的榮華富貴，放開眼界，以觀人世的空虛，超脫個人的意志。這是哲學、藝術和宗教共同的作用。其最高境界，則爲佛教所指的「涅槃」。它將個人的意志和欲望，減到最低程度，故可免除煩惱，獲得精神上的安適，叔本華非常贊同！

講到佛家的學說，雖然不是厭世主義，但認爲人生一切都苦，與叔本華並無二致。佛家以苦、集、滅、道爲「**四聖諦**」（四諦）：所謂「**苦諦**」，就是說整個人生根本是痛苦的。何以痛苦？那是由許多原因會集起來，叫做「**集諦**」。要把這些原因消滅，解除痛苦，則叫「**滅諦**」。如何消滅？有八正道，即是「**道諦**」。

關於**苦的內容**，**佛家說有八種**：即生、老、病、死、愛別離、怨憎會、求不得、五蘊熾盛。這是什麼意思？生、老、病、死是生理上的，其爲痛苦，自不待言。愛別離、怨憎會、求不得，是社會上的現象。人與人之間，喜愛的常常分離，怨恨（討厭）的偏偏遇在一起；欲望不能滿足，所求不能得到，這都非常痛苦。至於「五蘊熾盛」——又叫「五盛陰苦」，則是說人的身心，由色、受、行、想、識五者會集而成。「色」（色蘊）包括一切有形的物質，及人身上的眼、耳、鼻、舌、身諸器官；受、想、行、識四者，指心理活動的狀態，佛家統稱之爲「名」（名蘊）。它與「色」合起來，便是「五蘊」，叫做「名色」。「名色」是變化無常的，身外之物固不屬於我，個人的身體，亦非眞實不變，沒有永久的「我」存在，而人偏以爲有「我」、有「法」，執著不放，故發生迷惑，感到痛苦。

這種**痛苦的根源**，**即在無知**。無知就是愚癡，又叫「無明」，爲無知識、無理智之意，一切煩惱都由此而來。什麼理由？因為無知，對事物的眞理缺乏了解，以為自己的意見非常正確（我見），自高自大，看人不起（我慢）。於是發生貪念，自私自利，欲望無窮（我貪）。對人對事，稍不如意，便懷恨在心，怒發於外，憎惡別人，却不自反省，因而做出種種罪業來。這就是「瞋」。佛家「遺教經」：『瞋心甚於猛火』，造成一切苦果。**煩惱雖多，而以貪、瞋、癡三者為主**，名為「**三毒**」。「大乘義章」說：『此三毒通攝三界（註廿二）一切煩惱，能害衆生，猶如毒蛇毒龍，故名為毒』。其中「癡」即是「無明」，為無始以來的一種盲目意志（Blind Will）——生命的根本動力。由它發展而至老死的過程，稱為「**十二因緣**」（註廿三）。這十二因緣，由過去、現在以至未來，連貫成生死的因果（註廿四）。過去所種的業因，現在感受苦果；現在一面接受苦果的報應，一面又造作新的業因，以為將來的苦果。如此循環不已，便稱「**三世輪迴**」。**人生就這樣不斷的連接下去，永無止境，所以是痛苦的**。

然則，**怎樣纔能解脫免除痛苦**呢？佛家認為只要人一念之轉，即可解脫。因為世界上的一切，本是因緣和合而成，由許許多多的關係，聚集而生各種現象，沒有固定不變的東西，故說『諸行無常』。一切既是無常的，自也沒有永久不變的「我」存在。佛說人的身心由「五蘊」合成，生命不過是物質（色）和精神（名）兩方面的原素所湊合。如今說這就是「我」，試問「我」在那裡？從物質（肉體）方面看：難道眼、耳、鼻、舌、身各器官合起來是我，分開不是我？既然分開不是我，合起來為什麼又是我？再從精神方面看：受、想、行、識四蘊，那一樣是我？無論分開或合起來，都很難斷定。而且物質和精神經常在變，要確定一個眞實不變的我，也不容易！所以，佛說：『**諸法無我**』。

既然諸法無我，那還有什麼痛苦呢？須知痛苦的發生，原在無知。因為自己無知，所以本來沒有「

我」，偏要以爲有「我」，而固執己意，發生我慢、我貪等惡見，造成一切煩惱。今若改正過來，明白無常、無我的道理，把事情看開，胸襟濶大，則立刻可以解除身心的束縛，斷絕一切煩惱，達到「涅槃寂靜」的境界。

什麼叫做「**涅槃寂靜**」？卽指**身心解脫的心境而言**，爲一種心安理得、無憂無慮的狀態。佛家認爲『涅槃的實體，非語言思慮所能及，其意義亦非文字所能詮釋。欲知涅槃眞境如何？祇可由修道實踐，親自領會』（註廿五），纔能明瞭。

如何修道實踐？佛家說：『道就是得涅槃所應經過的身心狀態。此狀態，不趨於樂天、厭世兩端，而履中庸以求解脫，故名「**中道**」。這中道離偏邪，故名「**正道**」；又屬聖者之道，故名「**聖道**」』（同前）。它是什麼？就是「八正道」（註廿六）。這**八正道，又可歸納爲「戒、定、慧」三學**。現在列表如次：

八正道
- 戒學——正語、正業、正命
- 定學——正定、正念
- 慧學——正見、正思惟（不貪、不瞋、不癡）、正精進

這八正道，卽「四聖諦」中的「道諦」。**佛家認爲人能照此正道去做，即可解脫煩惱，進入「涅槃」境界。**

三　淑世論

在樂觀論與悲觀論之外，有一種調和的意見，可說是「**淑世論**」（Meliorism）。「淑世論」又叫

「改善觀」，**爲「樂觀」與「悲觀」兩說之綜合**。它說現在的人生，雖然不是「至善」的，也沒有到「極惡」的程度，只要大家共同努力，仍然可以逐漸改良，求得進步。拉丁語 Melior 一字，原來就有「頗善」之意。社會上雖然有許多事情不能盡如人意，難免發生痛苦，然人不能逃世，非生存不可，也只有繼續努力，無可如何！何況社會是趨向於善的，而人有助其改善的能力，亦不能免去責任。**淑世論就是要盡力改造社會，以免除痛苦，增加人類幸福的理論**。

中國的孔子，就是一個淑世論者。他生逢亂世，君主昏庸，爲了救國救民，明知其不可爲，而栖栖皇皇，期能盡一己之力，以謀改造社會，與當時一般隱士不同。相傳他從楚國到蔡國，遇見兩位隱士在耕田，叫子路去問過河的渡口在那裡？

『長沮曰：「夫執輿者爲誰？子路曰：「爲孔丘」；曰：「是魯孔丘與」？曰：「是也」；曰：「是知津矣」。

問於桀溺。桀溺曰：「子爲誰」？曰：「爲仲由」；曰：「是魯孔丘之徒與」？對曰：「然」！曰：「滔滔者，天下皆是也，而誰以易之？且而與其從辟（避）人之士也，豈若從辟世之士哉」？耰而不輟。

子路行以告，夫子憮然曰：「鳥獸不可與同羣，吾非斯人之徒與，而誰與？天下有道，丘不與易也」』（註廿七）。

還有一則故事，也可看出孔子做人的態度，完全是盡自己的責任，不一定期其理想必能實現。據說：

『子路從而後，遇丈人以杖荷蓧。子路問曰：「子見夫子乎」？丈人曰：「四體不勤，五穀不分，孰爲夫子」？植其杖而芸。子路拱而立；止子路宿，殺鷄爲黍而食之，見其二子焉。明日，子路行以告。子曰：「隱者也」！使子路反見之；至，則行矣。子路曰：「不仕無義；長幼之節，不可廢也；君臣之義，如之何其廢之？欲潔其身，而亂大倫。君子之仕也，行其義也，道之不行，已知之矣」（註廿八）。

這種『知其不可爲而爲之』（註廿九）的精神，正是淑世論者（Meliorist）的作法，與悲觀論不同。

春秋、戰國時代，中國還有許多偉人哲士，如子產、范蠡、孟子、墨子、宋鈃（輕）等，爲了救國救民，以利當世，各人提出自己的主張，不避勞怨，努力奮鬪，都爲淑世論的楷模。其中如子產做鄭國的宰相，立法治，鑄刑書，叔向批評他說：『肸（音夕一弘）聞之，國將亡，必多制，其此之謂乎』（註三十）？他回信道：『僑（子產名一弘）不才，不能及子孫，吾以救世也』（同前）。孟子說：『墨子兼愛，摩頂放踵，利天下爲之』（註卅一），精神也很可佩！莊子說宋鈃爲人，『見侮不辱，救民之鬪，禁攻寢兵，救世之戰。以此周行天下，上說下敎，雖天下不取，强聒而不舍者也』（註卅二）。有人批評孟子好辯，他自己的解釋，是不得已而爲，說：『我亦欲正人心，息邪說，距詖行，放淫辭，以承三聖者，豈好辯哉？予不得已也』（註卅三）。**淑世主義就是要犧牲個人利益，達到一定的目的，以拯救國家社會。**

德國的非希特，由唯心論出發，認爲道德是大家共同的目的，個人有遵守的義務。我們每個人在社會上，應爲全體而工作；各民族在歷史上，亦有其特殊的責任，爲人類爭自由。所以，他在「告德國國民書」中，鼓勵大家共同努力，建設一「個人自由」的國家，以保持其獨立，實現未有的正義；進而統一世界，成爲各國的聯邦，把各時代各民族的文化散播於全球。他說：『我所注意的，是爲人類謀合理的進步，而增進理性與道德。我認定自己是達到這合理目的的手段，而愛護自己』（註卅四）。這便是一種淑世論。

其後黑格爾認爲宇宙進化是有目的的，由低而高，經過辯證的程序（Dialectical process），以求實現。高的是低的目的，發展即爲完成自己，向着最後的目標前進。我們從全體人類來看，自有其發展的大目的。一個國家，如能完成其民族的歷史任務，必可强盛；而强盛之後，目的已達，又將讓位於其它更强盛的國家。英雄和偉人，也是一樣。他執行宇宙的大目的，擔負時代的使命，一旦任務告終，即脫然以去，爲歷史所摒棄。故於民族競爭之世，必須努力奮鬬，抵抗外敵，方能生存。若只知享受現成，不能開拓遠景，便叫「蹈常故習的生活」。像鐘錶的齒輪一樣，照常轉動，沒有生氣，結果便會自然的死亡。所以，他主張民族奮起，人民的私利害，要與國家的公利害配合，纔能富强。個人的責任，是作國家的一分子，達到自由的目的；要有國家，纔能保障個人的自由。因此，他說：『國家是具體自由的實現』。這樣强調國家，也是爲了挽救當時的德國，以求民族復興，爲一種淑世論。

美國的實用主義者詹姆士（William James），他主張多元論，說宇宙是多元的，不僅世界有限，神也是有限的。在這有限的世界中，各部分都不完全，都有缺點，惟有各盡其力，纔能得救。人類要共同努力，世界纔可進步，達於極點。杜威（John Dewey）也認爲世界還在創造之中，沒有完成，我們必須幫助它改進，方能適合自己的理想。這都是淑世論的主張。

第三節　科學方面的意見

科學對人生的意義，是怎樣看法呢?它不樂觀，也不悲觀，而是很有理智，去洞澈世界，明白其理之當然。在科學看來，要懂得人生的意義，須從下列三點做起：

第一、瞭解進化的道理　進化就是事物的變遷。天地間的東西，沒有不變的，雖然變不一定是進化，而進化却非由變不可。孫中山先生說：『變化爲進步之機，從未有不變而能進者』(註卅五)。『進化一學，有天然進化，人事進化之別』(同註三)。『不知不覺是天然的進化，是自然的；有知有覺是人爲的進化，是非自然的。前者進化慢，後者進化快。以進化快者補進化慢者，這是我們的責任』(註卅六)。如何補法?就是用人爲的力量，加以改造。譬如『人本來是獸，所以帶有多少獸性，人性很少。我們要人類進步，是在造就高尚人格；要人類有高尚人格，就在減少獸性，增多人性。沒有獸性，自然不至於作惡；完全人性，自然道德高尙。……是故欲造成人格，必當消滅獸性，發生神性，那麼，才算是人類進步到了極點』(註卅七)。馬克斯則不然，他提倡階級鬪爭，表面是服從自然進化的法則，實際却『欲以物種之原則，而施之於人類之進化；而不知此爲人類已過之階級(階段——弘)，而人類今日之進化，已超出物種原則之上矣』(註卅八)。故成爲反進化的論調，不合人類的實際。這是一例。

其次，就政府而論。『我們要社會的文明很高，人類進步得很快，政府不是無用的。如果有了良政府，社會的文明便有進步，便進步得很快；若是有了不良政府，社會的文明便進步得很慢，便沒有進步。這種成例，古今中外極多』（同註卅七）。然而，無政府主義者卻不然。他們認爲政府『干涉人民的幸福，威權太大，應該把他減少，減少至於零，便主張不應該有，而成無政府。這項學說，在俄國頗發達。因爲它們從前的專制政府過於暴虐，要打破他，便主張無政府』（同前）。實際上，這也是矯枉過正。政府專制不良，只宜改造推翻，變成民主的政府，幫助文明進化，決不可因噎廢食，連政府都不要。這纔是科學的態度。

再就社會而言。初期的社會主義者，認爲資本主義社會不合理，主張推翻現存的制度，代以新的合理的制度。因而提倡社會主義，原本不錯。孫先生說：『社會組織之不善，雖限於天演，而改良社會之組織，或者人爲之力，尙可及乎？社會主義所以盡人所能，以挽救天演界之缺憾（陷——弘）也。其所主張，原欲推翻弱肉强食、優勝劣敗之學說，而以和平慈善，消滅貧富之階級於無形』（註卅九）。不料後來馬克斯主義出現，一反前人之所言，根據達爾文生存競爭的學說，主張階級鬥爭和無產階級專政，說世界有强權（暴力）而無公理，非鬭爭不可，便與從前社會主義走到完全相反的道路。『今世界日進文明，此種學理，都成野蠻時代之陳談，不能適用於今日。今日進於社會主義，注重人道，故不重相爭，而重相助。有道德始有國家，有道德始成世界』（註四十）。這是孫中山先生的主張，爲進化論必須明白的道理！

還有人以爲現在世界競爭不已，欲望無窮，若能返於自然，回到從前的農業狀態，只求解決食的問題，以免相爭，豈不很好？孫先生根據進化的原理，認爲這是不可能的。什麼理由？

『蓋人類生存固以食爲第一之需要，不得食，則死亡隨之，此自一定之理。然人類之欲望，斷不限於食之一途，而維持人類之生存，食之外，又必有賴於其他之種種。故人類欲維持其生存，而滿足其慾望，必有種種文明事業，隨之而逐漸發達，因之社會日趨文明，人類日就進步。蓋食爲人類有限之需要，既飽之後，則不欲多求，而食外之種種需要，其欲望乃爲無限。蓋愈有則愈求，愈得則愈欲，所謂得步進步，精益求精，欲望既日求擴充，文明日趨進步。故進化程序既自農業時代，進而爲工業時代，步步前進，永不退後。雖農業之發達可以有限，而工業發達乃無窮。此後世界只有日趨向前，斷不能廢除現世之文明進步，而復返之于原始狀態』（註四一）。

故老、莊和自然主義（Naturalism）的思想，不能適用於今日。

第二、把握現實的人生　悲觀論者以爲宇宙進化無常，人生如白駒之過隙，太沒有意義。殊不知人生雖然只有幾十年，却是一難得的機會，不可不把握現實，替國家社會做一番有價值的事業，以盡個人的職責，延長人類的生命。孫中山先生說：

『人生不過百年，百年而後，尙能生存否耶？無論如何，莫不有一死。死既終不可避，則當乘此時機，建設革命事業，若僅貪圖俄頃之富貴，苟且偷活，於世何裨？故死有重於泰山，有輕於鴻毛者。死得其所則重，不得其所則輕。吾人生於今日之世界，爲革命世界，可謂生得其時，予我以建功立名之良好機會。……故今日之我，其生也，爲革命而生我；其死也，爲革命而死我。死得其所，未有善於此時者。……以吾人數十年必死之生命，立國家億萬年不死之根基，其價值之重可知』（註四二）。現世人生之所以可貴，其故在此。

古人說有三種不朽的事業，都應在現世完成。那三種不朽的事業？「左傳」襄公二十四年，叔孫豹

（名「穆叔」，魯人——弘）曰：『大（太）上有立德，其次有立功，其次有立言，雖久不廢，此謂之「不朽」』；疏謂：『此三者，雖經世代，當不朽腐』。至於做官發財，不在其內。

蔣介石先生曾說：『生活的目的，在增進人類全體之生活；生命的意義，在創造宇宙繼起之生命。這就是我們人生的意義與目的之所在。……大家要知道天地父母生育我們，社會國家扶養我們，使我們長大成人，讀書識字，到底有什麼價值？有什麼目的？如果為求個人的榮華富貴，求有衣穿、有飯吃，就是沒有志氣、沒有出息的人，也不是父母生我、社會國家養我、學校教我的目的。我們要出生長大，受教求學的根本目的，是在救國家、救同胞，尤其是為大多數窮苦同胞來謀幸福，為增進社會人類的生活。……比方講現在我們要來努力做安內工作，要來做復興民族的革命事業，就是為此』（註四三）。所以，把握現實的人生，是很重要的。

民國二十三年，我二十一歲，研究哲學，窮天地之理，以明人生，豁然有所領悟，作新詩「人生」一首，闡發人生的意義，足為參證。茲錄其全文如次：

『一個沉沉的靜夜，
我站在黃鶴樓頭：
仰望星光閃爍，
俯聽江波奔流。
都市的人，
已深深沉入夢中，
只見火光如豆。
無窮的幻影，
浮映在我的心頭。
我追問起——
人生的究竟，
宇宙的根由。
看喲！
一切都像水，
一切都在流，
永恆的東西——
萬彙無有。

大地可以毀滅，
星雲化作星球；
我們人兒喲，
來自獮猴。
秦始皇的橫暴，
拿破崙的英雄，
而今何有？

但是喲——
一切雖自變化，
生死縱在交流，
人生——畢竟還有幾十春秋。
我們的軀體縱然沒滅，
埋在荒圻，
又何曾逃出宇宙？
社會——仍在發展的程途。

朋友！
你莫要憂愁，
悲歎着人生不久，
一切都是幻有。
你要知道喲！
我們今日的人生，
未來的死後，
同是形體的流變——
永垂不朽！
你生在這現實的時空，
應該把握著你的人生；
死神到來，
你也可以犧牲。
不用苟活，
莫要偷生；
宇宙中的萬有，
全都奮鬥求存！

朋友！
鼓起你剛毅的精神，
開拓當前的荒荊。
生存？——競爭，
追逐光明！』（註四四）。

由科學的眼光看來，天地間的一切，雖是變化無常，沒有永恆的東西存在；但我們這幾十年的生命，却非常眞實。甚至進一步論：**生是一種存在，死也存在的，沒有逃出宇宙範圍之外。因此，生不能苟活，**

死也不足畏懼。我既生了，則當不負此生，努力奮鬥，爲人群造幸福！

同年，我又寫過一首四言詩，名「生死辨」說：『宇宙萬彙，流變不窮：生生死死，無始無終。惟其有生，是以必死；不生不死，萬物何始？漸漸以生，漸漸以死；生卽是死，死亦是生。我既有生，當不負此！與天地參，庶幾無死』（同前）！這也是說：宇宙流變不窮，生死原爲一體。人漸漸以生，漸漸以死，只是形體不同的存在而已。**我既生當現世，應該不負此生，做一番驚天動地的事業，贊天地之化育，以與天地參，才算永久的生命**。從前蘇軾認爲『蓋將自其變者而觀之，則天地曾不能以一瞬；自其不變者而觀之，則物與我皆無盡也』（註四五），與我的意見相同。

第三、創造將來的生命　宇宙是進化的長流，人生在幾十年中，其所以要把握現實，努力奮鬥，不僅是爲個人自己的生活，也是爲國家民族的前途。假如我們能做一番偉大的事業，有益於國家民族，延長人類的生命，則如孫先生所說：『我死則國生』；反之，若有害於國家民族，無益於人類社會，則是『我生則國死。生死之間，在乎自擇』（同註四二）。我們要『以數十年必死之生命，立國家億萬年不死之根基』（同前），纔有價值。

蔣介石先生也認爲『人生不過數十寒暑，終歸要死去，必須我們能上爲祖宗父母繼承歷史生命，下爲子孫萬世創造繼起的生命，使宇宙的新生命長流進展無極，然後我們軀體雖然死亡，而精神生命却能與宇宙生命相終始。惟有如此，我們的生命，才有眞實的意義』（同註四三）。所以他訓勉青年，說：『你們是國家未來的主人翁，今後我們應如何繼往開來，轉危爲安，轉弱爲强，恢復國家民族的獨立與自由，這個責任，就完全在你們一般青年的身上。現在一般年紀大的人，再過二三十年，就要死去，將來天下國家的責任，全靠你們能繼續的擔任起來。……你們總要記住：我們中華民族，自黃帝以來，繼繼續續，將此錦繡山河與高尚的文化傳給我們，現在有這樣大的土地，這樣好的文化，更有這樣多的同胞，如果我們不能救亡復興，繼往開來，恢復我們已往的光榮，造成獨立自由的新國家，以完成我們偉大的歷史使命，那我們就寃枉生在這個世界上，愧對我們的黃帝祖宗和我們的父母。所以，你們將來要做國家的主人翁，就一定要以天下爲己任，以救國救民爲唯一的職志』（同前），纔能創造將來繼起的生命。

以上這三項，是科學對人生意義的態度。我們要確實明瞭，認眞去做，才能無忝所生！

（註一）「舊約全書」詩篇，第八篇，一——八節。

（註二）「新約全書」約翰福音，第十七章，一——二三節。

（註三）「國父全集」雜著，「平實尚不肯認錯」一文。

（註四）「老子本義」右第五十章。這段話可譯成白話如下：『天下忌諱（限制）的事情太多，人民更加貧困；人民懷抱的利器太多，國家更易紛亂；各人懂得的技巧太多，奇怪的物品紛起；政府的法令太多，盜賊愈加猖獗。所以聖人說：我無作爲，人民自然感化；我好清靜，人民自能改正；我不多事，人民自然富足；我不貪求，人民自能樸實。它的政治寬大，人民也就淳厚；政治精明，人民便有缺點』。

（註五）前書，右第六十七章。

（註六）「莊子集釋」外篇，駢拇第八。這話的意思是說：『小鴨子的脚本來很短，你硬要把牠接長，牠反而痛苦；仙鶴的腿本來很長，你定要把它截短，牠也要悲傷。因此，本來長的不必弄短，本來短的不必接長』，以順其自然爲是。

(註七)「莊子集釋」內篇，大宗師第六。這段話可譯成白話如下：『在世界上，大地載了我的形體，勞累我一生，到老才得到安佚，死了纔能休息。可見善於支配我生命的，亦必善於安排我死後。……假如一變成了人形，便很喜歡，那世界上，像人這樣有形體的，千千萬萬，實在太多，他的快樂，還算得淸嗎』？

(註八)同前，這段話譯成白話如下：『古時的眞人，不知道喜歡生存，不知道厭惡死亡。出生既不可喜，死了也不拒絕。他很輕鬆的去，很輕鬆的來罷了！不忘他生的本始，不問他死的歸宿，一切聽其自然。他接受了生命，固然高興；忘記了死亡，就像回家一樣。這是不用心機去違反大道，不以人力來幫助自然』。

(註九)前書，養生主第三。這話是說：『安於所遇的時機，順乎所處的變化，哀樂都不放在心上。古人說這樣的人，是上帝解脫了生死的懸結，使他看得很開』。

(註十)「論語」述而第七。這話語譯爲：『吃粗米飯，喝白開水，彎起手臂做枕頭來睡覺，雖然貧窮，却很安逸，樂趣自在其中。那不合乎道義，而發財做官的人，在我看來，好像天上的浮雲一樣』。

(註十一)前書，雍也第六。

(註十二)「孟子」公孫丑章句上。這段話，可譯成白話如下：『凡人都有不忍害人的心。從前的帝王有不忍害人的心，所以能做出不忍害人的政治來。用不忍害人的心，行不忍害人的政，治天下好像運轉在手掌一樣，非常容易！何以說「人皆有不忍害人之心」呢？譬如現在有人忽然看見一個小孩快要跌到井裡去了，都有害怕難過的心情發生。這種心情完全是自然的，既不是想藉此和他父母攀交情，也不是想在朋友鄰里中受稱譽，更不是討厭那孩子求救的哭聲，纔這樣難過。由此可見沒有憐憫之心的不是人，沒有羞惡之心的不是人，沒有謙讓之心的不是人，沒有是非之心的不是人。憐憫心是仁愛的發端，羞惡心是正義的發端，謙讓心是禮節的發端，是非心是智慧的發端。人有這四種發端的心理，就好像有四肢一樣。……凡有這四種心理在我身上，知道把它擴大充實起來，像火開始燃燒，泉水開始流出一樣。假如能够充實它們，可以保護天下的百姓；如果不能充實，連自己的父母，都不會奉養的』。

（註十三）「孟子」盡心章句下。這話可語譯如下：『人能擴充他不想害人的心，那仁愛就用不完了；人能擴充他不想偷竊的心，那正義就用不完了；人能擴充他不受別人「你呀！你呀！」輕賤稱呼的實際，那無論到什麼地方，都不會做出不合規矩的事了』。

（註十四）「大學」右經一章。

（註十五）徐退飛編「中外格言彙海」，第二編，十二。上海春明書店印行。

（註十六）「孟子」告子章句下。這段話譯成白話如下：『當初舜發跡在田畝間，傅說由泥匠中被舉用，膠鬲由鹽販中被舉用，管仲由監禁中被舉用，孫叔敖隱居在海邊被舉用，百里奚在市上做生意被舉用。所以天要把重大的責任交給那個人，必先使他的心志受苦，筋骨勞碌，身體挨餓，身家貧乏，所做的事，又拂逆不能順意。這樣，刺激他的心情，使其能夠忍耐，增加他所沒有的經驗、智慧。一個人要常犯錯誤，獲得教訓，纔能改正；要有困難之心，使他思慮不順，才能激勵振作；甚至要看過人家的臉色，聽過人家的聲音，纔可得到經驗，明白人情世故。一個國家，如果裏面沒有守法和輔弼的賢人，外面沒有敵國外患的侵略，常常會被滅亡。由此可見人是生於憂患，而死於安樂的』。

（註十七）徐退飛編「中外格言彙海」，第三編，三。

（註十八）莎士比亞著「英雄叛國記」中語。

（註十九）Alfred Weber and Ralph B. Perry：History of Philosophy，中譯本「西洋哲學史」一三三頁。

（註二十）莎士比亞著「還璧記」中語。

（註廿一）叔本華著「世界如意志及觀念」（World as Will and Idea），卷一。

（註廿二）佛家把凡人生死往來的世界，分為三種：㈠欲界——為有淫欲與食欲的眾生住所。㈡色界——在欲界之上，爲無淫、食二欲的衆生住所。其身體及宮殿國土的物質皆極精好，由禪定的淺、深、麤、妙，分爲四級，叫「四禪天」。㈢無色界——又在色界之上，無一切物質。無所謂身體，亦無宮殿國土，惟以心識住於深妙之禪定。其中亦有四天，叫「四無色天」。

（註廿三）「十二因緣」又叫「十二緣起」或「十二支」，說衆生生死輪廻的次第緣起，其名目如下：㈠無明——謂無始以來的煩惱，爲無意識的本能活動；㈡行——依煩惱而做的善惡行業，即意志的活動，㈢識——能知的主觀要素，從受胎的一念而起；㈣名色——指身心的全體，爲所知的客觀要素；㈤六入——即眼、耳、鼻、舌、身、意六根，爲感覺的認識機關；㈥觸——感官的接觸，即感覺；㈦受——由領受苦樂而生的感情，如愛憎、好惡等；㈧愛——是貪愛，即欲望，如淫欲、食欲等，爲生命活動的根源；㈨取——是求取，爲執著的意思，煩惱即由「取」而來；㈩有——即存在，指器（物質）世界及有情世界而言；⑪生——個體的生存；⑫老死——個體由病老而死亡，爲人所不免的痛苦。這十二因緣連續，而成衆生過去、今生、未來三世的生死輪廻。

（註廿四）對「十二因緣」相續的關係，佛經中雖有解釋，却不如梁啓超說得明白易懂。他在「佛教之特色及其價値」的講詞中說：「佛在菩提樹下，作如是思惟：第一、老死及與老死連帶而起的憂愁苦惱，是人生所不能免的。這些都緣何而來？當然因爲有「生」，而這生命從那裏來呢？這問題便是「緣起觀」（即因緣觀）的出發點。

人之所以有生，條件很多。依佛說：最主要的條件是「有」。佛家對於「有」的解釋，所謂「三界有」，指器世界及有情世界（「器世界」指地球乃至恒星系，「有情世界」指人類及其他生物）。必須有此世界，然後生命有所寄託，故列爲第三條件。

「有」從那裡來呢？佛說：「有緣取」。取者，執著之意，佛以爲苟無執著，則三界不過物理的存在，和我們不生關係（例如：戲場只管熱鬧，我不打算看戲，那戲場便不是我的世界）。執著從那裡來呢？佛以爲有愛——即欲望。欲望即生命活動之發源也。欲望從那裡來呢？由於領受外界現象而發生愛憎的情感，故「愛緣受」。怎麼能領受而生情感呢？由於與外界接觸而有感覺，故「受緣觸」。必有感覺機關，纔能感覺，故「觸緣六入」。感覺機關以何爲依存呢？由於五蘊和合，故「六入緣名色」。「名色」便是生命組織之全部：「名」指受、行、識四蘊，包括一切心理狀態。……「識」本是四蘊之一，屬於「名」之一部分；但佛從認識論的立場特提出「識」爲能認識之主觀要素，其關係略如一家族中有主人。主人本家族之一員，但以主人治家，主人家便立於對待的地位。佛之別「識」於「名色」，意蓋在此。如此「識緣名色，名色緣識」，……是爲因緣最主要的關鍵」。

再往上追求我們的「識」——即認識活動從何而來？由於有意志，佛謂之「行」。

「行」又從那裡來呢？佛以爲是由於無意識的本能活動，叫做「無明」。

以上十二因緣，爲佛教一切原理所從出。……佛以爲一個人的生命，並非由天所賦予，亦非無因而突然發生都由自己的意志力創造出來。現在的生命，乃由過去的「無明」與「行」所構造。……又造出未來的生命，是乎繼續有「生」、有「老死」」。這叫做「三世兩重因果」。

（註廿五）釋睿理編述「佛學概論」，第三章，第二節。國際佛教文化出版社印行。

（註廿六）所謂「八正道」，就是八種正直的道理：㈠正見——即正確的見解，懂得苦、集、滅、道四諦，能知常、無我、涅槃的意見。㈡正思維——根據正見，而有正當的思維，以增長智慧。㈢正語——正當的言語，不妄言、惡語。㈣正業——正當的工作，不殺生、偷盜、邪淫等。㈤正命——有正當的職業謀生，如士、農工、商等，不作非分的事，謀取不義之財。㈥正精進——繼續努力，策勵自己：戒除已作的惡，立行未作的善。㈦正念——常思正見，不起邪念。㈧正定——由正當的禪定，以保持心境的安寧，不離正道。

(註廿七)「論語」微子第十八。這段話，最後一段是說：『子路走回去，把長沮、桀溺兩人的話告訴孔子。孔子嘆了一口氣，說：「人既不能同鳥獸住在一起，我不和世上的人相處，又同誰相處呢？如果天下已經治好，也就用不著我孔丘去謀改革了」』！

(註廿八)前書。這段話，譯成白話如下：子路跟隨孔子，落在後面，遇到一位老人，用拐杖挑著籃子。子路問他說：「你看見我的老師嗎」？老人說：「我看你四肢都不勞動，五穀也分辨不出來，誰是你的老師」？說罷，把拐杖揷在地上，便去田裏鋤草。子路拱手站在旁邊，老人見他很有禮貌，即留他到家裏住宿，殺雞煮飯招待他，叫兩個兒子來見面。明天，子路趕上孔子，告訴他這種情形。孔子說：「這是個有道德的隱士啊」！叫子路再回去見他，到了老人家裡，他已經出去了。子路就向他家裡的人，傳達孔子的話說：「不替國家做事，是不盡做人的義務；昨天你們老人家引兩個兒子來見面，知道長幼的禮節，不能廢棄；那君臣的大義，又怎麼可以廢除呢？現在你們老人家要使自己的身分清高，實際却亂了君臣的大倫。君子出來作官，無非是要盡他應盡的責任，至於理想不能達到，那我早就明白的」！

(註廿九)「論語」憲問第十四。『子路宿於石門。晨門曰：「奚自」？子路曰：「自孔氏」；曰：「是知其不可爲而爲之者與」』？

(註三十)「左傳」昭公六年。這段話的意思是說：『我聽說國家將要滅亡，必經常改變制度，就是指此而言吧』？接著子產答覆道：『我僑某沒有才幹，不能替後世子孫作永久的打算，只能救今世的弊病而已』！

(註卅一)「孟子」盡心章句上。

(註卅二)「莊子集釋」雜篇，天下第三十三。這段話譯成白話如下：『他受人輕侮，不以爲恥辱；爲了救民，勸大家不要打仗；防止攻伐，提議息兵，都是要救世人免於戰禍。根據這個宗旨，他周遊各國，向上勸諫國王，對下教育百姓。儘管大家都不聽他的話，他還是要說個不停」！

（註卅三）「孟子」滕文公章句下。這段話是說：「我也想改正天下的人心，防止邪僻的學說，拒絕偏激的行爲，驅除不合理的言論，繼承夏禹、周公、孔子三個聖人的道統，那裡是喜歡和人爭辯呢？我實在是不得已啊」！

（註卅四）梯利著「西洋哲學史」，第三編，第七篇，第一章，第七節。

（註卅五）「國父全集」函札，民國十一年十二月，覆北京護法議員論護法事函。

（註卅六）前書，演講，「學生要努力宣傳擔當革命的重任」一文。

（註卅七）前書，「國民要以人格救國」一文。

（註卅八）前書，「孫文學說」第四章。

（註卅九）前書，專論，「社會主義之派別及批評」一文。

（註四十）前書，演講，「學生須以革命精神努力學問」一文。

（註四一）前書，函札，民國八年八月十七日，覆湖南林修梅「論人類生存問題及對和議意見書」。

（註四二）前書，專論，「軍人精神教育」第四課㈢。

（註四三）「總裁言論選集」第四卷，一五四—一六五頁，民國二十四年七月八日，在四川成都大學講「中國青年之責任」一文。中興山莊印行。

（註四四）這詩曾錄刊於民國五十五年九月一日，台北發行之「世界評論」，第十三年，第十期。

（註四五）「古文觀止」卷十一，蘇軾「前赤壁賦」。

第四章　人活着，為的是甚麼？

──人生的目的問題──

人是有精神的動物，與飛禽走獸不同。他的行爲，要受精神支配，有一定的目的和計劃，不像無機物和有機物，是盲目的、本能的動作。所以，研究人生哲學，一定要談到「人生的目的問題」。

什麼叫做「**目的**」（Aim）？就是**在意識中預先設想，用以指導行爲的方針**；換句話說：**目的是心裏打算做成事實的一種理想**。人是自覺的，行爲其所以要有目的，有計劃，不能盲目亂幹，主要有三個作用：

㈠**預見未來**──目的是根據客觀事物變化的道理而定，預知其將來的結果如何？不致迷失方向。

㈡**激勵行爲**──人生要有目的，才有希望。目的可激勵人的向上心，使其繼續努力。

㈢**節省勞力**──凡事先有目的，預作計劃，不僅容易成功，也可節勞省力，收「事半功倍」之效。

由此可見目的之於人類，是很重要的。無目的的人生，可說是非人的生活！

然則，人活在世上，究竟有甚麼目的呢？對這個問題，有下列幾種意見：

第一節　神學方面的意見

神學認爲人是神造的，由靈魂支配肉體的活動。肉體有生有死，靈魂永遠不滅，來去自如。蘇格拉底說：

『昔人有言：謂人之靈，由此世往彼世，復由彼世返此世，由死而轉生。誠若是，生既自死來，人之靈必在彼世無疑；若其不然，安能更生？故知生自死來之說，苟有其徵，則靈魂居於彼世之說，確乎不拔』（註一）。

靈魂既然不死，自較肉體尤為重要。

原始人以為靈魂雖看不見，却很有力量，能使人發生疾病和災禍。人在生時如有仇怨，死了便要報復，非常可怕！然則，怎樣辦呢？他們想出一個救濟的辦法：即『竭盡其所能想像的一切愉快和樂趣，來裝飾死後的住所，使靈魂欣然願意前往，而安居在那裡，失掉返回人世的羨慕』（註二）。**這樣美滿的住所**，便叫做「**天堂**」。它後來變成一種很好的希望，使人願意靈魂不死，忘記現世的痛苦，**把人生**幸福寄託於將來。**無論任何宗教，莫不以死後得進「天堂」，為人生最高的目的**。

蘇格拉底認為靈魂在進入肉體之前，已先存在；進到肉體以後，雖能操縱肉體，已不免受其束縛，為感官的物欲所迷。**肉體是靈魂的監牢**，要解除它的束縛，靈魂纔可超脫。他說：『我們要趕快超脫地面，升入天堂，變成神仙。人生的最高目的，即在脫離肉體，探求美的觀念世界』（註三）。這也是柏拉圖的意見。

歐洲中世紀的護教派(Apologist)，說『人類的目的，不在現時世界，而在未來世界。靈魂要脫離感覺世界，來到神的世界，方為至善』（註四）。這**神的世界**，基督教叫做「**天國**」。天國是一種什麼情形？據約翰(St. John)在「啓示錄」中所述：它原為天上的一座城，金碧輝煌，有神的寶座。在寶座周圍，坐著二十四位長老，身穿白衣，頭戴金冠冕。有閃電、聲音、雷轟從寶座中發出；又有七盞火燈，在寶座前點著，明亮如同水晶。後來，這座城由神那裡從天而降，便是「新耶路撒冷」(New Jerusalem)。『城中有神的榮耀，城的光輝，如同極貴的寶石，好像碧玉，明如水晶。有高大的牆，有十二個門，門上有十二位天使。……每門是一顆珍珠。城內的街道是精金，好像明透的玻璃』(註五)，沒有黑夜，不用關閉。其中有一道生命水的河，從神和羔羊的寶座流出來，兩旁的生命樹，結十二樣果子，每月都結實，樹葉亦可治病。那裡的人，與神同在。『神要擦去他們一切的眼淚，不再有死亡，也不再有悲哀、哭號、疼痛。因為以前的事，都過去了』(註六)。這是多麼幸福！

佛教稱「天堂」叫「**佛國**」或「**佛土**」，亦名「**極樂世界**」。淨土宗在「無量壽經」中，描寫「佛國」的情形，與基督教的「天國」很相似。在那裡面，也是金碧輝煌，有許多寶樹，光耀奪目，清風奏著美妙的音樂，浴池如同甘露，清淨芬芳，湛然盈滿。所居的宮殿、衣服、飲食，不僅莊嚴華麗，取用不竭，而且隨意所欲，應念即至。『彼佛國土清淨、安穩、微妙、快樂，次（處ㄧ弘）於無為泥洹（涅槃ㄧ弘）之道』(註七)，使人嚮往不已！「阿彌陀經」說：『其國衆生，無有衆苦，但受諸樂，故名「極樂」』。『衆生聞者，應當發願，願生彼國』。故**極樂世界為神學的人生目的**。

如何達到這個目的？基督教認為人類自祖先亞當（Adam）食神的禁果後，犯罪墮落，遺傳後代，人人都有罪惡，除賴神的恩寵和幫助以外，不能得救；但神要施恩救助，必其信仰虔誠，修善積德，才可做到。耶穌說：『我告訴你們：你們的義，若不勝於文士和法利賽人（Pharisees）的義，斷不能進天國』(註八)。『當時門徒進前來，問耶穌說：「天國裏誰是最大的」？耶穌便叫一個小孩子來，使他站在他們當中，說：「我實在告訴你們：你們若不回轉，變成小孩子的樣式，斷不得進天國。所以，凡自己謙卑像這小孩子的，他在天國裏就是最大的」』（註九）。『財主進天國是難的。……駱駝穿過鍼的眼，比財主進神的國還容易呢』（註十）！『有一個人是律法師（Lawyer），要試探耶穌，就問他說：「夫子！律法上的誡命，那一條是最大的呢」？耶穌對他說：「你要盡心、盡性、盡意，愛主你的神。這是誡命中的第一，且是最大的。其次也相倣，就是要愛人如己。這兩條誡命，是律法和先知一切道理的總綱」』（註十一）。到耶穌死後，他的門徒，便以為神因愛世人之故，將它的兒子——耶穌基督犧牲，是代世人贖罪的；以後的人，只要信了基督教，便可得到神的恩寵，赦免過去的罪惡，進入天國。護教派的皮勒吉阿（**Pelagius**）說：『受洗和信仰耶穌基督，是進入天國的要道』（註十二），即可證明。

佛教除淨土宗認為絕對信仰阿彌陀佛（Amitabha），唸誦它的名號，依靠它的力量，纔能得救以外，其他宗派無不堅持自力開悟，說要能修「八正道」，或行其中的「十善」（註十三），才可進入西方極樂世界。禪宗的六祖惠能云：『善知識！常行十善，天堂便至』（註十四）。『所以佛言：「隨所住處恆安樂」。使君心地但無不善，西方去此不遠；若懷不善之心，念佛往生（註十五）難到。……但心清淨，即是自性西方』（同註十四）。可見**要入天堂，全靠自己解脫**。

這樣，把人生的目的寄託於將來，說我們的塵世生活，只是達到「天國」的道路，便可說是「**天堂論**」。

第二節　玄學方面的意見

一　屬於感性的

玄學對人生目的的意見，第一種是**屬於感性的**。所謂「**感性**」（Sensuality），偏於官能方面，指**感情**（Feeling）**和情緒**（Emotion）**的性能，多注重物質生活的滿足，以求得個人或社會的生存爲目的**。其說有下列三種：

一、快樂論（Hedonism）　**說人生的目的，在求得快樂**。一切行爲，凡能滿足個人肉體上或精神上的快樂者，即爲「善」；反之，便是「惡」。人生在世，以避苦求樂爲目的。**用快樂與否，來作行爲的標準**，這便是「**快樂論**」。

然則，什麼叫做「**快樂**」（Pleasure）呢?英國的哲學家席其維克（Henry Sidwick, 1838-1900）說：『快樂者，乃一種情感，刺激於意志，發爲行爲，欲有以保留之或實現之也』（註十六）。所謂「情感」、「意志」，實際是各人主觀上的一種感覺。對於某一件事情，各人因爲需要不同，所發生的樂趣（快感）也不同。譬如吃飯，飢餓的人，覺得其味無窮，飽足的人，却不以爲樂；讀書對好學者很有樂趣，不好學的人，則深以爲苦。且快樂不一定在達到目的時纔能感覺，而於實行中即可體會。古人說：『樂在其中』或『樂此不疲』，即爲例證。亞里士多德說快樂與行爲相連，無行爲則無快樂，行爲又由快樂來完成，也是這個意思。

希臘最早的快樂論者，是蘇格拉底的學生亞里斯提伯（Aristippus, 435-350 B. C.）。他在北非古塞利尼（Cyrene）城，建立一個學派，名叫「**快樂學派**」（Cyrenaic）。他說外物運動影響到我們的身體，便發生感覺。**感覺有三種**：其一是暴烈運動所生的「**痛苦**」；二是溫和運動而成的「**快樂**」；三是平靜不動的「**不苦不樂**」。人生最大的目的，是在避苦求樂，至於不苦不樂，則不關心。快樂既由運動所造成，便沒有性質上的區別。我們只要眼前能得快樂，就不可輕易放過機會。這如古人所言：『花開堪折直須折，莫待無花空折枝』；但他知道欲不可縱，樂不可極，太縱太極，反而會引起痛苦，須有節制。如何節制？則要靠理智來衡量。凡有德者，必有智慧，能預見其利，先防其害，求得最大的快樂。故智者常樂，而愚者常苦。

伊壁鳩魯（Epicurus）繼承亞氏的學說，而與他不同。如何不同？㈠亞氏認爲快樂沒有性質上的區別，精神與肉體一樣；伊氏則認爲口體之樂，常招致痛苦，應求精神上的安適。㈡亞氏說快樂重在目前，不計大小；伊氏則要綜計一生，求其遠者大者。㈢亞氏謂不苦不樂，無足輕重；伊氏則以爲恬靜（Ataraxia）才是眞正的快樂，爲人之所常求。㈣亞氏既以運動產生快樂，便不主張抑制欲望；伊氏欲求心境泰然，則重控制欲望。如果欲望無窮，則如佛家所言：『不知足者，雖處天堂，亦不稱意』（「遺教經」）。人之所以痛苦，是因煩惱太多，既怕天災、神怒、死亡、身後，又擔心過去、現在、未來，畏首畏尾，故沒有快樂。要免除這些煩惱和恐懼，最好是不結婚，不做官，甚至連生命和財產都看得很輕，死生亦無所謂，心懷坦蕩，毫無牽累，才可求得眞正的快樂。

伊氏說人是原子結合而成，死了原子分散，骨化形消，沒有感覺，自然也沒有痛苦，用不著憂懼。他說：『死與我們絕無關係。因爲一切好與不好，都在感覺之中，而死則是感覺的絕滅。……當我們存在時，死還沒有到；迨它到時，我已不存在了』，還怕什麼呢？『我們若悟此理，便覺得這個有死的人生，也很快樂。因爲我們決不妄求長生，而致愁煩苦惱』。可見**伊氏的思想，是自然的，恬淡的**，與我國老、莊和楊朱的學說有些相近。

爲什麼相近呢？老子說：『五色令人目盲，五音令人耳聾，五味令人口爽（傷也—弘）；馳騁田獵，令人心發狂；難得之貨，令人行妨（傷也—弘）』（註十七）。所以，他主張『見素抱樸，少私寡欲』（註十八）。要『不尚賢，使民不爭，不貴難得之貨，使民不爲盜；不見可欲，使心不亂。是以聖人之治，……常使無知無欲』（註十九），以謀天下太平。

莊子也以爲世俗之所謂快樂，只是形體上的享受，這不是「眞樂」。**眞正的快樂，應該是精神上的寧靜，無思無爲，不傷身體**。一般人所追求的，都是聲色貨利，口體之養，無益於生。因此，他說：

『夫天下之所尊者，富、貴、壽、善（吉也）也；所樂者，身安、厚味、美服、好色、音聲也；所下者，貧、賤、夭、惡也；所苦者，身不得安逸，口不得厚味，形不得美服，目不得好色，耳不得音聲。若不得者，則大憂以懼，其爲形者亦愚哉？大富者，苦身疾作，多積財而不得盡用，其爲形也亦外矣！夫貴者，夜以繼日，思慮善否，其爲形也亦疏矣！人之生也，與憂俱生。壽者惽惽（音昏，不明也），久憂不死，何苦也，其爲形也亦遠矣。……

今俗之所爲，與其所樂，吾又未知樂之果樂邪？果不樂邪？吾觀夫俗之所樂，舉羣趣（趨也）者，誙誙（音鏗，趣死貌）然如將不得已，而皆曰樂者，吾未之樂也，亦未之不樂也。果有樂，无有哉？吾以无爲誠樂矣。又俗之所大苦也。故曰「至樂无樂，至譽無譽」。……至樂活身，唯无爲幾存』

（註二十）。

所以莊子淡薄名利，不肯做官，而願逍遙自在的過活，保全自己的生命。

相傳：『莊子釣於濮水，楚王（威王）使大夫二人往先焉，曰：「願以境內累矣」！莊子持竿不顧曰：「吾聞楚有神龜，已死三千歲矣，王巾笥而藏之廟堂之上。此龜者，寧其死爲留骨而貴乎？寧其生而曳尾於塗中乎」？二大夫曰：「寧生而曳尾於塗中」。莊子曰：「往矣！吾將曳尾於塗中」』（註廿一），過自然的生活，不要做官。

然而，莊子並不貪生怕死，他覺得生與死是一種自然的變化，好像晝夜循環一樣，沒有什麼可喜和可怕之處。人活在世上，等於做了一場大夢，死了則是休息，不再勞累，也非常快樂！他說：『死生，命也；其有夜旦之常，天也。人之有所不得與，皆物之情也』（註廿二）。據云：莊子到楚國去，看見一個骷髏。他用馬鞭子敲了一下，問它爲什麼死的原因；說過以後，把骷髏拿來當枕頭睡覺。到了半夜，夢見骷髏對他說：『你的談話，好像是一位辯士，看你所講的，都是活人的牽累，死了就沒有這些。你想聽聽死的道理嗎』？莊子說：「好」！骷髏說：『死了，上面沒有君主，下面沒有臣子，也無春、夏、秋、多四時的變化，很自由的與天地相終始。雖國王所享的快樂，也不能超過』。莊子不相信，說：『我要司命者恢復你的原形，給你骨肉肌膚，還你父母、妻子，使你回到家鄉，再有知識，你願意嗎』？骷髏聽了，愁眉苦惱的說道：『我怎能拋棄國王所享的快樂，回復人間的勞苦呢』（註廿三）？由此可見生時有生樂趣，死也有死的快樂，無分軒輊。

楊朱認爲人生在世，只有很短的時期，最多不過百年，必有一死。無論貧富、貴賤、賢愚，生時雖各不同，死了都是一樣，化爲腐骨。一切名利、權勢，到頭終是空的，死後一無所得，勞神費力，沒有益處。因此，他說：

『太古之人，知生之暫來，知死之暫往，故從心而動，不違自然之所好。當身之娛，非所去也故不爲名所勸。從性而游，不逆萬物所好，死後之名，非所取也，故不爲刑所及。名譽先後，年命多少，非所量也。……爲欲盡一生之觀（遊也—弘），窮當年之樂，唯患腹溢而不得恣口之飲，力憊而不得肆情於色，不遑憂名聲之醜，性命之危也』（註廿四）。

所以，他主張及時行樂，得過且過，以肉體的滿足爲主，說：『人之生也奚爲哉？爲美厚爾！爲聲色爾』（同前）！並不注重精神。**這與莊子和伊壁鳩魯不同**。

然則，人是否可以求長生不死呢？楊朱的學生孟孫陽問他說：

『這裡有一個人，看重他自己的生命，愛護他的身體，以求不死，可以嗎？

楊子說：「沒有不死的道理」。

他求長生，可以嗎？

楊子說：「沒有長生的道理。我們的生命，不是看重它就能保存，身體也不是愛護它就能強健；並且活久了有什麼用？人在世上，五情（喜、怒、哀、樂、怨）好惡，從前同現在一樣；四體（四肢）好壞，從前同現在一樣；世事苦樂，從前同現在一樣；變易治亂，從前同現在一樣。我們既聽過了，也看見了，經歷了，過一百年，還嫌太多，何況長久活著受苦呢」？

孟孫陽說：「既然這樣，那快點死，比長久活著還好些；我們從刀上走過，跳到湯火裏去早死，便可達到目的了」。

楊子說：「那又不然！既然生了，就要讓它活下去，滿足生的欲望，以等到死；將來要死，就讓它去死，聽其自然，直到盡頭爲止。不必制止它，也不去促進它。何必在生死之間，使它延遲或加速呢」』（註廿五）？

由這段故事，我們可以看出楊朱對生死的意見如何，與伊壁鳩魯有相同之處。

二、功利論（Ulitiarianism）與快樂論不同，它認爲**人生的目的，不在求個人的快樂，而是要謀公衆的快樂**。人的行爲，是好是壞，全看它能否使公衆得到快樂以爲斷：能則爲「善」，否則爲「惡」。例如一件事情，做了能使許多人得到快樂，自己雖然吃苦，應該去做；反之，一個人得到快樂，而使多數人受苦，則不可做。利已必須利人，利人方能利己。苦與樂是人所共同感覺的，我不願意的事，別人必不願意；我所喜歡的，大家也都相同。這是客觀的事實。孔子說：『己所不欲，勿施於人』（註廿六），表明大家有相同的心理。**功利論**即是**由社會出發，以求人我**（大家）**兼利的益處**。故亦名爲「**社會的快樂論**」（Social hedonism）。

苦與樂的感覺，既是人我相同，則**快樂與否，便有一定**（客觀）**的標準，能够計算**。如何計算？英國的哲學家邊沁（Jeremy Bentham, 1748-1882），認爲快樂與痛苦有很多種，可以分成「單純」和「複雜」兩類（註廿七），其分量多少，應從它的强弱（程度）、久暫（時間）、確否（實在）、遠近（遲速）、範圍（衆寡），以及是否能引起其他的快樂（相續性）？有無痛苦的成分在內（純粹性）？……等七種情況來判斷。一件事情，要快樂很大，痛苦很少，時間很長，非常確實，立刻可以實現，有利於多數人，而能引起其他的快樂，不夾有痛苦的成分，纔是最好的行爲。若沒有這樣完全，便依次降低等級，總取其快樂多而痛苦少者爲合標準。所以邊沁計算快樂，完全是用數學的方法，把苦樂兩方面，好像記賬一樣，列爲一表，估計其盈（樂）虧（苦）大小，孰得孰失？有利的去做，沒有利的不做。如中國古人所說：『兩利相權取其重，兩害相權取其輕』。人們說他這種理論，是「**算術的倫理學**」（Arithmetical morals）。

因爲計算快樂，只講分量，不重性質，故邊沁認爲『快樂的分量如相等，則刺繡與詩歌同善，沒有高下之分』。一個人的行爲，固應求得最大的快樂；推而至於整個社會，也要使其中的人，最大多數能得最大快樂，纔算幸福。如果政治不良，不能達到這個目的，便應加以改造，經過立法程序，以求實現。邊沁計算「**最大多數**」，是以每個人做單位，無分貧富、貴賤，甚至涉及衆生；而其「**最大快樂**」，亦偏於物質生活，著重經濟利益。他以爲政治家立法，若沒有這種計算的標準，則所定的法律，反而會助長人民的痛苦，亦未可知。因此，邊沁的政治學與倫理學，實息息相關，同以實現「**最大多數的最大快樂**」爲人生的最高目的。

繼邊沁而起，修正他的學說者，爲約翰·彌爾。約翰認爲邊沁計算快樂，全憑分量，不重性質，是不對的！什麼理由？因爲人與禽獸不同：禽獸只要吃得飽，情慾達到，即可滿足；人卻不然，他有自尊心，不願降低身分，與禽獸或下等的人爲伍，過同樣的生活，而欲力求上進，有性質的不同。人雖明知禽獸快樂，亦不願自降爲禽獸；有知識的人，寧肯多受痛苦，罕願自貶爲愚人，以他們的快樂爲快樂。所以他說：『寧爲人而不滿足，猶愈於爲豬而滿足；寧爲蘇格拉底而不滿足，猶愈於爲愚夫而滿足』（註廿八）。於此可見**快樂有高下之分，未可視同一律**。

邊沁說快樂的範圍愈大愈好，一件事情，能使越多的人得到快樂，越有價值。約翰•彌爾更進一步，認爲個人的快樂要與公衆的快樂一致，纔是好的。一個社會，大多數人能享幸福，個人的快樂，自在其中；換言之：個人要求快樂，亦唯有增進大衆的幸福，纔能做到。一個人有時犧牲自己，而使社會獲得利益，是應該的。他這種意見，好像孟子對齊宣王所說：

『「獨樂樂，與人樂樂，孰樂」？

曰：「不若與人」。

「與少樂樂，與衆樂樂，孰樂」？

曰：「不若與衆」』（註廿九）。

其理相通。邊沁主張「**利己兼可利人**」，約翰則謂「**利人即是利己**」，兩者顯有區別。

苦樂如何造成？邊沁說有四種力量爲之約束（Sanction 限制）：㈠自然的約束：如農民喜得甘霖，苦逢乾旱，卽是一例。㈡政治的約束：做官的人，受賞則樂，受罰則苦便是。㈢道德的約束：輿論說此人很好，他心滿意足；說他很壞，則鬱鬱不樂。㈣宗教的約束：某人遇到特殊的痛苦，說是天降之災；有了意外的幸運，便說是神的福賜。這些，都是造成苦樂的原因，使人有悲歡之感。

約翰•彌爾則認爲約束人的力量，只有兩種：㈠是外在的，爲合羣性：人在社會內，不願受人排斥，要合乎羣的習慣。假如有某一些事情，做了能使我自己得到好處，別人却要唾罵，必不敢做，這是「外在的約束」。㈡是內在的，爲義務感：卽我在社會內，一言一行，都要合乎習慣，不敢違背良心。良心從何而來？爲習慣所使然，久則成了天性。今有某一件事，做了雖能使我發生快樂，却爲良心所不安，亦不敢去做，便是「內在的約束」。因爲有這兩種約束限制，故有許多事情，做了，雖可使個人得到快樂，而違反社會的利益，必不敢做。這可見社會利益實超出於個人利益之上，爲輿論和良心所支配。約翰的思想，距個人的快樂更遠，而成爲「普遍的快樂論」(Universalistic hedonism)。

功利論是歐洲近代思想的產物，在邊沁和約翰•彌爾之前，有霍布士、洛克、休謨等，其後則有席其維克。中國的功利論，發達最早，以墨家爲代表。墨子的思想有很多與邊沁、彌爾相同。他主張「兼相愛、交相利」，說：

『聖人以治天下爲事者也，不可不察亂之所自起。當察亂何自起？起不相愛。……子自愛，不愛父，故虧父而自利；弟自愛，不愛兄，故虧兄而自利；臣自愛，不愛君，故虧君而自利。此所謂亂也。……雖至大夫之相亂家，諸侯之相攻國者，亦然。……若使天下兼相愛，愛人若愛其身，猶有不孝者乎？視父、兄與君若其身，惡（烏）施不孝？猶有不慈者乎？……視人家若其家，誰亂？視人國若其國，誰攻？故大夫之相亂家，諸侯之相攻國者亡（無）有。……若此，則天下治』（註三十）。

由這段話，可見他認爲天下之大患，在於人的自私，損人利己，而不能兼愛。『若使天下兼相愛，愛人若愛其身』（同前），則『國與國不相攻，家與家不相亂，盜賊無有，君臣、父子皆能孝慈』（同前），自然天下太平，大家都有利益。

最不好的是戰爭，戰爭不但人民沒有利益，鬼神也要吃虧。什麼理由？他說：『現在天下的諸侯，還有許多作攻伐兼並的事，這是羨慕「義」字的虛名，而不知其實際所致。……他的意思，以爲攻佔有利於天吧？殊不知用天所生的人民，去打天建立的國家，這是刺殺天民，分裂神的所在，傾覆社稷，搶殺祭祀的牲口，於天是沒有益的。他以爲有利於鬼神嗎？殊不知殺死天生的人民，殲滅鬼神的祭主，使先王廢滅，殘害萬民，百姓離散，對鬼神也是不利的。然則，有利於人嗎？打仗要殺人，殺人就是不好的行爲；何況攻戰所需的費用，有害民生的根本，耗費天下百姓的財富，眞是不可勝計！對於人民，實在沒有好處」（註卅一）。可見打仗有百害而無一利，應該禁止！

如何禁止？他也好像霍布士和邊沁一樣，主張用宗教和政治的方法，加以制裁，約束人心，令其不敢違反天意和鬼神，絕對服從天子的政令，走上「兼相愛、交相利」的道路。這就是他在「天志」、「明鬼」、「尚同」諸篇中所講的道理。他說：「當天（上帝──弘）意而不可不順。順天意者，兼相愛，交相利，必得賞；反天意者，別相惡，交相賊，必得罰」（註卅二）。「天之意，不欲大國之攻小國也，大家之亂小家也；强之暴寡，詐之謀愚，貴之傲賤，此天之所不欲也」（註卅三）。「今若使天下之人，偕（皆也）若信鬼神之能賞賢而罰暴也，則夫天下豈亂哉」（註卅四）？一國的人民，不僅要順從天意，敬畏鬼神，且須自下而上，層層效法，以上同乎天子。「天子又總（統一──弘）天下之義，以尚同於天」（註卅五）。這樣，天下國家，才可統一，能享太平。

如前所述，功利論者計算苦樂（利害），要權衡輕重，取其大小，墨子也是一樣。他說：「利之中取大，害之中取小。害之中取小也，非取害也，取利也。其所取者，人之所執也。遇盜人，而斷指以免身，利也；其遇盜人，斷指與斷腕，……於所旣有而棄焉，是害中取小也」（註卅六）。不僅個人的肢體如是，有時甚至犧牲生命，顧全社會利益，亦所不辭。因此，「殺己以存天下，是殺己以利天下」（同前），爲功利派的最高境界，與求「最大多數的最大快樂」相同。

三、進化論　又叫「**進化的快樂論**」(Evolutionistic hedonism)，以達爾文、斯賓塞和史蒂芬(Leslie Stephen, 1832-1904) 等爲代表。達爾文提倡生物進化，說人類都由物種而來，人性的起源，不能不歸之於生物的遺傳。人類之有自私（利己）心理，想滿足個人的欲望，原是爲了自求生存；惟因人是合羣的動物，不能離開社會孤立自存，故又產生合羣的性質。由合羣而有利他心與同情心的發達，成爲人類的道德。

達爾文在其「人的由來」(Descent of man) 一書中說：凡是合羣的動物，都怕離羣索居。假如牠的行爲，不爲同羣所喜悅，相率遠避，牠便會感到懺悔和自責。這種懺悔和自責的心理，便是「良心」的開端。其後因服從風俗、習慣，畏懼輿論，怕同族的人批評；再後又有理智發生，辨別是非、善惡，世代相傳，即成「道德」。所以，道德是由進化而來，好像鳥的翼，獸的蹄一樣，爲人類生存的工具。這樣，**把道德的來源歸之於進化，是達爾文思想的根本**。

斯賓塞繼起，說宇宙萬物，無不要求生存。它的本體（物自體）是什麼？我們雖不能知；但任何東西，都不願意毀滅，而要繼續存在，生生不已，則是事實。尤其是生物，都要求生命的擴充、延續，人的行爲，即以此爲目的。凡能使生命擴充、延續者，便叫做「善」；若使生命陷於毀滅，則算是「惡」。苦與樂是生命消長的一種符號 (Signal)。一個人如其生命充實，身心舒暢，必感快樂；若生命萎縮，體魄不健，必覺痛苦。自然之所以使生物有此感覺，正好像交通上的紅綠燈一樣，叫牠根據苦樂的信號，來辨認對生命是否有利？生物要避苦求樂，表面上只知道快樂很好，痛苦不好，實際上，這正是快樂有利於生命，痛苦有害於生命的證明。快樂論者以快樂爲人生的目的，而不知人之需要快樂，實爲生命所使然。**生命纔是最終的目標，快樂不過指南針而已。**

生物感覺快樂與否，各因其軀體構造而有不同。譬如用針刺人則痛，用針刺象則不痛，各有差別。這正如莊子所說：『咸池（黃帝樂名）、九韶（虞、舜樂名）之樂，張之洞庭之野，鳥聞之而飛，獸聞之而走，魚聞之而下入，人卒（忽然）聞之，相與還（環）而觀之。魚處水而生，人處水而死，彼必相與異，其好惡故（猶「本」）異也』（同註廿三）一樣。動物有動物的嗜好，人有人的嗜好；甚至就是文明人與野蠻人，苦樂的感覺，亦各有不同。這種相對性（Relativity），是因適應環境而生，將來愈益進化，適應的能力愈高，愈可增加快樂，減少痛苦，而達「全樂」的境界。這是人類最高的希望，結果必能實現。

斯賓塞以爲生命寄託於人身，要保全生命，必須維持身體，故利己之事，是不可免的；否則，自身且不保，又何能利人？但個體是有限的，生命要綿延不斷，須靠種族來維繫。欲保存個體，應先保存種族；不然，『皮之不存，毛將焉附』（古語）？因爲這個原故，所以凡有益於個體的行爲，必兼有益於種族。利人固先利己，利己亦必利人，兩者完全一致。個人與社會的關係，好比細胞之與人身，利害相關，幾乎不可分割，將來社會愈往前進，愈益成爲有機的整體，趨向於全盤福利。**這是進化的必然，爲快樂論與功利論之綜合。**

史蒂芬的思想，也同斯賓塞相似。他說社會是一個有機體，個人好比細胞一樣，離了社會，即不能生存。細胞在身體中，不可各自爲政，要互助合作，身體纔能健康。社會如果不健康，個人也就沒有幸福可享。因此，道德行爲的好壞，是以社會健康（Social health）作標準：凡能促進社會健康者，即爲「善」；否則，便是「惡」。這也是一種**「進化的快樂論」**。

二　屬於知性的

與前述感性方面的快樂論、功利論、進化論不同的思想，有**屬於知性的**學說。什麼叫做**「知性」**(Intellect)？即指**高等的精神作用**，如**悟性**、**理性等而言**。凡從知性方面去探求人生目的的人，多以發展理性，克制情欲爲務。他們認爲理性是高尚的、純潔的，永存不滅，**肉體**有生有死，必須滿足物質的欲望，非常卑賤。所以，**人生應注重精神生活**，**克制一切慾望**。其說也有下列三種：

一、克己論（Asceticism）是**一種苦行**、**禁欲和隱逸的思想**。它以「理性」爲宇宙的本體，是天生的、完美的，人爲一小宇宙，應該順此天性而行；但實際上，如法利賽人所言：『人是甚麼？一半禽獸，一半天神』(註卅七)，並不純粹是理性的動物，兼有感情和欲望，而不得不受情欲的支配，有飲食、男女、名利、聲色的嗜好。這些，都是反乎天生的本性(理性)的，必須克制情欲，纔能使理性發展，恢復本原，過合理的生活。所以，**人生的目的**，**在脫離物欲的束縛**，**以求精神上的獨立自由**，**超乎現實生活以外**。

然則，怎樣做到呢？那就是「克己」。所謂「克己」，即用意志(理性)克服情欲的衝動，**實行**「禁欲」和「習苦」，反其道而行。故**克己論**亦名**「禁欲主義」或「苦行主義」**。人雖不能不吃飯，不穿衣，但要盡量節制，甚至絕食；並視名利、聲色如敝屣，以禁錮一切物質的欲望，使它不能發展，故名「禁欲主義」。其更激烈的，則是「苦行主義」，主張忍勞習苦，虐待自己的身體。像希臘犬儒學派（**Cynics** 音譯「施尼克派」——弘）的學者戴奧吉尼（**Diogenes, 412-323 B. C.**）那樣：『**身上裹著**

一件外衣，日以爲衣，夜以爲被，携著行囊，以具藏食物。隨處進食，睡覺，談天，寄居木桶中。夏日酷暑，更輾轉於熱沙之間；冬日嚴寒，常緊抱著雪壓的石像，做盡種種苦行，以自苦其身」（註卅八）。他爲什麼要這樣呢？原因是想鍛鍊自己的身體，如孟子所謂『養心莫善於寡欲，其爲人也寡欲，雖有不存焉者寡矣』（註卅九），要減低物欲，才可獲得精神上的自由。相傳馬其頓（Macedonia）王亞歷山大大帝（Alexander the Great, 356-323 B. C.）去看他，站在他的身旁，他昂然不顧的說：『請你站遠一點，不要遮了我的陽光』！其蔑視世俗的榮華富貴，由此可見一斑。

犬儒學派的創始者安第散尼（Antisthenis, 449-366 B. C.），曾以「白犬」（Cynos-arger）爲名，建立學園講學，卽效法「狗」（Cyne 希臘文）的精神，自甘其苦，後人便稱之爲「犬儒」（Cynic），卽「狗學者」之意。他與希臘的快樂學派不同：快樂派以樂爲「善」，以苦爲「惡」，大有所求；他則以苦爲「善」，以樂爲「惡」，一無所欲。對金錢、地位、名譽，以及一切禮俗、法制、藝術等，都看成身外之物，無足輕重，不願使心爲形役，受其限制，故安貧習苦，以求超脫，達到理想的人生境界。

斯多噶學派後來繼承其說，認爲宇宙有宇宙的道理，人有人的本性，兩者相通。他用希臘文 Phusis 一字來代表，說萬物皆有其理，這理是物的本性，也是人的本性，與英文 Nature 的意義略有不同。Nature 指確定的自然界，Phusis 則謂萬物依自性而發展。人在宇宙中，依他的本性而行，合於爲人之理，也合於宇宙的理（天理）。譬如耳、目、口、鼻各有所司，這是它的本性；假如用耳來看，用目來聽，用口來聞（嗅），用鼻來吃，則全身大亂，爲一種病態。斯多噶派說人要受理性支配，纔心安理得，神志清寧；若爲情欲所蔽，卽好像以耳代目，以目代聽一樣，必致中心無主，殽惑不安。因此，他主張斷絕情欲，免除煩惱，恢復人的本性，合於天理之當然。人的行爲，若合乎天理，纔叫做「善」，是道德的；若不合天理，便叫做「惡」，是不道德的。故凡有德的人，可以稱爲「善人」。其所發生的行爲，則名之曰「德行」。德行爲一種固定的性格，能使人幸福，得到快樂。如何造成這種性格？則靠修養。修養是時時去做，天天去做。譬如射箭，若能勤加練習，則臂力養成，每射無不中「的」。道德也是一樣，要天天去做，如孔子所謂『君子無終食之間違仁』，纔有成效。斯多噶派與犬儒學派所不同的，是它並不專求痛苦，違反人性，而要適應自然，順乎天理，求得其中。故犬儒學派不問政治，反對倫理道德；斯多噶派則主張參與政治，增進同胞和人類的福利。前者是**消極的獨善其身**，後者要**積極的兼善天下**，顯有區別。

東方與犬儒學派相似的，莫過於印度的苦行（苦修）主義者。他們以人間欲念爲萬惡之源，說人在世上，靈魂被肉體拘束，蒙蔽眞性，必須用苦修的方法，纔能解脫。如何苦修？有飢餓、拔髮、露形等，殘害自己的身體，以期忍受痛苦，禁絕欲望。釋迦牟尼初傳佛教，雖不以苦行爲解脫之道，然要取得當時其他教派的信仰，也不能不修苦行六年，日食一麻一米（註四十），可以爲證。

儒家雖然不講苦修，却也注重克己。孔子說：『士志於道，而恥惡衣惡食者，未足與議也』（註四一）。『君子食無求飽，居無求安』（註四二），要克制自己的情欲，而求志於仁。凡事若不合道理，雖富貴是人之所欲，固不應求，貧賤爲人之所惡，也不當避，總以得仁爲主，增進人類的幸福。這與斯多噶派的意見大體相似。

二、直覺論（Intuitionalism）　說人自有生以來，即有一種辨別善惡、邪正的能力，叫做「良心

(Conscience)。人的行爲，受良心支配，對善惡、邪正，不僅一望而知，卽可明瞭；且擇善而行，見惡而惡，避邪趨正，完全出於天性，沒有其他任何作用，這叫「直覺」(Intuition)。譬如某一個人是好人，我一看卽知；某一件事情是好事，我一聽便懂，無待思索，卽是良心作用，爲「直覺」所使然。好事要做，壞事不要做，其做與不做，在選擇之間，並不是因它有什麼利益，而只覺得應該如此，理所當然。這是良心的辨別。

孟子說：『今人乍見孺子，將入於井，皆有怵惕惻隱之心，非所以內(納)交於孺子之父母也，非所以要譽於鄉黨朋友也，非惡其聲而然也』(註四三)，沒有別的企圖，便是良心的表現。**直覺論卽以良心評定善惡是非，擇其善者而行，爲人生的最高目的。**

良心是先天的能力，與生俱來。孟子說：『人之所不學而能者，其良能也；所不慮而知者，其良知也。孩提之童，無不知愛其親也；及其長也，無不知敬其兄也』(註四四)。人人都能具備，所以它是普遍的。英國的倫理學家沙佛茲伯(Anthony Ashley Cooper Shaftesbury, 1621-1683)，稱它爲「道德感」(Moral sense)，說我們對道德行爲是否適當，能夠辨別，就靠這種能力，一望而知。我們看見美的東西就喜歡，醜的東西便討厭，純是一種直覺。對道德行爲，亦復如此。一個品德很好的人，其所以令人崇敬，只在其有品德，好像美術之可愛一樣，是直接評判的對象。快樂論者認爲做好事，是爲了要得好報，另有目的。沙佛茲伯則不然，他說道德本身就是目的，包含了幸福。我們行好事，做好人，卽能心滿意足，精神上感到無上的安慰，並不要得其他的報酬。古人說：『爲善最樂』，便是如此。赫起孫(Francis Hutcheson, 1694-1747)的意見，也同他一樣。

蒲萊斯（Bichard Price, 1723-1791）繼起，謂天地間的事物，各有其理；人的行爲，亦有其所以然之道。這所以然，就是道德的規律。它與自然之理不同：即在自然之理注重實際（實然IS），講求必然；道德的規律，則不問實際，只重應然（Ought to be）。所謂「應然」者，就是對一件事情的處理，本有許多行爲可採，然而經過理知的辨別，覺得只有一種行爲是正當的。要照這種行爲做去，纔合乎道德；其它都不一定是道德的。例如有一個人落水，我們可以去救他，可以看他淹死；甚至待他死了，還去拿他留下的衣服。但是經過考慮之後，覺得只有救他才對；不救不僅不對，於心也不能安！這種理知的辨別，屬於道德，本乎良知，爲我應盡的義務。

王陽明說：『「良知」者，孟子所謂「是非之心，人皆有之」者也。……凡意念之發，吾心之良知，無有不自知者。其善歟？惟吾心之良知自知之；其不善歟？亦惟吾心之良知自知之。是皆無所與於他人者也』（註四五）。『然知得善，却不依這個良知便去做；知得不善，却不依這個良知便不去做，則這個良知便遮蔽了，是不能致知也』（註四六）。不能致知，則善不能行，惡不能去，等於自己騙了自己（即意不誠），與直覺論的原理不合。王陽明的思想，亦有類於蒲萊斯的意見。

三、完成論（perfectionism）說人之所以爲人，與其他動物不同，是在他有理性（人性），要理性充分發展，實現圓滿的人格，才可達到人生的目的。完全論卽是要使人格圓滿，達於至善的理論。

甚麼理由？完成論者認爲宇宙是由發展而來，爲一完全的系統。其中各部分互相關連，不能單獨存在。人生於其間，必與宇宙的其他部分配合，方能盡其職責，促進全體的發展。全體能夠發展，個人纔有利益。個人是宇宙中的一部分，不能不受全體的影響。無論是生理或心理方面，個人所表現的，都是全體的功用。譬如耳、目、手、足，不能分離，各有職司，必須彼此合作，方能成爲無限的全體。人之所以爲人，卽在其能發展自己，擴充宇宙的境界。英國的哲學家布萊德雷（Francis Herbert Bradley, 1846-1924）說：『你要自己表現爲無限全體（Infinite whole）之一自覺的分子，使這全體實現於你自身』！『我們所希望的，卽使我們自己變成一個全體』。這幾句話，可看作完成論的格言。

亞里士多德說宇宙好比寶塔一樣：由低而高，最低一層是礦物，依次而上，爲植物、動物、人類，以至最高的理性，他稱之爲「神」。一切都向「神」發展，以它爲目的。低的裡面，包含着高的東西的「潛能」（儲能），而高的東西，則是低的「目的」之實現。譬如蛋變成雞，牠的生機，早已潛伏在蛋中；雞一出現，則蛋的目的達到，由潛能變爲現實，纔算完全。人是一個小宇宙，肉體最低，理性最高。其中有像植物樣的營養作用，也有像動物樣的感覺作用；但人之所以爲人，超出植物、動物之上，而獨有的能力，則爲理性。理性與「神」相近，是神性（Deity）的一部分。人要發展理性，控制感情和欲望，使它能夠調和配合，用得其當，纔有幸福。所以，**人生的目的，是在求得理性的充分發展，使生活與理性合而爲一，達到神性的程度，纔算完成**。

如何完成？一曰「**修德**」：亞氏認爲「德」（Excellence）非天生，爲習慣所成。如同嗜好一樣，是心理上的一種固定傾向（Habitude），只要我們勤加練習，便可習以爲常，成爲天性，這叫做「德」。「德」是一種處理事情的態度，要愼思明辨，求得其宜，經常實踐，對任何事變，才能應付有方，處理適當，養成完美的人格。故修德可使理性發展，有指導行爲的能力。二曰「**制欲**」：理性要能控制情欲，防止本能的衝動，不偏於極端，而能折中至當，無過猶不及之處，纔可使德性圓滿。這兩件事情做到，人與人之間，相處融洽，可得幸福，纔算完人，達到人生的目的。

孔子告訴顏淵說：『克己復禮爲仁，一日克己復禮，天下歸仁焉』（同註廿六）。據清儒陳清泉（濬）的解釋：『仁是人心本有的天理，這是天與我的德性。從這德性發現出來，一切行事，都有規矩法度，便是「禮」。這德性本是完全的，只因人身上有許多私欲攪壞，以致不得完全。如今要完全這個德性，先要把自己身上私欲用力掃除，使天理勝過人欲，一切行事，仍然還入規矩法度。這叫做「克己復禮」，就是爲仁工夫。若果有一日眞能克己復禮，那德性自然完全，天下的人，無有不歸服他是個「仁人」了』（註四七）。這也是完成論的意見，與亞里士多德的思想相通。

黑格爾認爲宇宙萬物各有其理，一切都由理性發展而來，成爲各種形態。凡是實在的東西，未有不合理者。宇宙的理性，卽是天理，它發展到某種程度，便有個人道德與社會制度出現。我的良心和天理，實密切相關。良心認爲對的，就是天理之所在。人的行爲，不僅應依良心指示，求其正當，也要合乎社會的風俗制度，纔算完全。什麼理由？因爲主觀的良心，要與客觀的制度一致，才不會發生錯誤，而有眞正的道德，合於理性，使宇宙的發展趨向完成。

中國的理學家，說人生於天地間，爲「大我」中的「小我」，當順從天理而行，去其人欲之蔽，以自明其明德，方能復天地萬物一體的本然。王陽明說：『大人者，以天地萬物爲一體者也。其視天下猶一家，中國猶一人焉。若夫間形骸而分爾我者，小人矣。大人之能以天地萬物爲一體也，非意之也，其心之仁本若是』（同註四六）。故能推己及人，推仁愛物。把宇宙內事看成己分內事，而沒有人己之分，物我之隔，克盡愛國愛民的天職。這是完成論的發揮。

第三節　科學方面的意見

科學對人生目的的看法，是怎樣呢？我們在前面第二章「人生的本質」中講過，根據科學的見地，人有四種特性：㈠他是自然的動物；㈡他是精神的動物；㈢他是社會的動物，㈣他是歷史的動物。因爲人有這許多性質，所以人生的目的，也是多方面的，不能偏於一面。

科學對人生的意見，是取綜合的態度。它認爲神學和玄學所言，都不免各有所偏，要合之則全，偏則有蔽。然則，應如何綜合，方爲適當？其答覆如次：

第一、創造自然　人類雖是自然進化而來，然於變成「萬物之靈」以後，卽應負起一種責任，創造自然，促進萬物的發展。所謂「**創造自然**」，就是**要利用和征服自然物，以爲人爲物，供給人類的需要**。孫中山先生主張「地盡其利，物盡其用」，便屬這個範圍。他說：

『夫天生人爲萬物之靈，故備萬物爲之用，而萬物固無窮也，在人之靈能取之、用之而已。夫人不能以土養，而土可生五穀百果以養人；人不能以草食，而草可長六畜以爲人食。夫土也，草也，固取之不盡而用之不竭也，是在人能考土性之所宜，別土質之美劣而已。

倘能明其理法，則能反磽（音敲）土爲沃壤，化瘠土爲良田，此農家之地學、化學也。別種類之生機，分結實之厚薄，察草木之性質，明六畜之生理，則繁衍可期，而人事得操其權，此農家之植物學、動物學也。日光能助農物之生長，電力能速農物之成熟，此又農家之格物學也。蠹蝕宜防，疫癘宜避，此又農家之醫學也。農學旣明，則能使同等之田，產數倍之物，是無異將一畝之田，變爲數畝之用；即無異將一國之地，廣數國之大也。如此則民雖增數倍，可無饑饉之憂矣。……

然而，物之用，更有不止於此者，在人能窮求其理，理愈明，而用愈廣。如電無形無質，似物非物，其氣附於萬物之中，運乎六合之內，其用較萬物爲最廣而又最靈，可以作燭，可以傳郵。可以運機，可以毓（養也）物，可以開礦。……將來必有智者究其理，則生五穀，長萬物，取五金，不待天工而由人事也。……

由此而推，用物愈求精，則人力愈省，將來必至人只用心，不事勞人力，而全役物力矣。此理有固然，事所必至也』（註四八）。

這幾段話，就是人類利用自然、征服自然，以創造自然的明證，將來繼續努力，還有無窮的希望。

從前子思認爲人『能盡人之性，則能盡物之性；能盡物之性，則可以贊天地之化育；可以贊天地之化育，則可以與天地參矣』（註四九），還只是一種理想。現在科學昌明，一切聲、光、電、化之學，發達到了極點，火箭、飛彈、原子彈及人造衛星等的發明，爲前人所未夢見。太空船的發射，已使人類進入一個廣大無邊的新境界，探求宇宙的奧秘。其科學儀器的複雜精微，眞是巧奪天工，神妙莫測！太空人之登陸月球，「水手九號」太空船之探測火星、金星等，用電視攝影機自動照相，發回地面，以供科學研究。這在從前的人看來，只有上帝能夠製作，如今自然科學不僅『能盡物之性』，確『可以贊天地之化育，與天地參』了！

荀子說：『大天而思之，孰與物畜而制之？從天而頌之，孰與制天命而用之？望時而待之，孰與應時而使之？因物而多之，孰與騁能而化之？……故錯人而思天，則失萬物之情』（註五十）。他在二千年前，便主張人類要征服自然，主宰宇宙，眞是科學的先驅。現在科學能創造自然，正合於他的目的。

第二、改進社會　人是社會的動物，在社會中生活。社會就好像一個大家庭，要把它弄得很好，合於居住，纔能增加人類的幸福。**社會爲什麽需要改進？**原因是**各時代的情形不同，要隨時改變，纔適宜於生活**。譬如一棟房子，要經常修理一下，佈置整潔，住起來才會舒服。司馬遷說：『聖人因事以治禮，故事異而禮易，帝王不相襲，何禮之拘？五帝、三王，隨時制事，法度制令，各順其宜；衣服器械，各便其用。聖人之興，不相襲而治』（註五一）。莊子也說：『夫三皇、五帝之禮義（儀）法度，不矜（尚也）於同，而矜於治。故譬三皇、五帝之禮義法度，其猶柤（音渣）、梨、橘、柚耶？其味相反，而皆可於口。故禮義法度者，應時而變者也』（註五二）。應時而變，就是改進。改進得好，則國家可以富强，人民能夠安居樂業。

孫中山先生說：『就古今中外的歷史看來，一個國家由貧弱變到富强，由痛苦變成安樂，沒有不是由革命而成的。因爲不革命，人民的痛苦，便不能解除。人類何以要革命呢？是要求進步，人類的思想，總是望進步的。……所以，我們要人類和國家進步，便不能不革命』（註五三）。革命是改進社會的行爲，包括政治、經濟、思想等各方面的事業在內，以改造整個國家爲主。

革命何以要改造國家？因爲國家是民族生存的大團體，在大同社會沒有建立以前，人要維持生存，保護民族的發展，不能不靠國家的組織。『國家所以要有兵，全是爲了保護國民起見，一國的兵，沒有保護的能力，那就不算是個國了』（註五四）。不僅如此，『國家的責任，是設立政府，爲人民謀幸福』（註五五）的。人民要有政府管理，維持秩序，纔可獲得幸福和安寧。從前的專制國家，政府雖能抵抗外來的侵略，保全人民的生命、財產，却不免擅作威福，侵犯到人民的權利，使人不能安居樂業。革命要改造國家，就是要建立一個良好的政府，替人民辦事，而不壓迫人民，纔能達到目的。

我們現在都生活於國家裡面，故『改造國家者，質言之，即改造新世界，於破壞之後，加以建設之謂。……吾人生在混濁世界中，欲打破此舊世界，剷除一切煩惱，以求新世界之出現，則必有高尙理想，與强毅能力，以爲之先』（註五六）。這高尙理想，就是主義，爲建設國家的藍圖；有了理想，要繼之以毅力，貫徹到底，纔能實現。孫先生說：『吾人今日欲改造新國家，當實行三民主義』（註五七），此爲共同的責任。須知『人人對國家社會，當爲我個人與他人組織而成。凡國家社會之事，即我分內事。有時凡有益於國家社會之事，卽犧牲一己之利益，爲之而不惜，然後國家社會乃能日臻於進步』（註五八），大家都享幸福。

第三、開展歷史　安諾德（Arnold）云：『歷史爲一個社會的傳記』。人能改進社會，便可創造歷史，展開新的一頁。孫先生說：『古今一切人類之所以要努力，就是因爲要求生存；人類因爲要有不間斷的生存，所以社會才有不停止的進化』（註五九）。**社會有不停止的進化，歷史才可綿延不斷，發展無窮**。人在社會中，隨著歷史的變化前進，消極方面，好像是隨波逐流，被動而不能自主；積極方面，也可推動歷史，『隨其流以揚其波』（屈原語）。所以，人是在被動的環境中，惟一自覺的能動者，負有促進歷史的任務。

歷史是連續的，承前啓後，不能切斷。要改造歷史，必須明白它一貫的法則，找出其變化的源流，而鑒古知今，對症發藥，纔能有效。不然，盲目亂幹，妄肆興革，徒然誤國害民，必招失敗。錢穆教授說：『今人率言革新，然革新固當知舊。不識病象，何施刀藥？僅爲一種憑空抽象之理想，蠻幹強爲，求其實現，鹵莽滅裂，於現狀有破壞，無改進。……惟藉過去，乃可認識現在；亦惟對現在有眞實之認識，乃能對現在有眞實之改進』（註六十）。從過去、現在，以至將來，彼此關聯，生生不已。英國的歷史學家湯恩比（Arnold Joseph Toynbee, 1889-）引用柏格森的術語，稱之爲「生命之流」（Élan vital 生命力）。瑞典的史學家布丹（John Elof Bodin, 1869-1950）也說：『歷史就是生命，生命乃以整體而運行』（註六一）。我們在歷史的航程中，好像站在船尾，回顧過去，望著將來前進一樣。若對於航程沒有全部的認識，和明確的方向，如何能夠繼續前進？

孫中山先生說：『夫繕羣之道，與羣俱進，而擇別取舍，惟其最宜。此羣之歷史，既與彼羣殊，則所以掖而進之之階級，不無先後進止之別』（註六二）。故改造社會，推進歷史，要明白國家社會的特殊情形，採用適當的步驟，『使最宜之治法，適應於吾羣；吾羣之進步，適應於世界』（同前），才有成功的希望。

我們生在這個時代，應該對國家民族負起責任，努力奮鬪，繼往開來，保持中華民族五千年光榮的歷史，並發揚光大，屹立於世界，救國救民，促進人類的幸福，纔可上對祖宗，下對後代，克盡人生的天職。

第四、發揚文化　現在世界不僅要個人的人格完滿，尤須使社會的文化提高。什麼叫做「文化」（Culture）？廣泛的說，就是指人爲的事物而言，與天生（自然）的有別。孫先生說：『夫人之初生，穴居野處，饑食自然之果食，渴飲自然的泉源，此所謂「自然人」。今南洋之海島，猶有存者。……及其進化也，由獵而牧，而耕，而織，於是有夏葛而多裘，暑扇而寒火，則人事進化矣。其進化之程度愈高，則離天然愈遠』（註六三），而有文化發生。大概在『人類把毒蛇猛獸殺完了以後，便成畜牧時代，也就是文化初生的時代』（註六四）。有了文化以後，人類便不是「自然人」，而成爲「文明人」。

人爲什麼知道夏葛多裘，暑扇寒火，從事獵、牧、耕、織，去改造環境，使它由一「天然的社會」變成「人爲的社會」？原因就在他有精神，能夠研究發明，把「自然物」改變成「人爲物」，以供人類的需要，而其他動物沒有這個本領。所以，**精神是人類特有的性質**。孫先生說：『人者，有精神之用，非專恃物質之體也。**我既爲人，則當發揚我之精神，亦即所以發揚爲人之精神**』（註六五）。於此可見其價值，實超乎萬物之上。

由於精神能夠研究發明，爲人類的自覺，故自有學術思想以後，文化便一天天發達，社會更加進步。**所謂發揚文化，就是要有意識的來研究學問，創立新思想，打破舊思想，使人的知識增進不已，隨時有新發明出現，改善生活的環境**。『因爲世界的文明，要有知識才能進步；有了知識，進步才很快』（註六六）。我們先知先覺的人，應以發揚文化爲己任！

如何發揚文化？除了專心研究學問，以求澈底成功，對人類有所貢獻外，最重要的，還在闡明仁義道德，養成高尚的人格。孫先生說：

『我們要人類進步，是在造就高尚人格。要人類有高尚人格，就在減少獸性，增多人性。沒有獸性，自然不至於作惡；完全是人性，自然道德高尚。道德既高尚，所做的事情，當然是向軌道而行，日日求進步。……人類知識是天天進步的，今日人類的知識和古時大不相同：今日人類的知識，多是科學的知識；古時人類的知識，多是宗教的感覺。科學的知識，不服從迷信，對於一件事，須用觀察和實驗的方法，過細去研究，研究屢次不錯，始認爲知識。宗教的感覺，專是服從古人的經傳，古人所說的話，不管他是對不對，總是服從，所以說是迷信。就宗教和科學比較起來，科學自然較優』（同註五五）！

我們今天發揚文化，當從科學入手，分門別類的研究，才可以成功。

精神的作用，不僅關係人類的生活，實亦影響國家的安危。何以言之？因爲『一國所以興，所以亡者，或以一種手段，爲其直接原因，可以指數。至於存亡之根源，無不在於國家及其國民不撓獨立之精神。其國不可以利誘，不可以勢刼，而後可以自存於世界；即今摧敗，旋可復立。……昔人有言：「匹夫不可奪志」。士有志也，國亦有之。以國家之志而見奪於人，則其視宋姬待姆，齊女汎舟，不尤有愧乎？夫戰不可必其勝，守不可必其完，然於不勝不完之餘，使彼勝於兵而工略地者，不能奪其志，則人將亦逆知其志之不可奪，而不以無理凌之』（註六七），故不爲威武所屈，而能獨立自存。

由上四點，可知人在宇宙中，實有其超然卓絕的地位，駕乎萬物之上。人能創造自然，改進社會，開展歷史，發揚文化，以表現其偉大的力量，則可進入「神」的境界。孫先生說：『人由動物進化而成，既成人形，當從人形更進化而入於神聖。是故欲造成人格，必當消滅獸性，發生神性。那麼，才算是人類進步到了極點』（同註五五），爲人生的最高目的。

（註一）「柏拉圖對話錄」斐都篇（Phaedo）。

（註二）拉發格著「思想起源論」三二一頁，劉初鳴譯。上海辛墾書店出版。

（註三）梯利著「西洋哲學史」，第一編，第三篇，第二章，第六節。

（註四）前書，第二編，第一篇，第二章，第四節。

（註五）「新約全書」啓示錄，第二十一章，第十一—二一節。

（註六）前書，第二十一章，第四節。

（註七）「無量壽經」庚二，新生依報絕。

（註八）「新約全書」馬太福音，第五章，第二十節。

（註九）前書，第十八章，第一—四節。其意有如孟子所云：『大人者，不失其赤子之心也』。

（註十）前書，第十九章，第二三—四節。

（註十一）前書，第二十二章，第三五—四十節。

（註十二）梯利著「西洋哲學史」，第二編，第一篇，第二章，第六節。

（註十三）「十善」即「八正道」中，正業所指的不殺生、不偷盜、不邪淫，正語所指的不妄語、不綺語（邪言）、不惡口、不兩舌，正思維所指的不貪欲、不瞋恚、不愚癡十項。

（註十四）「六祖壇經箋註」疑問品第三。

（註十五）「往生」即往西方極樂國土，而生於蓮華寶座之上，指「天堂」而言。

（註十六）Henry Sidgwick: The Methods of Ethics (1874)——「倫理學方案」中語，引見張東蓀著「道德哲學」，第二章，第七節。民國二十二年，上海中華書局再版。

（註十七）「老子本義」右第十一章。

（註十八）前書，右第十六章。

（註十九）前書，右第三章。

（註二十）「莊子集釋」外篇，至樂第十八。這段話譯成白話如下：『天下一般人所尊貴的，是有錢、有勢、長壽和幸運；所歡喜的是身體安適，食物肥美，穿著華麗，聲音好聽；所討厭的是貧窮、卑賤、短命和倒楣；所痛苦的是身不得安逸，口不得美味，穿不到漂亮的衣服，看不到燦爛的顏色，聽不到美妙的聲音。沒有這些享受，便著急害怕。這樣只為形體打算，不是太愚蠢了嗎？像那些富人，終生勞苦，努力工作，積了很多的錢，而用不完，對自己的身體，也看得太輕了。做官的人，日夜籌思，擔心事情辦得不好，對自己的身體，也一樣疏忽。人生在世，離不了憂愁。壽長的人，更是昏昏倒倒，長久憂愁而不得死，多麼痛苦！他對於身體，也看得很輕。……現在世俗一般人所行所為，和他認為快樂的事情，我又不知道是快樂，還是不快樂？我看世俗所愛好的，大家拚命去鑽，好像不得已的樣子，都說「這是快樂」。我不以為這是快樂，也不能說他不是快樂。世界上果真有快樂沒有呢？我覺得「清淨無為」纔是真快樂，而世俗的人又不以為然，說這是大苦事。因此，可以說：「真正的快樂」（不是形體上的），好像沒有快樂；「最大的榮譽」（也不是世俗所見的），好像沒有榮譽。……真正的快樂是要維持人類的生命，只有「清淨無為」，纔能做到』。

（註廿一）前書，外篇，秋水第十七。這段話譯成白話如下：『莊子在濮水邊釣魚，楚王派兩個大夫先去見他，說：「我們要以楚國的事情來麻煩你了」！莊子拿著釣竿，頭也不回的說：「我聽說楚國有一隻神龜，已死了三千年。楚王把它裝在竹箱裡，用布巾包著，藏在廟堂之上。你看這隻烏龜，是願意死了留下骨殼受人尊貴好呢？還是寧肯活著，拖了尾巴在泥裏爬好呢」？兩位大夫答道：「寧肯活著，拖了尾巴在泥裏爬」。莊子說：「那末，你們走吧！我也寧願拖著尾巴在泥裏爬」』

（註廿二）前書，內篇，大宗師第六。這段話譯成白話如下：『死生是一種命運，好像晝夜經常運行，為自然的變化，人力不能參預其事。這都是萬物的實際情形』。

（註廿三）前書，外篇，至樂第十八。這段話的原文是：『莊子之楚，見空髑髏，髐然（乾枯無潤澤貌——弘）有形。撤（音敲）以馬捶，因而問之曰：夫子貪生失理，而爲此乎？將（還是——弘）子有亡國之事，斧鉞之誅，而爲此乎？將子有不善之行，愧遺父母、妻子之醜，而爲此乎？將子有凍餒之患，而爲此乎？將子之春秋，故及此乎」？於是語卒，援髑髏枕而臥。夜半，髑髏見夢曰：「子之談者似辯士，視子所言，皆生人之累也，死則无此矣。子欲聞死之說乎」？莊子曰：「然」！髑髏曰：「死无君於上，无臣於下，亦無四時之事，縱然以天地爲春秋。雖南面王，樂不能過也」。莊子不信，曰：「吾使司命，復生子形，爲子骨肉肌膚，反子父母、妻子、閭里、知識，子欲之乎」？髑髏深矉蹙頞（音厄）曰：「吾安能棄南面王樂，而復爲人閒之勞乎」』？

（註廿四）「列子」卷七，楊朱第七。這段話，可語譯如下：『太古的人，知道生是暫時的來，死是暫時的去，所以想做什麽，就做什麽，不違背自然的嗜好。活著的時候，眼前能得快樂，他不放過機會，去求空名。依照自己的本性去玩，決不違反萬物的愛好。他不圖死後的虛名，以免遭受刑罰。名譽好壞（先後），壽命多少，他不去計較。……爲要痛快的玩個一生，盡量享受當前的快樂，只怕肚子飽了，吃不下好的東西；精力衰了，玩不了漂亮的女人，那有時間來怕名譽不好，性命危險呢』？

（註廿五）前書，這段話的原文如下：『孟孫陽問楊子曰：「有人於此，貴生愛身，以蘄不死，可乎？」？曰：「理無不死」。「以蘄久生，可乎」？曰：「理無久生。生非貴之所能存，身非愛之所能厚，且久生奚爲？五情好惡，古猶今也；四體安危，古猶今也；世事苦樂，古猶今也；變易治亂，古猶今也。既聞之矣，既見之矣，既更之矣，百年猶厭其多，況久生之苦也乎」？孟孫陽曰：「若然，速亡愈於久生，則踐鋒刃，入湯火，得所志矣」。楊子曰：「不然！既生，則廢而任之，究其所欲，以俟於死；將死，則廢而任之，究其所之，以放於盡。無不廢，無不任，何遽遲速於其間乎」』？

（註廿六）「論語」顏淵第十二。

（註廿七）邊沁所謂「單純的快樂」，是由一種而成；「複雜的快樂」則由數種合成，並有痛苦的成分在內。他把單純的快樂分爲十五種，痛苦分爲十一種。在苦與樂中間，有一部分涉及他人；另一部分，則完全屬於自己，分別甚爲精細。

（註廿八）John S. Mill : Utilitarianism(1861), P.17。

（註廿九）「孟子」梁惠王章句下。

（註三十）「墨子閒詁」卷四，兼愛上第十四。

（註卅一）前書，卷五，非攻下第十九。

（註卅二）前書，卷七，天志上第二十六。

（註卅三）前書，天志中第二十七。

（註卅四）前書，卷八，明鬼下第三十一

（註卅五）前書，卷三，尙同下第十三。

（註卅六）前書，卷十一，大取第四十四。

（註卅七）恩格斯著「費爾巴哈與德國古典哲學的末日」，第二章。

（註卅八）姚璋著「八大派人生哲學」，二二一—三頁，上海中華書局出版。

（註卅九）「孟子」盡心章句下。

（註四十）佛教「智度論」說：『諸外道等，信著苦行，若佛不六年苦行，則人不信，言是王子慣樂，不能苦行。以是故，佛六年苦行』。

（註四一）「論語」里仁第四。

（註四二）前書，學而第一。

（註四三）「孟子」公孫丑章句上。其白話解釋，見前章「註十二」。

（註四四）「孟子」盡心章句上。

（註四五）「王陽明全書」文錄，卷一，文，「大學問」篇。

（註四六）前書，卷三，傳習錄下。

（註四七）陳濬述「論語話解」顏淵第十二。民國四十三年，中華文化出版事業委員會初版。

（註四八）「國父全集」函札，一八九四年，上李鴻章「痛陳救國大計書」。

（註四九）「中庸」右第二十二章。這段話的意思是說：『人能盡知人類的本性，則可了解萬物的法則（本性）；能瞭解萬物的法則，便可以贊助天地萬物的變化生育；能够贊助天地萬物的變化生育，就可以和天地並立爲三了』。

（註五十）「荀子集解」卷十一，天論篇第十七。這一段話，向無很好的解釋，現譯成白話如下：『與其對自然的偉大加以思考，何不將它所蓄的事物設法宰制？與其對自然的奧妙爲之頌揚，何不把握它的法則加以利用？與其望著時序的變遷消極等待，何不順應時序的來臨，積極的生產使用？如欲因事物品類不同，而求其繁多，何不盡自己的能力加以變化？……所以，廢棄人事而聽天命，便失掉萬物的實情』。

（註五一）司馬遷著「史記」。

（註五二）「莊子集釋」外篇，天運第十四。

（註五三）「國父全集」演講，「革命在最後一定成功」一文。

（註五四）前書，「修馬路是便利交通的好方法」一文。

（註五五）前書，「國民要以人格救國」一文。

（註五六）前書，專論，「軍人精神教育」第五課。

（註五七）前書，演講，「欲改造新國家當實行三民主義」一文。
（註五八）前書，「地方自治與責任心」一文。
（註五九）「民生主義」第一講。
（註六十）錢穆著「國史大綱」引言㈠。
（註六一）「大陸雜誌」第十八卷，第二期，趙一葦譯「歷史哲學」一文。
（註六二）「國父全集」雜著，「民報發刊詞」一文。這話譯成白話如下：「改革社會的道理，要適應社會的需要進行。這個社會的歷史，既與其他社會不同，則領導它進行的步驟，不能沒有先後緩急的分別。」
（註六三）前書，「平實尚不肯認錯」一文。
（註六四）「民權主義」第一講。
（註六五）國父全集」專論，「軍人精神教育」第一課㈡。
（註六六）前書，演講，「知難行易」一文。
（註六七）前書，「中國存亡問題」十（其二）。

第五章　人應該怎樣去做？

—人生的行為問題—

明白了人生的目的以後，我們應該怎樣去做，才算對呢？所謂「對」與「不對」，這是行爲的選擇問題，要合於標準。

人之所以爲「人」，即在於他有意識，能夠自發自動。譬如一件事情，他要不要做，以及如何做法？全憑自己決定，可以拿出主張，不受別人的限制。做好（對）了，他覺得應該；做得不好（不對），他自己負責。這與其它物體不同。其它東西是被動的，沒有自由意志存在，活動亦無所謂好壞，談不上應不應該。所以，其它物體的活動，只能叫做「動作」(Action)，於人則名之曰「行爲」(Conduct)。

行爲是自覺的、有意的，故在道德上和法律上，能够課以責任，評判其善惡、是非。善則爲「是」，是可以做；惡則爲「非」，非不可以做，必須加以選擇。於是發生行爲的規範問題，以期有一定的動向。

關於這個問題，哲學上有下列不同的意見：

第一節　為甚麼要規範行為？

我們的行爲，爲甚麼要加以規範？究竟有無必要？

一 神學方面

神學的答覆：是應該的！猶太教和基督教認爲自從亞當不聽神的吩咐，偷喫伊甸（Eden）園中的禁果後，『人在地上的罪惡很大，終日所思想的，盡都是惡。……凡有血氣的人，在地上都敗壞了行爲』（註一）。耶和華神於是不得不與人立約，作成誡命，叫人遵守，免得遭受死亡的災禍。摩西告訴他們說：

『以色列人哪！現在我所教訓你們的律例、典章，你們要聽從遵行，好叫你們存活，得以進入耶和華你們列祖之神所賜給你們的地，承受爲業。所吩咐你們的話，你們不可加添，也不可删減，好叫你們遵守我所吩咐的，就是耶和華你們神的命令』（註二）。

『你們果然聽從這些典章，謹守遵行，耶和華你神就必照他向你列祖所起的誓，守約施慈愛。他必愛你，賜福與你，使你人數增多，也必在他向你列祖起誓應許給你的地上，賜福與你身所生的，地所產的，並你的五穀、新酒和油，以及牛犢、羊羔。你必蒙福勝過萬民，你們的男女沒有不能生養的，牲畜也沒有不能生育的。耶和華必使一切的病症離開你，你所知道埃及各樣的惡疾，他不加在你身上，只加在一切恨你的人身上』（註三）

『你若留意聽從耶和華你神的話，謹守遵行他的一切誡命，就是今日我所吩咐你的，他必使你超乎天下萬民之上』（註四）。

這些誡命，都是神授的。其後耶穌也說：『我實在告訴你們：就是到天地都廢去了，律法的一點一畫也不能廢去，都要成全』（註五）。可見宗教認爲**規範行爲的根源，是來於神意**，可稱爲「**神誡說**」。

佛教的戒律，雖非神授，却爲佛陀所親訂。當初佛陀傳道，並沒有一定的戒律，後因有僧徒犯禁，才陸續制定出來，維持佛門的莊嚴清淨，佛教的基本戒律是「五戒」，卽不殺生、不偷盜、不邪淫、不妄語、不飲酒，其他都由這五戒分支出來。「華嚴經」說：『戒爲無上菩提本』。佛教的根本精神，卽在戒律的尊嚴，凡入佛教，不論在家出家，必須受戒。相傳佛陀曾說：『佛子離吾數千里，憶念吾戒，必證道果；在吾左右，雖常見吾，不順吾戒，終不得道』（註六）。其他**宗教，亦無不各有戒律，對信徒加以約束，規範其行爲**。這也可稱爲「**戒律說**」。

二　玄學方面

玄學對行爲的規範，有兩種意見：

其一是**自然主義**（Naturalism）由唯物論出發，認爲人有求生的本能，爲了保存個體與種族，必須羣力合作，故集合個人以組成團體和社會。在社會裡面，爲使個人的行爲不互相侵犯，不能不有一定的約束，用權力來加以規範。**自然主義卽以規範行爲的原因，爲人類自然的需要所致**。

霍布士說人類在原始的自然狀態中，戰爭不已，沒有一種共同的力量，能夠維持社會的秩序，大家都很恐怖和危險，生命毫無保障。爲了求得安全和秩序，於是依照自然法的原則，互相訂立契約（Social pact），各人將權利交出，讓給一個强有力的個人或團體來保護，合衆人的意志爲一個意志，大家都服從它的命令。這如我國的墨子所說：

『古之民始生，未有政長之時，蓋其語曰：天下之人異義。……無君臣、上下、長幼之節，父子、兄弟之禮，是以天下亂焉。明乎民之無政長，以一同天下之義，而天下亂也，故選擇天下賢良、聖知、辯慧之人，立以爲天子，使從事乎一同天下之義。……惟以其能一同天下之義，是以天下治」(註七)。

其後洛克、盧梭，則與霍布士和墨子不同。他們認爲人類的原始社會，是自由平等的，人受自然法的支配，自己管理自己，生活非常快樂；後因人文進步，人口增加，生命財產遭受侵害，才訂立社會契約，用公共權力來保護。一切規範行爲的工具，如法律、道德、禮儀、制度等，都是爲了生活的需要而起。

荀子說：『人生而有欲，欲而不得，則不能無求；求而無度量分界，則不能不爭；爭則亂，亂則窮。先王惡其亂也，故制禮義以分之，以養人之欲，給人之求，使欲必不窮乎物，物必不屈於欲。兩者相持而長，是禮之所起也』(註八)。董仲舒亦云：『禮者，因人情而爲節文也，以救其亂。夫隄者，水之防也；禮者，人之防也。刑防其末，禮防其本』(註九)。可見禮是因實際的需要而生。人有甚麼實際情形，就產生甚麼禮儀、法制。故『禮從宜，使從俗』(註十)。『君子行禮，不求變俗。祭祀之禮，居喪之服，哭泣之位，皆如其國之故』(註十一)。這像我國「民法」總則所載：『民事，法律所未規定者，依習慣；無習慣者，依法理』(第一條)，完全順乎自然，以不違背公共秩序或善良風俗爲準則。故又稱爲「**慣例主義**」(**Conventionalism**)，是「後天論」的。

其二是**人文主義**(**Humanism**)由唯心論出發，說人有高尙的理性，自覺的意志，能夠自己規範行爲，不做壞事。一切禮儀、法制，都是人所自定的規律，用以約束自己，使合乎「善」。康德認爲理性有一種先驗的格式，它用在認識事物方面，是綜合的判斷，叫「純粹理性」(Pure reason)；用在道德行爲方面，是自律的意志(Autonomical will)，叫「**實踐理性**」(**Practical reason**)。**純粹理性注意可感覺的事物，研究「必然」**。例如紙遇火必燒，氷遇熱必熔，爲一定的，絕無例外。這是自然界的現象。至於**實踐理性，則注重道德行爲，求其「應然」**。譬如說「人不可說謊」，而醫生對病人隱瞞病情，有時也要說謊，却不一定，端看其宜，與自然界有別。故實踐理性是自己規定的，用來管束自己，認爲非如此做不可，好像認識事物的「範疇」一樣。

這種限制行爲的規律，對個人而言，實爲一種「無上命令」(Categorical imperative)。它叫我們做某件事情，完全是無條件的，只覺得義當如此，沒有其它目的。我自己覺得應該這樣做，履行道德的義務，純粹是自動的，而非性之所好(Natural inclination 愛好)。譬如某人性好節儉，不妄用一文；某人生性慈祥，愛行善事，雖然很好，却是習性如此，不算道德。因爲習性，還是被動的，好像火車在軌道行走一樣；必須自己覺得非這樣做不可，完全自主，才是「眞道德」。我個人所定的規律，雖然是自律意志所造成，但因它是先驗的，人同此心，心同此理，故大家都可適用，而成爲「普遍法則」(Universal law)。**人文主義就是以普遍的先驗法則，作規範行爲的根源**。

這種法則，在他們看來，好像是天定的憲法一樣，至高無上，人人必須遵守。道德成了至上的教條，人的行爲，不是爲了追求快樂或其他目的，只是爲道德而道德，純乎本眞，故也叫做「**道德主義**」(Moralism)，是「先天論」的。

康德所謂「**實踐理性**」，即自律意志，是先天的，來於本體(物自體)。這亦猶我國宋、明理學家所講的「義理」或「天理」。陸象山云：『義理之在人心，實天所與而不可泯滅者也』。『精神自作主宰，萬物皆備於我，有何欠闕?當惻隱時，自然惻隱；當羞惡時，自然羞惡；當寬裕溫柔時，自然寬裕溫柔；當發强剛毅時，自然發强剛毅』(註十二)，義之所在，應該如此。王陽明說：『天理在人心，亘古亘今，無有終始。天理即是良知，……良知只是個是非之心，是非只是個好惡；只好惡，就盡了是非』（註十三）。『如一念發在好善上，便實實落落去好善；一念發在惡惡上，便實實落落去惡惡』（同前）。是非明白，意無不誠，也與康德的意見相似。

三　科學方面

科學認爲人是自然進化而來，『人者，有精神之用，非專特物質之體也』（註十四）。集個人而成**團體**，不能不有一定的組織，以共謀人類的生存。在個人與個人、個人與團體，及團體與團體之間，必須互相適應，纔能生存下去。柯尼格（Samuel Koenig）博士說：『人類常是生活於團體之中，不能離羣索居。這一現象，就需要種種規則和章程，來管制人與人間的關係，而個人必須明瞭和遵守這些規則與章程，並使自身與之適應』（註十五）。這些**規則和章程**是什麼？即指**風俗、道德和制度等，爲人類規範行爲的法則**。

美國的社會學家孫末楠(William Graham Sumner, 1840-1912)，認爲風俗是人類適應環境特有的方法。人的一切生活，都爲習俗所規定，小自衣、食、住、行，待人接物，一舉一動之微，大至婚、喪禮節，立身處世之道，無不包括在內。凡團體相沿成俗，個人則習以爲常。其所行所爲，幾全爲習俗所支配，而不運用理智。傳統的風俗習慣，與社會福利有關，爲團體生存所不可少，個人必須遵守的，便成了「道德」。把道德加以選擇，定成具體的條文，由政府公布施行，則爲「法律」。故法律源於風俗，須與道德的原則相符，方能行之有效。這些**風俗、道德和法律等結合起來，便成「制度」**。所以，**制度就是社會公認而有系統的行爲規則**。

這種規則從何而來？最初是因社會的需要，由一二人首先發明，如周公制禮作樂即是；後來，逐漸推廣，傳佈成通行的規則，大家奉為準繩，深入人心，成了習慣。因為社會有一種控制力量，故行為規則一經成立，對個人行為，即有約束的作用；久而久之，便成社會權勢，超越於個人之上，使人必從。個人對社會行為的規則，也覺得應該如此，非服從不可。這就成了康德所謂「無上命令」，影響到各人的內心。所以，**規範行為的根源，是因社會的需要而起**。

不過人是有理智的，任何規範行為的法則，若不得個人的贊同，出於內心的自願，必無法行之有效。道德固然是自願的，禮儀、法制若違背人情，不合時代的需要，而為大衆所接受，也不能維持長久，須得改變。故商鞅說：『三代不同禮而王，五霸不同法而霸。……各當其時而立法，因事而制禮。禮、法以時而定，制令各順其宜』（註十六），全看社會的情況而定。**人隨着歷史的變化，對行為有不同的規範，並非一成不變**。

如前所述，自然主義把握社會的實際情形，適應客觀的需要；人文主義注意個人內心的覺悟，重在主觀的自動，兩者各有道理。科學要注重全盤，採取綜合的態度，既不否認行為規則的客觀需要，也不忽視其自覺自動的作用，故可說是**自然主義與人文主義的統一**。

第二節　用甚麼去規範行為？

人的行為既必須有所規範，則這種規範法則的力量，究竟從何而來？換言之：它是出於內心自動的制裁？還是外力的強迫？各有不同的意見：

一　神學方面

神學認爲規範行爲的法則，是出之於神的誡命。其所以**有約束人的力量，卽得自於神**。因爲神雖不可見，而在人的中間，隨時監察其行動。人的所作所爲，是好是壞，神自有評判，加以賞罰。所羅門(Solomon, ?-937 B. C.)王告訴以色列人說：

『人所行的，在自己眼中都看爲正，惟在耶和華衡量人心。行仁義公平，比獻祭更蒙耶和華悅納；惡人發達，眼高心傲，這乃是罪。殷勤籌畫的，足致豐裕；行事急躁的，都必缺乏；用詭詐之舌求財的，就是自己取死，所得之財，乃是吹來吹去的浮雲。惡人的强暴，必將自己掃除，因爲他不肯按公平行事。負罪之人的路，甚是彎曲；至於清潔的人，他所行的，乃是正直。……沒有人能以智慧、聰明、謀略，敵擋耶和華』(註十七)。

其後耶穌告訴他的門徒說：『你們要小心，不可將善事行在人的面前，故意叫他們看見。若是這樣，就不能得你們天父(耶和華神—弘)的賞賜了。……要叫你施捨的事行在暗中，你父在暗中察看，必然報答你。……你禱告的時候，要進你的內屋，關上門，禱告你在暗中的父。你父在暗中察看，必然報答你』(註十八)。可見神的力量是無形的，其規範行爲，賞罰善惡，則歷歷不爽。

中國人也相信神是冥冥中存在的。詩曰：『神之格思，不可度思，矧可射(音亦)思』(註十九)？『使天下之人，齊(齋)明盛服，以承祭祀。洋洋乎，如在其上，如在其左右』(同前)。殷高宗祭祀時，祖已對王說：『惟天監下民，典厥義，降年有永有不永，非天夭民，民中絕命』(註二十)。這便是神的懲罰。

湯放桀，武王伐紂，在「尚書」裡面，都說是桀、紂做了許多壞事，罪惡太多，湯王、武王奉神的命令，來懲罰他們。「湯誥」說：『天道福善禍淫，降災于夏，以彰厥（其也）罪。肆臺（故我）小子，將天命明威，不敢赦』。武王也說：『商罪貫盈，天命誅之，予弗順天，厥罪惟鈞』（註廿一）。足見**神有規範行為的力量**，這可說是「**神命說**」。

二　玄學方面

玄學對規範行為的力量，有兩種不同的意見：

其一是**他律說**（Heteronomical theory）認為規範行為的法則，如風俗、習慣、法律、制度等，非從自我本性中來，而是我以外的力量，對我所加的限制。**我為我以外的法則所制御**，叫做「**他律**」（**Heteronomy**）。

這種法則從何而來？完全是社會所定的。譬如風俗、習慣，雖沒有具體的條文，然彼此仿效，漸成時尚，個人必須服從；尤其是有聲望的人所提倡的事，更能風行草偃。曾國藩說：『風俗之厚薄奚自乎？自乎一二人之心之所嚮而已。……此一二人者之心向義，則眾人與之赴義；一二人之心向利，則眾人與之赴利。眾人之所趨，勢之所歸，雖有大力，莫之敢逆。故曰：撓萬物者，莫疾乎風。風俗之於人心，始乎微，而終乎不可禦者也』（註廿二）。至於法律和政治，則更有強制的力量。韓非子說：『法者，憲令著於官府，刑罰必於民心，賞存乎愼法，而罰加乎姦令者也』（註廿三）。違法的人，要受處罰，守法則有賞賜，故人民非服從不可。

他律說即是用個人以外的力量，強迫個人遵從法則的意見。這種法則，既是人所必從，沒有例外，不能自由行動，便屬必然。故他律說又叫「**必然論**」(Necessitarianism)，以唯物論爲基礎。

其二是「**自律說**」(Autonomical theory) 與他律說相反，謂人的行爲，不受自身以外的權威或法則支配，而是自己約束自己，受良心道德的驅使。**我爲自己的良心主宰，行動完全自由**，故稱「自律」(Autonomy)。它不受外界限制，又叫「**自由論**」(Indeterminism)，以唯心論爲基礎。

王陽明說：『爾那一點良知，是爾自家底準則。爾意念著處，他是便知是，非便知非，更瞞他一些不得。爾只不要欺他，實實落落依他做去，善便存，惡便去』(同註十三)。如何去法？他說：『今人學問，只因知行分作兩件，故有一念發動，雖是不善，然却未曾行，便不去禁止。我今說個知行合一，正要人曉得：一念發動處，便卽是行了；發動處有不善，就將這不善的念克倒了，須要徹根徹底，不使那一念不善潛伏在胸中。此是我立言宗旨』(同前)。**自律說就是要自己約束自己，履行道德的義務**。

康德的意見，也是一樣。他說：『你應該遵照一種格律 (Maxim 準則) 去做，那是你自己所定，同時又能使大家共守的普遍法則。你要把那種格律，看成你所依據，而由你的意志變成普遍的自然法則來實行的』(註廿四)。故自律說是以自己的理性或良知，爲規範行爲的力量。他所謂『大家共守的普遍法則』，正是王陽明所說：『良知之在人心，亘萬古，塞宇宙，而無不同』(同註十三)的意思。現代的存在主義者，在道德方面，也是主張自律說的。

三　科學方面

然則，人類的行爲，究竟是自律的，還是他律的呢？

科學認爲這兩者各有道理，應該統一。什麼理由？因爲人在社會中，既受制於風俗、習慣、法律、制度等外力的强迫，也受制於自己的理性，卽道德、良心的約束。**人的行爲，是被動的，也是自動的**。假如只有外力强迫，便完全出於被動，毫無自主自由，行爲變成了機械；而那制定法律、道德，以及風俗習慣等的人，又是誰呢？實際上，强制個人行爲的社會法則，仍爲無數個人的意志自定出來。故**他律的法則，仍出於自律**。

但是，個人自定的法則，一旦成爲社會的規範法則以後，卽離各人的意志獨立，變成外在的力量，大家都要服從。立法的人，是不能犯法的；必須如此，纔能發生效力，約束個人的行爲。所以，**自律的法則，又要變成他律，纔有規範的作用**。

然而，由自律轉化爲他律的法則，若與個人的利益相衝突，違背了各人的意志，使他不能服從時，便爲理性所反對。譬如法律禁止人偷盜，而窮人爲了飢寒的驅使，却甘願犯法；也有些人，因受道德的薰陶，寧肯餓死，不做壞事，卽爲理性約束的證明。因此。**他律的法則，必須自律，纔可發生規範的效果**。

孔子說：『道之以政，齊之以刑，民免而無恥；道之以德，齊之以禮，有恥且格』（註廿五）。他律的法則，雖能使人向善，却不是自覺的，要自律革除惡習，方能徹底。賈誼謂：『禮者，禁於未然之前；法者，施於已然之後』。這亦可見自律能預防作惡，他律只可彌補挽救。兩者各得其宜，要綜合纔能顯出規範的功效。

科學對自律說與他律說，是主張綜合統一的

第三節　如何決定善惡是非？

我們對於行爲的善惡、是非，是按照甚麼標準去判斷？換句話說：何謂「善」？何謂「惡」？是非有無一定？其意見有下列各種：

一　神學方面

宗教對行爲的善惡、是非，是依神意來決定。因爲誰是誰非，孰善孰惡？只有神能知道。中世紀的神學家，鄧•司科特斯（John D. Scotus）說：

『神是無所不能的，所以它的命令終必完成。神的命令，爲賞善罰惡；但誰該賞？誰該罰？不是已經決定了的。神絕對自由，它能改變它的意志，爲所欲爲。神的意志，非常公正。因爲它所想的，都是絕對公正的』（註廿六）。

這可見神有評判善惡、是非的自由，爲公正的標準。

大衞（David）王對以色列人說：『耶和華是良善正直的，所以他必指示罪人走路；他必按公平引領謙卑人，將他的道教訓他們。凡遵守他的約和他法度的人，耶和華都以慈愛誠實待他』（註廿七），赦免他的罪過。人的行爲，孰善孰惡，不在他所做的結果如何，而看他的意志怎樣。中世紀的經院學者阿柏拉德（Abelard），認爲行爲的好壞，只看他是否依據良心；如果他本意以爲是對的，雖有錯誤，亦可原諒，要明知故犯，才算罪惡。因爲他明知不對，而這樣做，便違背了神意，不聽神的命令。耶穌說：『凡看見婦女就動淫念的；這人心裡已經與他犯姦淫了』（註廿八）。故宗教的標準，亦偏重於動機，而由神意來決定。這可說是「**神意論**」(Divine theory)。

二　玄學方面

玄學對規範行爲的標準，有兩種意見：

其一是**結果論**(Consequentism)它不問行爲的動機如何，而以其結果所生的影響，作判斷善惡的標準，說結果好的是「善」，不好的是「惡」。譬如張三發起募捐賑災，他的用意原是想博取虛名，從中圖利，作一個「善士」；但結果募得了一些款項，賑救了災民，也有效果。故其動機雖壞，結果則不失爲一種善行。又如李四因他的朋友被人欺侮，受了毆辱，他義憤不平，拔刀相助，把對方殺了，動機雖然很好，結果却犯了法，仍有罪過。**在法律上，通常是只重結果而輕視動機的**。韓非子說：『明主聽其言，必責其用；觀其行，必求其功』(註廿九)。用意再好，言行無補實際，沒有治國的功用，賢明的君主，亦所不取！

相傳子貢問孔子說：『管仲非仁者與？桓公殺公子糾，不能死，又相之』。孔子說：『管仲相桓公，霸諸侯，一匡天下，民到于今受其賜。微管仲，吾其被(披)髮左衽矣。豈若匹夫匹婦之爲諒也？自經於溝瀆而莫之知也』(註三十)。子路拿同樣的意見問他，說管仲沒有同公子糾和召忽一道去死，算不算仁？孔子也說：『桓公九合諸侯，不以兵車，管仲之力也。如其仁！如其仁』(同前)！由這段話，我們可以看出**孔子評定善惡、是非，是依它的結果而定，注重行爲的功效**。西方的快樂論和功利論者，在行爲的判斷方面，注重個人和社會的利益，講求實際的效用，也是屬於結果論。

其二是**動機論**(Motivism)與結果論相反，它評定善惡、是非，不依行爲所得的結果，而看其動機如何?所謂「**動機**」(Motive)，就是指**發動行爲的意念和目的**。某人作一件事，結果如何不管，只要他用意正當，而採取的手段合理，便是善行；如果起心不良，結果再好，也是罪惡。故「**一切善之中，惟善意爲最貴**」，**是動機論的格言**。

以管仲爲例：孔子依其功業的結果而論，說他是仁者。朱熹則從動機出發，在「與陳同甫書」中說：『且如管仲之功，伊、呂之下，誰能及之?但其心乃利欲之心，迹乃利欲之迹，是以聖人雖稱其功，而孟子、董子(仲舒—弘)皆秉法義以裁之』，批評他不對，即用動機評定善惡、是非的表現。

朱熹又說：『觀漢高帝、唐太宗之所爲，而察其心，果出於義耶?出於邪耶、正耶?若以其能建立國家，傳世久遠，便謂其得天理之正，此正是以成敗而論是非，但取其獲禽之多，而不羞其詭遇之不出於正也』。從動機論立言，則行爲的效果不足計較，惟意圖爲最重要。故動機論又叫「**意向論**」。

康德在「道德形上學原理」一書中，開始便說：『在世界一切事物中，只有一事可無條件稱爲善者，即是「善意」(Good will)』。所謂「**善意**」，**即指心術、動機**而言。如王陽明所說：『至善只是此心純乎天理之極』。『必欲此心純乎天理，而無一毫人欲之私』，纔能達於極致。克己論和直覺論者，都是主張動機論的。

三　科學方面

然則，如何才對呢?**科學**認爲**動機與結果**，**兩者都很重要**，**不能偏於一面**。

有些人的行爲，當初用意很好，而結果出了毛病，非始料所及；也有些人的行爲，動機雖壞，結果却有益於大衆。這兩種情形，我們應該如何評定?

若**從結果論**，只注意他的功效，而忽視其動機，未免看重客觀事實，忽略了主觀的因素。須知一個人的動機若好，今天雖偶然做錯了事，獲得壞的結果，將來仍可改進，有成功的希望；動機若壞，縱然能夠成功，將來亦必變壞。善惡的判斷，含有褒貶的意義。假如只看到壞的結果，而忽視好的動機，不啻放棄將來的「善」；反之，只注重好的結果，而忽視壞的動機，亦不啻獎勵將來的「惡」。**兩者必須兼顧，纔有規勸的作用**。

從動機論呢？只顧主觀的用意，不看客觀的實際，則輕視了結果。一件事情，常常動機很好，走到相反的方面，造成很大的惡果，有害於社會，不能不顧；動機雖然不善，而在個別的情形之下，結果很好，有利於人羣，也未可厚非，單憑動機來決定是非，其評定不免流於武斷。因為動機是內心的現象，要靠結果和事實，纔能表現出來。我們如果不根據事實和結果去考察動機，而一味出之於猜測，則難免有『以小人之心，度君子之腹』（古語）的錯誤，寃枉了好人。

從前有一首古詩說：『周公恐懼流言日，王莽謙恭下士時；若使當年身便死，世間眞僞那能知』？當初周公和王莽二人，輔弼幼主，待人接物，謙恭有禮，情況非常相似，惟其用意各不相同，結果一成一敗，忠僞判然，是非始大白於天下。由此可見一個用心（動機）深遠的人，單憑短時期的事實（結果），還看不出來。要『事久見人心』（諺語），纔能知其善惡。

在行為的判斷上，動機與結果兩者，要互相聯繫，不能劃出孤立的界限，把它絕對的對立起來，像結果論與動機論那樣，才是科學的態度。我們要**由動機以考察結果，由結果去分析動機，作相聯的判斷，纔能辨別是非，明定善惡。動機論與結果論的統一，就是主觀與客觀、道德和法律的統一。這是科學**

評判行爲的標準。

（註一）「舊約全書」創世記，第六章，第五―十二節。

（註二）前書，申命記，第四章，第一―二節。

（註三）前書，第七章，第十二―十五節。

（註四）前書，第二十八章，第一節。

（註五）「新約全書」馬太福音，第五章，第十八節。

（註六）引語見竺摩「戒律學綱要」序。

（註七）「墨子閒詁」卷三，尚同中第十二。

（註八）「荀子集解」卷十三，禮論篇第十九。這段話譯成白話如下：「人生來就有欲望，欲望不能滿足，便不能沒有要求；要求無一定的限量，便不能不發生爭奪。爭則亂，亂就沒有辦法解決。從前的帝王，怕社會很亂，所以制定禮儀來限制（分），使欲望能夠適當的滿足，合於人的需要。這樣，欲望不致太多，而使物質感到缺乏，物質也不會被欲望消耗淨盡，兩方面保持長久，便是禮儀發生的原因」。

（註九）引語，見孫本文「社會學原理」下冊，第四編，第三節。商務臺一版。

（註十）「禮記」曲禮上第一。

（註十一）前書，曲禮下第二。

（註十二）「宋元學案」卷五十二，象山學案，附錄。

（註十三）「王陽明全書」語錄，卷三，傳習錄下。

（註十四）「國父全集」專論，「軍人精神教育」第一課(二)。

（註十五）柯尼格著「社會學」，第五章。

（註十六）「商君書」更法第一。

（註十七）「舊約全書」箴言，第二十一章，第二—九節及三十節。

（註十八）「新約全書」馬太福音，第六章，第一—四節及第六節。

（註十九）引語，見「中庸」右第十六章。這詩譯成白話如下：『神的降靈，既不能預先猜度，怎可厭惡不敬呢？—其中「思」字爲語助詞』。

（註二十）「書經」商書，高宗肜日。這段話，譯成白話如下：『我想上天監察下面的人民，主管正義，給人的壽命，有長有短。這不是天要使人短命，而是人民自己做了壞事，活該半途死去的』。

（註廿一）「書經」周書，泰誓上。

（註廿二）「曾文正公全集」文集，原才。

（註廿三）「韓非子集解」卷十七，定法第四十三。這段話，可語譯爲：『法律是由政府頒布法令，叫人民畏懼刑罰，而依法予以賞賜，處罰姦巧者的東西』。

（註廿四）康德著「道德形上學原理」—引語見張東蓀著「道德哲學」，第四章，第七節，九十。

（註廿五）「論語」爲政第二。這段話譯成白話如下：『用政治去領導人民，拿刑罰來齊一意志，人民只知道避免犯法，心裏並不把作惡看成無恥。假如用道德去勸導，用禮節來規範，人民便曉得羞恥，而自願革除惡習』。

（註廿六）梯利著「西洋哲學史」，第二編，第五篇，第一章，第七節。

（註廿七）「舊約全書」詩篇，第二十五篇，第八—十節。

（註廿八）「新約全書」馬太福音，第五章，第二十八節。

（註廿九）韓非子集解」卷十八，六反第四十六。

（註三十）「論語」憲問第十四。

後記

自去年九月本書上册出版後，各方讀者反應甚佳，向書店購買或劃撥函購的很多，並問下册何時出版？許多朋友看了，也非常嘉許，廣爲游揚，盛情至可感謝！足見大家對以通俗文字撰述的哲學書籍，很有需要。

本書包括中外古今的各種哲學思想，內容牽涉甚廣，幾乎可說是一部「宗教、哲學（玄學）和科學概論」，所費的工夫很大。在國內外，我還沒有看見別人用這種體裁來寫哲學，使三者連爲一貫，追索其來龍去脈的。其中所涉的問題太多，尤其是宗教和科學方面，都非我的本行，不敢說沒有疏漏之處。原稿雖經崔垂言教授校閱，有所指正，但如有錯誤，仍應由我負責。對徵引的若干古文，我都譯成白話，以便讀者參閱，容易明瞭，這是很費事的。

有些讀者來信討論問題，要求加以解答，具見研究熱誠甚高，殊爲難得！我除已專函作覆外，今後仍歡迎繼續來信，討論書中有關的問題，當勉就所知，詳爲答覆，以相切磋，來信請寄恬然書舍卽可。

近幾年來，有許多朋友送我佛學書籍，助益良多，特此致謝！

最後發現書中還有若干中英文的錯誤，特於再版時逐一改正！

張益弘識 民國六十二年四月四日

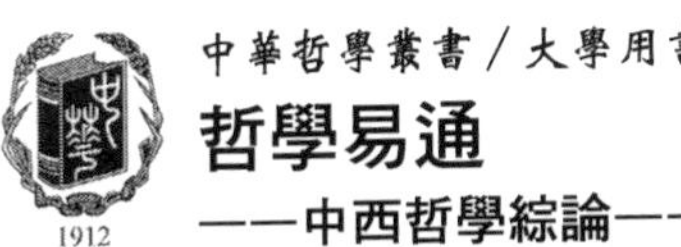

中華哲學叢書／大學用書

哲學易通

——中西哲學綜論——

作　　者／張益弘　著作、崔垂言　校閱
主　　編／劉郁君
美術編輯／中華書局編輯部

出 版 者／中華書局
發 行 人／張敏君
行銷經理／王新君
地　　址／11494 台北市內湖區舊宗路二段181巷8號5樓
客服專線／02-8797-8396　　傳　　真／02-8797-8909
網　　址／www.chunghwabook.com.tw
匯款帳號／兆豐國際商業銀行　東內湖分行
067-09-036932　中華書局股份有限公司

法律顧問／安侯法律事務所
印刷公司／維中科技有限公司　海瑞印刷品有限公司
出版日期／2015年7月三版
版本備註／據1982年9月二版復刻重製
定　　價／NTD 470

國家圖書館出版品預行編目（CIP）資料

哲學易通:中西哲學綜論 / 張益弘著. -- 再版.
-- 台北市 : 中華書局, 2015.07
面 ; 公分. -- (中華哲學叢書)
ISBN 978-957-43-2546-7(平裝)

1.哲學

100　　104010321

NO.B0026
ISBN 978-957-43-2546-7（平裝）

9 789574 325467 00470

No. B0026